인벤션

인벤션

초판 1쇄 인쇄 | 2023년 5월 1일
초판 1쇄 발행 | 2023년 5월 5일

지은이 | 바츨라프 스밀
옮긴이 | 조남욱
발행인 | 안유석
책임편집 | 고병찬
디자이너 | 김민지
펴낸곳 | 처음북스
출판등록 | 2011년 1월 12일 제2011-000009호
주소 | 서울특별시 강남구 강남대로364 미왕빌딩 17층
전화 | 070-7018-8812
팩스 | 02-6280-3032
이메일 | cheombooks@cheom.net
홈페이지 | www.cheombooks.net
인스타그램 | @cheombooks
페이스북 | www.facebook.com/cheombooks
ISBN | 979-11-7022-261-3 03300

발명의 성공과 실패
그리고 미래를
이야기하다!

인벤션

바츨라프 스밀 지음 | 조남욱 옮김

세상에 거대한 영향을 끼친 혁신은 무엇인가?

처음북스

＊

우리에게 진정으로 필요한

발명에 대한 진실

Contents ──────

1장

발명과 혁신의
역사

발명과 혁신이
현대사회에 끼친 영향

인류의 진화는 발명과 분리하여 설명할 수 없다. 그 이유는 발명이 인류의 역사에서 물리적 변화와 행동 양식을 변화시켰기 때문이다. 발명은 크게 네 가지 범주로 구분된다.

첫 번째 발명의 범주는 석기를 비롯한 다양한 수제 도구이다. 이러한 도구들은 인류가 직립보행을 시작하면서 자유로워진 양손을 사용함에 따라 복잡한 작업을 할 수 있도록 개발되었다. 초기 인류의 도구 발전은 아주 느리게 진행되었으며, 이는 동굴 유적지 발굴을 통해서 확인할 수 있었다. 가장 원시적인 석기는 대략 300만 년 전으로 거슬러 올라가고, 잘 다듬어진 손도끼와 칼은 150만 년 전으로 거슬러 올라가며, 가공된 돌을 이용한 나무창wooden spear은 50

만 년 전에 나타나기 시작했다. 인류는 약 2만 5천 년 전, 후기 구석기에 이르러서야 도끼, 작살, 바늘, 톱, 도자기 등의 다양한 도구를 제대로 생산할 수 있게 되었다.

이후에는 농작물의 재배가 확산되면서 다양한 농기구들이 등장했다. 말을 길들이기 위해 재갈과 고삐가 발명되었고, 등자와 안장으로 발전했다. 또한, 역축draft animal[1]을 활용하기 위한 다양한 마구, 멍에 등이 등장했다. 이처럼 정착 사회는 나무를 이용해 가구를 만들고, 도자기를 굽고, 도구와 무기를 생산하기 위해 광석을 제련하는 것에 역량을 집중했다.

물론 현대사회도 여전히 망치와 톱, 나무 의자와 벤치, 컵과 접시 같은 수많은 단순한 제품에 의존하고 있다. 하지만 기계 생산이 주를 이루면서 손 도구를 이용한 생산은 주로 장인들에게 맡겨지고 있다.

두 번째 발명의 범주는 다소 복잡한 장치나 기계이다. 이 범주에는 고정형 장치와 운송 수단이 포함된다. 대표적인 전근대적 발명품으로는 물레방아, 풍차, 물레방아를 이용한 풀무와 용광로, 항해용 범선 등이 있다. 19세기 후반에 미국의 대표적인 백화점 시어스Sears

---

1 역자 주: 농사를 짓거나 수레에 짐을 실어 나르는 사역에 이용하는 소, 말, 당나귀 따위의 가축을 통틀어 이르는 말이다.

의 카탈로그에는 포켓 시계, 재봉틀에서 탈곡기에 이르기까지 수천 개의 제품이 나열되어 있다. 오늘날 전 세계 시장에는 1,000여 개의 다양한 휴대전화 제품이 존재하며, 미국 시장에는 700개에 이르는 승용차 제품이 있을 정도로 제품이 과잉 생산되고 있다(최근 판매되는 승용차는 SUV, 픽업트럭, 미니 밴이 대부분이기 때문에 더는 승용차car라 부르기도 어렵다!).

  단순한 공구와 기계 그리고 현대 산업을 구성하고 있는 자동화된 복잡한 기계에 새로운 아이디어를 추가하고 구체화하는 것은 필연적인 과정이다. 특히 현대의 자동차 생산 공장은 이러한 기술적 집약을 나타내는 대표적인 곳이다. 자동화 로봇이 부품을 운반하고 고정하고 용접하며 페인트칠까지 해낸다.

  하지만 주변에서 구하기 쉬운 돌과 나무로는 이러한 복잡한 기계를 만들기에는 한계가 있다. 따라서 세 번째 발명의 범주는 바로 신소재이다. 신소재는 돌과 나무의 시대에서 금속, 혼합물, 화합물의 시대에 이르기까지 문명의 진보를 보여 주는 명백한 지표이다. 신소재의 발명은 청동에서 시작하여 철과 탄소강을 거쳐, 알루미늄을 비롯한 다양한 금속, 유리, 시멘트 등으로 발전하였다. 19세기 후반부터는 다양한 종류의 플라스틱이 개발되었고 최근에는 철보다 가볍고 강한 탄소 기반의 복합 재료로까지 발전하였다.

  마지막으로 발명의 네 번째 범주는 새로운 생산관리와 경영 기법

의 도입이다. 이는 앞서 언급한 세 가지 범주보다는 다소 제한적이
지만, 경제적인 보상이 큰 개선이다. 이 방식은 대량생산 기술과 정
보 기술을 이용하여 고도로 자동화된 방식을 의미한다. 이러한 종
류의 가장 주목할 만한 발명품 중 하나는 1904년에 소개된 마이클
오웬스Michael Owens의 유리병 제조 기계다. 이전에는 유리병 제조 공
정이 완전히 수동 방식이었기에, 유리병을 하나하나 개별적으로 입
으로 불어 만들어야 했다. 그러나 19세기 후반에 최초의 반자동 기
계가 등장하여 상황이 달라졌다.

하지만 유리병 제조를 위해서는 수동·반자동 할 것 없이 어린이
를 고용하여 녹은 유리를 운반하고 성형하는 과정이 일반적이었다.
1899년까지 7,000명 이상의 미국 소년들이 이러한 덥고 위험한 환
경에서 일했는데, 탄광에서의 아동 노동만큼이나 끔찍한 일이었다.
반면에 오웬스의 새로운 기계는 인간의 노동이 필요하지 않았고, 용
광로에서 직접 유리를 모아 유리병을 생산할 수 있었다. 기존의 반
자동 기계는 시간당 200병을 생산했지만, 오웬스의 초기 모델은 시
간당 2,500병을 만들 수 있었다(그림 1.1).

대량생산 방식은 제2차 세계대전을 거치면서 전자제어 기술(요즘
에는 밥솥이나 커피 메이커에도 내장됨.)의 도입으로 인해 더 효율적이고,
더 저렴하며, 더 빠르게 발전되었다. 그뿐만 아니라 전자장치는 데
이터 수집과 처리 그리고 보급에도 큰 영향을 미쳤다. 사실 제2차

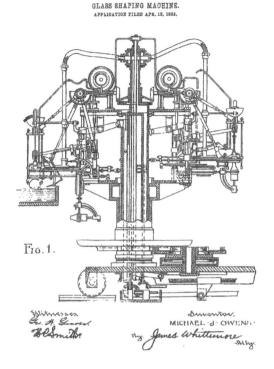

GLASS SHAPING MACHINE.
APPLICATION FILED APR. 12, 1903.

FIG. 1.

INVENTOR.
MICHAEL · J· OWENS·

[그림 1.1] 마이클 오웬스의 유리병 제조 기계. 톨리도(Toledo) 유리 회사의 미국 특허.

세계대전 중에는, 계산기calculator와 컴퓨터computer라는 용어는 대개 지루한 데이터 입력과 처리에 고용된 젊은 여성들을 의미했을 정도 였다. 하지만 지금의 모습은 어떠한가? 소형 노트북조차 1960년대 의 최첨단 컴퓨터보다 훨씬 더 뛰어난 계산 성능을 가지고 있을 정 도로 발전했다. 전자장치는 곤충에 부착될 수 있을 정도로 소형화 된 것부터 끊임없는 대용량 전력이 있어야 하는 거대 데이터 서버까지 다양한 형태로 진화했다.

　일반적으로, 발명과 혁신은 여러 면에서 겹치는 부분이 많다. 하지만 혁신은 새로운 재료, 제품, 프로세스와 아이디어를 도입하고 채택하고 숙달하는 과정이 필수적이다. 발명에는 상응하는 혁신이 뒤따르지 않을 수도 있는데, 구소련(이하 소련)의 사례는 이런 점에서 발명과 혁신의 괴리를 잘 보여 준다.

　소련 과학자들은 당대의 뛰어난 발명품을 수없이 만들어 냈고, 소련은 8명의 노벨상 수상자를 배출했다.[2] 소련의 중점적인 재정 지원에 의해 추진된 연구 개발 덕택에 소련 무기는 미국 무기와 동등하게 경쟁할 수 있었다. 소련은 당시 약 45,000개의 핵탄두를 보유하고 있었으며, MiG-29와 Su-25는 지금까지 전투에 투입된 세계 최고의 전투기 중의 하나였다. 미국 엔지니어들이 세계 최초로 스텔스 비행기를 개발할 당시 소련에서는 표트르 우핌체프Pyotr Ufimtsev의 방정식을 이용해 비행기 표면에서 나오는 전자기파의 반사를 예측하는 기술을 개발하였다.

　소련은 당시 세계 최고의 에너지 기술도 보유했다. 소련의 과학자들과 기술자들은 시베리아의 거대한 탄화수소 유전을 발견했고, 세

---

2 란다우(Landau)와 카피차(Kapitsa)의 저온 물리학 연구, 바소프(Basov)와 프로호로프(Prokhorov)의 레이저(laser)와 메이저(maser) 연구 등이 있다.

계에서 가장 큰 석유와 가스 산업을 발전시켰으며, 유럽의 원유와
천연가스 수요의 대부분을 공급하는 세계에서 가장 긴 파이프라인
을 건설했다. 하지만 1991년 소련이 물리적인 충돌 없이 해체되었
을 때, 소련에는 주요 산업뿐만 아니라 기본적인 생필품 산업까지
곳곳에 혁신과 발명의 커다란 격차가 있었다.

현대 문명에서 강철은 가장 중요한 금속이다. 유럽, 북미, 일본과
같은 선진국에서는 1950년대에 이미 전로basic oxygen furnace, BOF 방
식이 평로를 대체하기 시작했다. 그러나 소련에서는 구식 평로open-
hearth furnace[3]가 철강 생산의 절반을 차지할 정도로 소련의 산업은
낙후되어 있었다(소련은 해체 직전까지도 평로를 주로 사용할 정도였다.). 또
한, 청바지에서부터 PC에 이르기까지 일반 소비재의 대량생산 시스
템의 낙후 문제는 소련 국민의 가장 큰 불만 사항 중 하나였으며, 이
는 결국 소련의 종말에 기여한 요인 중 하나였다.

소련과는 대조적으로, 중국의 전례 없는 경제 발전은 1990년도 이
후에 광범위한 외국의 발명품을 신속하게 활용(또는 도용)하여 혁신을
이루었다. 해외에서 이미 검증된 설비와 기술의 과감한 도입과 적용
그리고 전례 없이 쏟아지는 기술 개발 성과로 인해 중국 경제 규모는

---

3 역자 주: 제강에 쓰이는 반사로의 일종이며, 고로(高爐)에 비해 모양이 납작하다. 에너지
사용량이 많으며 생산 속도가 느리다.

14배 성장하고 1인당 국민 소득은 11배 성장하기에 이르렀다.

중국 정부의 노력과 외국의 직접 투자 덕분에 최신 기계, 설계 및 프로세스가 성공적으로 도입되었다. 이는 특허 취득과 동시에 중국 시장 진출을 열망하는 미국, 유럽, 일본 기업들이 적극적인 노하우 공유 덕분에 이뤄졌으며, 이 과정에서 광범위한 산업 스파이 활동이 동반되기도 했다.

중국 공산당은 소련의 붕괴에서 교훈을 얻었다. 고르바초프처럼 개혁하기 어려운 정치를 개혁하는 대신, 유례없는 혁신 주도의 경제 성장을 통해 국민의 삶의 질을 급속히 향상시키고 당의 통제를 더 강화하는 것이 필요하다는 것을 깨달았다.

1972년 2월, 리처드 닉슨의 '중국 개방' 방문 이후 중국과 미국의 첫 상업적 거래는 미국의 M. W. 켈로그 사가 설계한 최신 암모니아 합성 공장의 구입이었다. 당시 중국은 현대적인 비료 설비가 없었기에 빠르게 증가하는 인구를 먹여 살리기 위해서는 비료 공장이 필요했다. 뒤이어 수천 개의 외국 기업(토요타, 히타치, 신일본제철, GM, 포드, 보잉, 인텔, 지멘스, 다임러 등의 거대 다국적 기업)이 중국과 노하우를 공유했고, 반강제적으로 중국의 리버스 엔지니어링에 노하우를 제공하는 합작 기업을 설립했다.

중국은 후발 주자로의 혜택을 누리면서 선진국의 완성된 발명을 기반으로 하여 혁신의 흐름을 탈 수 있었다. 물론 1950년대의 일본

과 1970년대의 한국도 이런 후발 주자로서의 혜택을 누렸다. 하지
만 일본과 한국의 경우는 혁신과 창의적 경제라는 점에서 중국과
다르다. 소니의 초창기 가전제품의 혁신, 토요타의 고품질 적시 생
산방식Just-in-Time[4], 삼성, SK하이닉스, LG, 파나소닉 등의 반도체,
휴대폰, 2차 전지가 좋은 예이다. 반면 아직은 중국의 산업이 전 세
계에 기여한 바는 없다(화웨이의 경우는 다르다고 주장할 수도 있다.).

발명이라는 긴 궤적을 되돌아보면 발전의 가속도에 놀라게 된다.
18세기에는 덜 집약적이며 느리게 진행되던 기술의 진보가, 산업혁
명을 거치면서 19세기에 이르러 양과 질이라는 관점에서 획기적인
발전을 이루었다. 그러나 20세기의 발전은 산업혁명 시기의 발전보
다 더 눈부시다. 조엘 모키르Joel Mokyr가 지적한 대로, 20세기의 진
보는 두 차례의 세계대전과 아시아와 유럽 대부분을 지배한 전체주
의 정권이라는 악조건 속에서 이루어졌다.

과거에는 이 정도의 재앙[5]이라면 수백 년 동안 경제를 후퇴시키
거나 심지어 사회 전체를 침체로 빠뜨리기에 충분했을 수 있다.

---

4 역자 주: 재고를 쌓아 두지 않고서도 필요한 때 적기에 제품을 공급하는 생산방식이다.
즉, 물건을 팔린 만큼만 생산하여 파는 방식이다.
5 역자 주: 두 차례의 세계대전과 전체주의 정권의 폭압을 말한다.

그러나 20세기 가속화된 혁신의 흐름은 이 중 어떠한 것도 산업화 세계의 빠른 성장을 촉진하는 데 걸림돌이 되지 못했다.

어느 때보다 빨라진 혁신은 20세기 말과 21세기 초에 끊임없이 공유되는 마법의 주문 같은 신념이다. 증가하는 특허 수가 혁신의 가속화를 알 수 있는 완벽한 척도는 아니지만(사실 대부분의 특허는 진정한 혁신보다는 사소한 변화나 개선을 보호하기 위한 것이다.), 미국특허청 USPTO이 승인한 특허 수의 증가를 살펴보면 놀라움을 감출 수 없다. 1800~1810년에는 911건의 특허를 승인하였는데, 1890년대에는 거의 25만 건으로 증가했다. 그리고 1900~1910년 동안 약 34만 건에서 1990년대에는 약 165만 건으로, 200년 만에 거의 2,000배 증가했다.

물론 이렇게 많은 특허 중에는 수준이 미달인 것과 단순한 것도 많다. 게다가 어떤 면에서는 분명히 오해의 소지가 있는 특허도 있는데, 심지어 말도 안 되는 특허와 정말로 미친 창작물도 포함되어 있다. 1932년 알포드 브라운Alford Brown과 해리 제프콧Harry Jeffcot은 미국특허청의 문서에서 이런 사례들을 수집했다. 그중에는 죽은 사람이 의식을 회복할 경우 무덤에서 사다리를 타고 나올 수 있도록 개선된 '관burial case'이나, '보조개 제조 장치' 같은 특허도 있었다. 과연 전문 특허 평가자들이 이런 것들을 어떻게 평가했을지 의문스

러울 따름이다. 이러한 말도 안 되는 일은 아직도 일어나고 있는데,
이는 '전자 프론티어 재단Electronic Frontier Foundation'의 웹페이지에서
매달 발행하는 '이달의 멍청한 특허'를 확인해 보면 알 수 있다.

2013년에 등록된 US patent 8,609,158B2를 예로 들어 보면, 특
허 출원 과정에 의구심을 가질 수밖에 없다. 이것은 다이앤 엘리자
베스 브룩스Diane Elizabeth Brooks에게 부여된 것으로, 이 의심스러운
특허는 다이앤의 만나manna **6**에 관한 내용을 다루고 있다. 특허의 내
용을 살펴보면 다음과 같다.

독자적인 기법에 따라 혼합 및 가공된 씨앗과 씨앗 부산물로 만들
어진, 마취 효과가 있는 강력한 약물. 매우 강력해서 우울증, 기분 장
애, 주의력 장애 증상, 사고 장애, 정신 질환, 통증, 지체 장애, 신체적 문
제, 림프샘 암 및 많은 다른 질병 증상을 제거하거나 완화함. 목 주변
돌기를 1~2주 이내에 제거하며 여러 가지로 활용할 수 있음. 강력한 약
이지만 주의력 결핍 아동의 치료를 위해서는 약하게 처방할 수 있음.
믿을 수 없는 놀라운 기분 안정제이고 정신병을 줄여 준다. 암 환자와
통증이 있는 사람들에게 사용할 것. 효과가 있음.

---

6 역자 주: 이스라엘 민족이 40년 동안 광야를 방랑하고 있을 때 여호와가 내려 주었다
   고 하는 양식.

이런 말도 안 되는 특허가 승인되었다는 사실이 믿기 어렵지만, 지금도 여전히 이런 말도 안 되는 특허가 승인되고 있다. 2012년에 승인된 애플의 미국 특허 D670,286S1는 스티브 잡스와 애플사의 최고 디자이너인 조나단 아이브Jonathan Ive를 포함한 10명에 의해 신청되었다. 이 특허는 사각형에 둥근 모서리가 있는 휴대용 디스플레이 장치portable display device이다(그림 1.2).[7]

수잔 하쉬Susan R. Harsh가 출원한 특허도 수준 미달이다. 이 특허는 개 코에 분말을 묻혀 개 코 자국smuge의 본을 뜬 다음 이를 개 코 모양의 아트로 표현하는 장치에 관한 것이다.

사실 획기적인 발명인지를 구별하고 평가하는 다양한 기법이 존재한다(이 책의 마지막 장에서 이러한 방법을 소개한다.). 일단 이 장에서는 가속화된 일련의 발명들 덕분에 이루어진 정량적이고 정성적인 개선 효과를 언급하고자 한다. 또한, 발명이라는 성과는 완성이 아닌, 더 나아가기 위한 기초라는 점에 주목하려 한다.

현대의 발명품은 기술적, 환경적, 사회적 측면에서 우리가 직면한 문제에 대해 훌륭한 해결책을 제공한다. 이러한 해결책들은 부수적이거나 점진적인 발전뿐만 아니라 '파괴적', '변혁적' 또는 '혁명적'인

---

7 역자 주: 실제로 이 특허는 어떠한 기술적 내용이 없이, 간단한 디자인 스케치로만 이루어져 있다.

[그림 1.2] 2012년 11월에 발행된 애플의 미국 특허 D670,286S1의 세 번째 이미지. 익숙한 사각형 모양에 둥근 모서리가 있는 휴대용 디스플레이 장치다.

변화를 이끌어 낼 수 있으며, 이러한 변화의 잠재력은 음식에서 장수, 에너지에서 여행에 이르기까지 (거의 모든) 다양한 분야에 걸쳐 확장된다.

우리는 이미 영양실조 인구를 전 세계 인구의 10분의 1 미만으로 줄이는 데 성공했다. 어쩌면 미래에는 식량 부족을 완전히 제거하는 것도 가능할지 모른다. 그 과정에서 온도와 습도가 조절되는 고층 건물에서 식량을 대량 생산하거나, 음식물 대신 완전한 영양을 제공하는 합성 캡슐을 섭취함으로써 농작물에 대한 의존에서 벗어날 수도 있다. 지난 2세기 동안 부유한 나라들의 평균수명은 2배 늘었다. 향후 유전자 변형이나 유전자 가위CRISPR 기술을 통해 그 수명이 2배 더 늘어날 수도 있다.

부유한 국가들은 이미 1인당 에너지 공급량을 2배 이상 늘렸다. 이러한 성과를 바탕으로, 재생 가능한 에너지원의 혁신과 확산을 통해 화석연료를 완전히 대체하는 것도 가능하지 않을까? 지금 우리는 이미 육상 운송에서는 시속 300km, 항공 운송에서는 거의 음속(시속 1,000km 수준)으로 이동할 수 있게 되었다. 미래에는 심해 진공 튜브 등을 이용해서 대서양을 두 시간 이내에 횡단할 수도 있을 것이다.

현대 발명의 기하급수적인(심지어 그보다도 빠른) 발전 속도를 고려한다면, 이러한 목표는 이상하거나 불가능한 것으로 여겨지지 않는다. 숫자가 보여 주는 것은 명확하다. 오랜 기간 기하급수적인 성장은 결국 모든 것이 가능해질 수 있는 임계점을 지나, 특이점으로 귀결될 것이다. 하지만 이러한 가능성이 있다고 해서 특이점을 맹목적으로 숭배할 필요는 없다. 알츠하이머 치료제와 같은 획기적인 신약, 고밀도 전기에너지 저장 장치, 화성의 인류 정착과 같은 평범해 보이는 주장들도 인상적이기는 마찬가지이다. 이 책에서는 과장된 주장이나 환상보다는 다소 현실적인 세상에 관해 이야기하고자 한다.

1912년 타이타닉호의 침몰, 1986년 챌린저호의 폭발, 소니의 베타맥스Betamax 비디오의 실패, 처참한 실패로 끝난 포드의 에드셀Edsel과 핀토Pinto 모델[8]과 구글 글라스 등, 수많은 역사적 설계의 실패 사례는 이미 잘 알려져 있다. 제1차 세계대전 이전에 독일에서 개발된 전기 쟁기나 크라이슬러의 자동차 가스터빈과 같은 절망적인 설계의 실패 사례에 대한 연구도 있다. 최근에는 매킨토시 TV와 파워 맥 G4 Cube[9]를 포함한 애플의 12가지 실패 사례도 널리 알려져 있다.

실패한 설계에 관심이 있는 독자들은 수잔 헤링Susan Herring이 1989년에 출판한 도서인 『타이타닉에서 챌린저호까지From the Titanic to the Challenger』를 읽어 보기 바란다. 이 도서는 20세기의 설계 실패 사례 1,354개를 소개하고 있다. 그리고 마이클 쉬퍼Michael Schiffer의 『놀라운 실패Spectacular Flops』에서는 좀 더 오래된 실패 사례들을 소개하고 있는데, 니콜라 테슬라Nikola Tesla가 제안한 무선 전력 배전 시스템, 원자로 추진 폭격기와 같은 실패 사례들이 포함되어 있다. 하지만 실패는 발전 과정에서 필연적이며 중요한 교훈(때때로 비극적이고 값비싸긴 하지만)을 제공해 주기도 한다. 이는 헨리 페트로스키

---

8 역자 주: 포드 자동차의 대표적 실패 사례다.

9 역자 주: 애플 사의 매킨토시 PC로, 애플의 대표적인 실패 사례다.

Henry Petroski가 도서의 부제를 '성공적인 설계에서 실패의 역할'이라
고 한 이유이기도 하다.

이 책에서는 현대 발명의 널리 알려진 문제점이나 치명적인 결과
에 대해서는 자세히 다루지 않는다. 발명으로 인한 부작용, 단점, 합
병증 등은 예측이 가능하다. 대부분 문제점들은 추적 관찰되고 평
가되는데 이는 발명으로 인한 삶의 질 향상에 따른 비용 관점으로
볼 수도 있다. 많은 연구자가 이러한 문제점을 방지하거나 완화하기
위한 연구를 수행하였다.

처방 약이 건강과 환경에 미치는 영향은 아마도 현대사회에서 가
장 널리 알려진 발명의 부작용 중 하나다. 이 부작용에는 단순한 불
편함뿐만 아니라 기저 질환에 따른 금기 사항(또는 바람직하지 않은 증
상)을 비롯해 하천에 흘러 들어가는 수많은 약물과 항생제 내성 박
테리아의 확산과 같은 치명적인 결과를 포함한다. 항생제 내성 박테
리아는 심각한 문제이다. 수십 년 동안 이 문제의 파급효과에 대해
인류는 인식하고 있지만, 새로운 항생제 연구에 대한 투자는 문제
의 심각성에 비해 미미하다.

내연기관에 의해 구동되는 자동차의 발명이 가져온 부작용도 의
약품의 부작용에 못지않다. 내연기관은 인류에게 이동성과 편리함
을 넘어서 자유freedom of the road를 선사했지만, 배기가스 문제와 도
시 경관 문제는 물론이고, 처방 약의 부작용에 버금가는 많은 사망

자 문제를 일으켰다. 선진국에서는 1970년대에 들어서야 배기가스 배출량을 줄이기 위한 노력을 시작했다. 합리적인 도시 설계의 한 축인 자동차 문제의 효과적인 해결 방안은 여전히 존재하지 않으며, 전 세계적으로 연간 약 135만 명의 운전자와 보행자 사망자가 발생하고 있다.

부작용으로 인해 생기는 바람직하지 않은 결과까지 받아들인 인류의 발명품은 의약품과 자동차에 그치지 않는다. 플라스틱으로 인한 토지와 수질오염 문제, 합성 질소비료의 과도한 사용으로 인한 문제까지 언급하기 시작하면 이 책의 한정된 지면으로는 부족하다. 그렇기에 이 책에서는 빠르게 발전한 발명의 흐름 속에서 상대적으로 발전 속도가 느렸던 영역과 초기 기대만큼 효과적이지 못했던 혁신에 초점을 두어 발명의 실패를 다루고자 한다.

이 책에서는 발명과 혁신 실패를 다음의 세 가지 범주로 나누었다. 첫 번째로 초기에 환영받았으나 결국 퇴출당한 경우, 두 번째로 기대에 어긋난 경우, 마지막으로 잘못된 기대로 인해 실망으로 끝난 경우이다.

일부 역사가들이 지적하는 것처럼 '실패한 기술'이라는 단어는 오해를 불러일으킬 수 있다. 탐 캐롤Tom Carroll이 1989년 심포지엄에서 주장했듯이, 성공과 실패는 사회적 선택의 결과지만, 실패한 기술은 '잠재적 혁신이 가질 수도 있고, 가지지 못할 수도 있는' 모멘텀의 선형적인 관점만을 의미하기 때문이다.

기술적인 진보는 자율적이지 않으며 사회적 조건과 맥락에 의해 큰 영향을 받는다. 그러나 혁신의 영향력은 종종 의도하지 않은 다른 방향으로 진행되기도 하며, 혁신을 수용하거나 거부하는 것을 결정하는 것이 사회(심지어 독재 국가라 하더라도)의 힘만이라고 볼 수도 없다.

현대사회에서 퇴출당한 발명

실패한 발명의 첫 번째 사례는 현대사회에서 퇴출당한 발명이다. 발명 초기에는 환영받았고, 빠르게 상업화되었으며, 세계적으로 확산되었으나 결국 실패한 발명에 대해 다루고자 한다. 이런 발명들은 결국, 심지어 수십 년이 지난 후에, 인간과 환경에 바람직하지 않거나 해로운 것으로 밝혀졌고, 결국 처음 발명된 용도로 사용되는 것이 완전히 금지되었다.

유연휘발유leaded gasoline[10]는 내연기관의 부드러운 운행을 위해

---

10 역자 주: 테트라에틸납 등의 유기 납 화합물이 첨가된 휘발유이다.

발명되었다. 하지만 수십 년이 지난 후 신경독성 중금속의 배출로 인해 심각한 문제를 일으킬 수 있다는 것이 밝혀졌다. 이로 인해 1970년부터 미국을 시작으로 많은 국가가 유연휘발유의 사용을 금지하기에 이른다. 1970년 직후에는 한때 살충제로 주목받던 DDT의 사용이 금지되었고, 1987년에는 성층권에 오존층 감소의 원인으로 지목된 프레온가스chlorofluorocarbons, CFC의 점진적인 감축에 전 세계가 합의하였다.

세계를 지배할 뻔한 발명

실패한 발명의 두 번째 범주는 틈새시장에서 유망해 보였으나 발명 당시 기대에 미치지 못한 발명이다. 저렴한 장거리 항공 운송을 위한 비행선, 전력 발전을 위한 핵분열 기술, 빠른 대륙 간 여행을 위한 초음속 항공기 등이 이 범주에 속하는 사례이다. 이러한 발명들은 상업화에 성공하기도 했고 어느 정도 확산되기도 했지만, 얼마 지나지 않아 기대했던 잠재력에 도달하지 못하리라는 것이 드러났다.

비행선은 앞선 사례들 가운데 가장 먼저 실패한 사례였다. 힌덴부르크Hindenburg호가 불길에 휩싸이는 장면은 기술적 재앙을 상징

[그림 1.3] 힌덴부르크호의 비행선 사고이다.

하는 대표적인 이미지가 되면서 비행선은 실패로 막을 내린다(그림 1.3). 하지만 1960년대부터 제트여객기들이 대중화되고 전 세계의 항공 운송을 장악했음에도 불구하고 비행선의 꿈을 이루려는 시도는 끝나지 않았다. 더 나은 비행선을 만들기 위한 시도는 21세기에도 계속되고 있다.

핵분열은 개발 당시 기대 수준에 한참 못 미친 사례이며, '성공적인 실패'의 대표적인 경우라고 볼 수 있다. 이 기술은 상업적으로 상당히 성공했고(3개 대륙에서 400개 이상의 원자로가 가동됨.), 몇몇 선진국 전력 발전에 중요한 부분을 차지하고 있음에도 불구하고, 전 세계 시장의 핵 발전 점유율은 기술의 개발 당시 열광적으로 예상했던 수준에 훨씬 미치지 못했다. 당시에는 20세기 후반에 이르면 핵발전이 모든 전력 생산 기법을 압도할 것으로 예측했으나 결과는 당초 예측에 한참 못 미쳤다.

초음속 비행기의 경우도 앞서 언급한 사례와 유사하다. 처음에는 비행선에 비해 성공적이었으나, 결국 상업적으로 실패했다. 그러나 초음속기가 틈새시장을 차지할 수 있을 것이라는 기대로 인해, 지속적으로 새로운 초음속 비행기의 디자인이 개발되고 있다(기업들이 새로운 원자로 설계를 계속 추진하는 것처럼).

인류에게 꼭 필요한 발명

마지막 사례들은 잘못된 기대가 불러온 실패 사례이다. 대규모의 상업화가 혁신을 일으킬 수 있고, 실현되기만 한다면 오랫동안 성공이 보장될 수 있지만, 효과적이고 경제적인 실현 가능성이 요원한 사례이다.

진공 튜브(또는 진공에 가까운 튜브)를 이용한 고속 운송에 대한 아이디어는 사실 200년 전부터 구상되었으나 실현되지 못했다. 최근에는 하이퍼루프Hyperloop라는 이름으로 부활했는데, 과연 실용적인 상업화를 위한 오래된 꿈이 실현될지는 미지수이다.

두 번째 사례는 잘 알려지지는 않았지만, 실현되기만 한다면 파급 효과가 엄청난 발명이다. 만약 세계의 주요 곡물(밀, 쌀, 옥수수, 수수)의 재배 과정에서 콩과 작물[11]처럼 재배에 필요한 질소의 상당 부분을 질소고정 세균nitrogen-fixing bacteria[12]과의 공생을 통해 공급할 수 있다면 이는 획기적인 발명이 될 수 있다. 이를 통해 세계 곡물 수확량을 증가시킬 뿐만 아니라 합성비료의 생산량과 사용량을 줄일 수 있고, 많은 에너지를 절약하고 환경오염을 예방할 수 있을 것이다.

마지막 사례는 전력 발전을 위한 핵융합의 상업적인 적용이다. 이는 1940년대 몇몇 뛰어난 물리학자들의 업적이다. 핵융합은 실패한 범주에 속하는 발명 가운데 가장 널리 알려지고 대중화된 사례이다. 핵융합의 상업적 사용이라는 꿈의 실현을 위해 우리는 지속해서 노력해 왔고, 실질적인 성공은 머지않았을 수도 있다.

세 가지 범주의 실패 사례는 다른 사례를 통해 다양하게 확장될

---

11 역자 주: 완두콩, 렌틸콩, 대두, 땅콩, 덮기 작물, 클로버, 알팔파를 포함한 피복 작물 등을 말한다.

12 역자 주 : 공기 중의 유리 질소를 유기 질소화합물로서 동화하는 토양 세균이다.

수 있다. 초기에 환영받았으나 결국 실패로 끝난 또 다른 사례로는 수소화 기름hydrogenated oils이 있다. 프록터앤갬블Procter&Gamble 사는 목화씨 유의 수소화 과정을 통해 상온에서 고체로 남아 있는 지방 성분인 크리스코Crisco(결정화 목화씨유)를 얻을 수 있었다. 이후 트랜스 지방은 저렴한 가격 덕분에 싸구려 버터나 돼지기름lard에 널리 활용되었다. 트랜스 지방을 이용해 만든 식품은 싸고 유통기한도 길어서 다양한 베이커리와 튀김에 활용되었다. 하지만 이후 학자들은 트랜스 지방이 콜레스테롤 수치와 심장병에 악영향을 준다는 사실을 밝혀냈고, 각국 정부는 트랜스 지방의 사용을 규제하였다.

블랙베리Blackberry 핸드폰의 성공과 추락은 한때 시장을 지배하는 듯했으나 결국 기대에 미치지 못한 사례이다. 블랙베리는 뛰어난 보안 기능으로 인해 CEO의 핸드폰으로 불리기도 하였다. 그리고 기업 휴대전화 시장을 지배할 것처럼 보였다. 하지만 블랙베리의 전성기는 약 10년에 불과했다. 2002년 첫 제품 출시 이후 10년 동안 시장 경쟁력을 유지했지만, 2013년부터 지속적인 하락세에 접어들었다.

계속 미뤄지고는 있지만, 필요한 발명 가운데 하나는 수소 경제이다. 수소 경제는 세계적인 이산화탄소 감축의 필요성에 대한 궁극적인 해결책이 될 것이다.

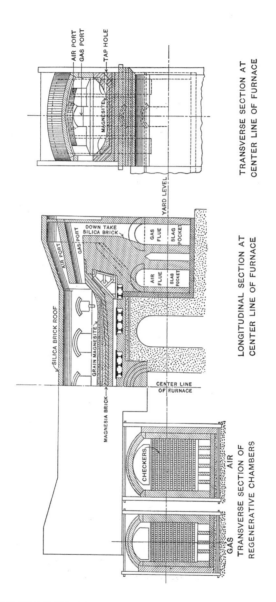

[그림 1.4] 21세기 초의 평로 단면도.

새로운 발명이 미래를 어떻게 바꿀 것인가?

한 세기 이상 동안 특정 생산이나 소비 분야를 지배했던 발명품
들에 관해서만 쓰더라도 책 한 권을 쓸 수 있을 것이다. 한때 세상을
지배했던 발명품들도 빠르게 사라지거나, 괴짜 신봉자들에 의해 골
동품으로만 유지되거나, 경제적 가치가 퇴보하기도 한다.

앞서 언급된 평로의 사례는 첫 번째 범주[13]에 속한다. 1870년대
에서 1950년대 초반까지 대부분 강철은 평로의 용광로에서 나오는
주철의 탄소량을 줄여서 만들었다. 이후 한 세대 만에 평로는 유럽
과 일본에서 거의 사라졌고, 북미에서만 약간 남아 있을 뿐이었다.
물론 일부 지역에서는 21세기까지 평로가 쓰이기도 했다(그림 1.4).

교통수단의 변화는 훨씬 더 극적이다. 원양 정기선ocean liner은 거
의 100년 동안 대륙 간 여객 운송을 책임졌지만, 대서양 횡단 제트
기 운항이 시작된 지 10년 만에 사라졌다!

이 책을 읽는 중장년층들은 초소형 전자공학 기술microelectronics이
어떻게 세상을 바꾸어 왔는지 잘 알 것이다. 한때 세상을 지배했던
많은 발명품이 새로운 전자 기술의 등장과 함께 쓸쓸히 사라지거

---

13 역자 주: 널리 퍼졌다가 빠르게 사라진 발명품이다.

나 명맥만 유지하는 수준으로 존재하게 된다. 타자기는 개인용 컴퓨터로 빠르게 대체되었고, 이후에는 휴대용 전자 제품으로 대체되었다. 카메라는 스마트폰으로 대체되었으며, 물리적 매체를 이용한 음악 저장 장치(테이프, 음반, CD)는 서로 경쟁하다가 결국 디지털 매체가 이들을 대체했다.

물론, 타자기, 카메라, LP 음반 등은 아직도 존재한다. 하지만 타자기는 중고 시장을 통해서만 거래되며 특유의 기계적 느낌을 좋아하는 일부 마니아들에게 팔린다. 전문 사진작가나 순수한 사진을 찍기를 원하는 애호가들이나 교환식 렌즈형 카메라를 찾는다. 스트리밍 음악이 대세인 시대에, 음반, 테이프, CD는 지난 시절 향수를 그리워하는 틈새시장에서 통용된다.

새로운 발명에 대한 과장된 보도 사례는 마지막 장에서 다룰 것이다. 획기적이라거나 돌파구breakthrough를 마련했다는 등의 순진하고 우스꽝스러운 머리기사로 가득 찬 무비판적인 언론 보도는 잘못된 결론을 내리고 불필요한 기대를 불러일으키는 주범이다. 이러한 보도 방식은 너무 보편적이어서 일일이 다 살펴볼 수 없다. 이 책에서는 최근 사례 가운데 가장 두드러진 것만 살펴볼 것이다. 그다음으로, 현재 빠른 혁신 속도에 대한 일반적인 믿음과 대조되는 기술적 침체와 느린 진보의 흔적을 살펴볼 것이다. 모든 것에는 한계가 있으며, 발명과 혁신도 예외가 될 수 없다. 마지막으로 최근의 가장 주목할 만한 두 가지 기술인 인공지능(자율 주행차, 무인비행기, 더 나아가 인간을 쓸모없이 만드는 기계들)과 생명공학(유전공학을 이용해 마음대로 생명을 창조하는 기술)에 관해 최대한 객관적으로 살펴보고자 한다.

말라리아 정복에서 소득 격차 감소까지 절박한 보건, 환경, 경제 문제들을 해결하기 위해서 수많은 발명이 필요하다는 것은 분명하다. 책의 맨 마지막 부분에서는 우리가 매우 필요한 발명에 대한 희망 사항을 제시하였다. 과거에 그래왔듯이 몇몇 시도는 성공할 것이고, 몇몇은 실패할 것이다. 발명으로 누릴 수 있는 혜택은 무한한 성장의 산물이 아니며, 우리가 가진 한계 속에서 주어진다는 것을 무시할 수 없다.

새로운 발명이 우리의 미래를 어떻게 만들어 나갈지를 예측하려는 충동을 자제할 필요가 있다. 과거에도 이러한 시도가 있었지만, 대부분 실패했으며 그중 일부만이 아주 작은 성공을 거두었다. 더 나은, 더 안전한, 더 공평한 세상을 이루기 위해서는 수많은 혁신적인 발명품이 필요할 것이다. 역설적으로, 과거를 되돌아볼 수 있어야 새로운 발명에 대한 기대의 크기가 적절한지, 새로운 발명에 대한 기대가 있어야 하는지를 알 수 있을 것이다. 우리는 이 책에서 제시하는 희망 사항 가운데 일부만이라도 21세기 중반 이전에 현실이 되기를 기대해 본다.

2장

현대사회에서
퇴출당한
발명

성공에서
실패로 끝난 발명

　복잡한 문제를 해결하기 위한 방법에는 항상 부작용이 따른다. 해로운 것을 제거하거나 바람직하지 않은 영향을 완화하려는 방법도 부작용을 동반한다. 성능 향상, 수익 증진, 안전, 편안함을 위한 혁신도 예외가 아니다. 부작용은 예측할 수 있거나 허용할 수 있는 것부터 예기치 못한 심각한 것까지 그 범위가 다양하다. 만약 완벽한 개선책이 있다면 부작용을 쉽게 제거할 수 있지만, 그렇지 않을 경우에는 피해가 상대적으로 적은 해결책을 찾아볼 수도 있다.

　이 책에서는 혁신을 통한 발명 가운데 결국 실패(부작용으로 인하여)로 판명된 대표적인 사례 세 가지를 소개한다. 앞서 언급한 실패한 세 개의 발명품은 모두 제1차 세계대전과 제2차 세계대전 사이에 등장하였다. 이 중에 두 가지는 기존에 널리 알려진 화합물인 테트라에틸납tetraethyl lead과 다이클로로 다이페닐 트라이클로로 에테인dichlorodiphenyltrichloroethane, DDT을 이용했으며, 나머지 한 가지는 새로 발명된 할로겐화 화합물인 디클로로 디플루오로 메탄dichloro difluoro methane[1]을 사용했다. 우선 이 세 가지의 발명품을 시간순으로 살펴보려 한다.

첫 번째는 유연휘발유이다. 유연휘발유는 자동차 내연기관의 노킹Knocking을 해결하기 위한 수단으로서, 저렴하고, 간편하며, 효과적이다. 노킹은 에너지 변환 효율을 저하하고, 엔진의 심각한 손상을 초래할 수 있는 조기 점화 현상이다.

엄청난 우연의 일치라고 볼 수 있지만, 토마스 미즐리Thomas Midgley(그림 2.1)는 이 책에서 소개하는 실패한 발명 세가지 가운데 두 가지와 연관이 있다. 그는 유연휘발유 개발 연구를 주도했고, 몇 년 후에는 무독성 및 불연성 프레온가스 개발을 주도했다. 개발된 프레온가스는 프레온-12라는 브랜드로 출시되었다. 프레온-12는 프레온가스(이하 CFC) 형태의 다양한 합성 화합물의 시초이며 CFC는 냉장고

---

1 역자 주: 일반적으로 '프레온-12(Freon-12)'라는 상표명으로 판매되는 무색·무취의 기체, 냉각·냉동제나 에어로졸 분무제에 사용되는 클로로 플루오로카본 할로메탄(CFC, CCl_2F_2)을 의미한다.

[그림 2.1] 유연휘발유와 프레온 냉매의 발명가 토마스 미즐리(1889~1944년).

와 에어컨의 압축-냉각 사이클에 사용되는 대표적인 합성 화합물이
다. CFC의 활용 범위는 냉장고와 에어컨에 그치지 않는다. CFC는
발포제, 의약품, 페인트, 화장품 등을 담고 있는 에어로졸 캔의 분사
제, 산업용 탈지제 및 용제로도 널리 활용됐다.

　마지막 사례는 최초의 현대적 합성 살충제인 DDT이다. 파울 헤
르만 뮐러Paul Hermann Muller가 해충을 죽일 수 있는 강력한 물질을 찾
기 시작했을 때보다, DDT는 최소 60년 전부터 알려진 물질이었다.
파울 헤르만 뮐러는 체계적인 연구를 통해 DDT가 가공할 만한 살

충력을 가졌다는 것을 알게 되었다. 이후 DDT는 제2차 세계대전 중에 군대에 의해서 즉각 적용되었다. 그리고 제2차 세계대전 이후 에는 곤충이 매개체인 전염병을 억제하고 농작물 생산과 가축의 해충 방제를 위해 널리 사용되었다.

한편 DDT가 무분별하게 사용된 지 10년이 지나자, DDT에 내성을 가진 곤충이 등장하기 시작했다. 심지어 DDT는 조류 번식에 악영향을 줄 뿐만 아니라, 조산이나 저체중아의 출생과 연관이 있는 것으로 나타났다. 결과적으로 DDT는 환경에 가장 파괴적인 물질로 지목되었다.

실패한 세 가지 발명의 유사점과 차이점

유연휘발유, CFC, DDT의 성장과 소멸의 궤적은 서로 유사하지만, 수용과 퇴출 과정은 제각각이었다. 납이 휘발유에 처음 첨가되었을 때, 납의 신경독성에 대한 수많은 증거가 존재했다. 따라서 의사들과 생리학자들은 유연휘발유 도입에 반대했다. 반면, 프레온-12는 자연에 존재하지 않는 새로운 합성 화합물이었고, 환경 문제가 거의 없어 보였기 때문에 가정용 냉매로 채택되는 데 있어서 별다른 문제가 없었다. 따라서 미즐리가 테트라에틸납(이하 TEL)

을 안티노킹제로 도입한 것에 대해 비판할 수는 있지만, 닐 라슨Neil Larsen이 그랬던 것처럼 그가 '역사상 가장 해로운 발명가'였다고 하는 것은 부당할 수도 있다. 그 당시에는 프레온가스의 유해성을 몰랐기 때문이다.

대기 중으로 방출된 CFC는 공기보다 무거움에도 불구하고 결국 성층권에 도달했다. 공기보다 무거운 이산화탄소가 온실가스 역할을 하는 것처럼, 과학자들은 CFC도 지구환경에 악영향을 줄 수 있다고 예측했다. 그 후 50여 년이 지나서야 대기 화학자들의 연구를 통해 얼음 입자의 표면에서 일어나는 반응으로 인해 어두운 극지방의 겨울 동안 CFC에서 염소가 방출된다는 사실을 알게 되었다. 방출된 염소 원자는 성층권의 오존과 반응하여 오존층의 농도를 감소시킨다.[2]

프레온가스와 마찬가지로 DDT의 부작용에 대한 우려도 도입 당시에는 거의 없었다. DDT가 널리 사용되기 이전에는 감귤류와 유칼립투스 오일, 소금 또는 니모유Neem oil의 수용액과 같은 천연 살충

---

2 역자 주: 계절은 남극 오존 구멍에 영향을 미친다. 어두운 겨울에는 공기가 매우 낮은 온도에서 소용돌이치며 얼음 구름이 형성되고, 얼음 구름 입자의 표면에서 일어나는 반응은 염화불화탄소 같은 화합물에서 오존과 반응하는 형태로 염소를 방출한다. 봄에 햇빛이 돌아오면 염소가 오존을 파괴하기 시작한다. 반면, 북극에서는 얼음 구름이 흔하지 않고 봄에 햇빛이 돌아오기 몇 주 전에 소용돌이가 분해되기 때문에 남극만큼 오존 파괴가 많지 않다.

제만 있었다. 만약 1940년대 초에 DDT의 독성 연구가 제대로 수행되었다면, 조류 번식에 미치는 치명적인 부작용이 광범위하게 축적되지는 않았을 것이다.

세 가지의 발명품이 지나온 성장과 소멸의 궤적 뿐만 아니라, 이 과정에서 걸린 시간도 서로 달랐다. 유연휘발유는 처음 발명되어 상용화된 이후로 완전히 금지되는 데 80년이 걸렸다. 인도네시아는 유연휘발유를 마지막까지 사용한 국가인데, 2006년이 되어서야 유연휘발유의 판매를 금지하면서 전 세계적으로 유연휘발유는 시장에서 사라지게 되었다.

CFC가 성층권의 오존을 파괴할 수 있다는 사실은 1974년 연구를 통해 처음으로 밝혀졌는데, 이때는 이미 프레온-12가 개발된 지 46년이 지난 후였다. 결국, 1987년에 몬트리올 의정서를 통해 오존층을 고갈시키는 CFC의 사용을 단계적으로 감축하고 궁극적으로 사용을 금지하는 조치에 합의하기에 이른다.

DDT의 사용량은 도입 이후 20년 만에 정점에 도달하였다. DDT의 사용을 제한하고 불법화하는 조치는 1960년대에 시작되어 현재는 전 세계적으로 금지되었다. 다만 말라리아모기 퇴치에는 여전히 제한적으로 사용되고 있다.

세 가지의 역사적 발명에 실패 사례에서 공통으로 인류가 얻은 교훈은 두 가지이다. 첫 번째는 인류가 대안을 찾아냈다는 것이고, 두 번째는 세계적인 합의를 통해 해로운 물질을 금지하고 대체재를 사용했다는 것이다(물론 위반 사례도 있었지만). 휘발유에 납을 첨가제로 사용하기 이전에 납을 대체할 수 있는 물질도 존재했다. 하지만 불행히도 납이 선택되었고, 이를 완전히 없애는 데는 많은 시간이 소요되었다. 반면, 성층권 오존 감소의 원인으로서 CFC를 감소시키고 궁극적으로 제거하려는 조치는 빠르게 진행되었고 가장 효과적인 세계 조약 중의 하나가 되었다. 한편 DDT 금지에 따른 결과를 평가하기는 어렵다. 왜냐하면, DDT 이후에도 살충제뿐만 아니라 벌레와 곰팡이를 퇴치하는 화합물 등의 수많은 농약이 개발되었기 때문이다. DDT 대신 도입된 수많은 농약도 지속적으로 사용하게 되면 환경과 건강에 위험한 영향을 미칠 수 있다는 사실이 연구를 통해 속속 밝혀지고 있다.

세 가지 발명품은 모두 기업 연구의 산물이라는 공통점이 있다.[3] 발명품을 상업화하는 과정에서 규제 기관의 승인이 필요했기에 유해성이 입증되었다면 도입을 막을 수 있었다. 하지만 그러지 못했다. 널리 알려진 위험과 과학자들의 강력한 반대에도 불구하고 TEL의 사용이 승인되었고 오래도록 사용되었다. 납의 사용은 결국

---

3 GM은 안티노킹 화합물과 냉매를 개발하기를 원했고, 스위스의 게이지(Geigy)사는 효과적인 살충제 개발을 원했다.

금지되었지만, 놀랍게도 신경독성에 대한 우려가 주요 요인은 아니
었다.

CFC와 DDT는 개발 당시에 기술적인 문제를 거의 완벽하게 해
결하면서 건강상의 혜택을 제공하는 혁신으로 주목받았다. CFC는
가정에서 치명적인 독성 냉매를 대체할 수 있도록 도움을 주었고,
DDT는 더욱 치명적인 병충해 매개체를 박멸할 수 있었다.

TEL의 역사는 공중 보건의 실패를 상징한다. 이미 알려져 있었
던 납의 위험을 미리 고려했더라면, 수십 년이 지난 뒤에야 유연휘
발유의 실패를 인정하고 사용을 금지할 필요는 없었을 것이다. 또
한, CFC와 DDT의 역사는 이와는 다르게 더 심오한 교훈을 남겼
다. 바로 자연에 대한 인간의 개입이 초래한 결과이다. 인간의 개입
에 따른 결과는 당장 나타나지는 않지만, 복잡한 위험이 따른다.
개발 초기의 생각과는 동떨어진, 전혀 상상할 수 없는 복합적인 위
험이 따르는데, 문제는 시간이 지나고 결과가 축적되어야만 정확
한 결과를 알 수 있다. 시간이 지남에 따라 나타나는 부작용을 줄
이기 위해서는 결과를 면밀히 추적하고 때로는 상상력을 발휘해야
한다. 물론 그렇다고 해서 같은 실수가 재발하지 않는다는 보장은
없다.

유해성을 무시한 혁신, 유연휘발유

2022년 기준으로, 내연기관으로 구동되는 자동차의 대수는 14억 대를 넘어섰다. 자동차의 대량 보급은 내연기관, 1차 금속(강철, 알루미늄, 니켈, 바나듐), 타이어(고무) 및 전기 구성품(엔진, 스위치, 시동기)의 설계 및 제조 기술이 결합하여 근본적인 혁신을 이룬 결과다. 이러한 혁신은 기계의 최적화 및 제조(이동 조립 라인)의 개선은 물론 풍부한 연료원(석유 추출 및 정제)과 필수 인프라(도로, 파이프라인, 주유소)의 개발이 있었기에 가능했다.

자동차는 복합적인 혁신의 산물이기에, 누가 먼저 자동차를 발명했는지 정의하기는 어렵다. 1889년에 고틀리프 다임러Gottlieb Daimler와 빌헬름 마이바흐Wilhelm Maybach는 나무로 만든 마차에 수랭식 엔진을 장착한 자동차를 만들었고, 칼 벤츠Karl Benz는 가벼운 단일 실린더 엔진을 3륜 섀시(차대)에 장착했다. 느리고 어설프게 보이는 초창기 자동차와 현대식 자동차는 내연기관을 사용한다는 공통점을 제외하면, 둘 사이에는 큰 차이가 있다. 게다가 당시 내연기관의 효율과 힘은 현대 내연기관에 비해 훨씬 뒤떨어진다. 휠에서부터 스티어링, 섀시에서 엔진의 위치까지, 현대 자동차는 모든 측면에서 크게 변화되었다.

20세기 초까지 독일, 프랑스, 영국, 미국의 엔지니어들은 어색한 조합의 자동차 디자인(말이 없는 마차처럼 보이는)을 현대적인 자동차 디자인으로 개량해 나갔다. 1901년, 마이바흐가 디자인한 메르세데스35는 최초의 현대적인 자동차였다. 이 자동차에는 (여전히 지붕은 없지만) 실린더 4개, 카뷰레터 2개, 기계식 연료 밸브, 알루미늄 엔진 블록, 기어봉, 라디에이터honeycomb radiator, 고무 타이어 등이 장착되었다.

이후에는 대대적인 발전이 이어졌다. 메르세데스35 개발이 불과 7년이 지난 시점에 헨리 포드Henry Ford는 모델 T를 출시하였다. 모델 T는 저렴하면서도 내구성이 뛰어나며 대량생산이 가능한 승용차였다. 또한, 찰스 케터링Charles Kettering은 손으로 크랭킹 하여 시동을 거는 방식을 개선하여 최초의 실용적인 전기 스타터를 설계했다(그림 2.2). 그 이후에도 찰스 케터링은 유연휘발유 개발에 있어서 핵심적인 역할을 수행했다.

이처럼 자동차 부품의 최적화 및 제조에 있어서 눈부신 혁신이 있었지만, 당시 미국 동부 지역에서도 자동차가 다닐 수 있는 포장도로는 여전히 부족했다. 그러나 이후 도로 건설이 활발하게 진행되면서, 1905년에서 1920년 사이에 포장된 고속도로의 길이가 2배 이상 증가했다. 이와 함께, 석유 정제 기술과 원유 채굴의 발전도 중요했다. 이러한 발전으로 자동차 운송에 필요한 연료를 충분히 공급할 수 있었다. 1913년 미국 인디애나의 스탠더드 오일 사는 윌리

[그림 2.2] 찰스 케터링(1876~1958년), 최초의 실용적인 자동차 전기 스타터의 발명가이다. 오랜 기간(1920~1947년) GM 연구 부문의 수장으로 일했으며, 납 첨가제를 에틸 가스(ethyl gas)라고 주장하기도 했다.

엄 버튼William Burton의 원유 열분해 기술을 도입하였다. 이 기술은 휘발유 생산량을 증가시키고, 천연 가솔린의 대부분을 구성하는 휘발성 화합물의 비율을 줄일 수 있었다.

하지만, 저렴하고 신뢰할 수 있는 자동차, 포장된 도로, 적절한 연료의 공급만으로는 충분하지 않았다. 여전히 자동차 엔진의 연소 사이클에 내재한 문제가 있었는데, 이는 바로 노킹 문제였다. 가솔린 엔진에서의 가스 연소는 연소실 상단의 스파크에 의해 일정한 주기로 일어나고, 스파크에 의해 발생하는 화염이 실린더를 가로질러 균일하게 이동한다. 그러나 노킹은 실린더에 남아 있는 가스의 자연 발화로 인해 발생하며, 이때 충격파가 연소실 벽에 반사되어 큰 소리가 발생한다. 노킹은 높은 압력(최대 18MPa, 정상 대기 수준의 180배)을 발생시키고, 그 결과 발생하는 충격파는 소리보다 빠른 속도로 이동하여 연소실 벽을 진동시키고 엔진 벽을 해머로 두드리는 것 같은 소리를 내며 엔진을 손상시킨다.

　노킹은 모든 속도(저속, 고속을 가릴 것 없이)에서 경고음이 나지만, 엔진이 높은 부하에서 작동할 때에 특히 심각한 문제를 일으킨다. 노킹이 심하게 발생하면 실린더 헤드 부식, 피스톤 링 파손, 피스톤 멜트다운 등 회복 불가능한 엔진 손상을 초래할 수 있으며, 엔진 효율 감소와 질소산화물 배출량이 급격히 증가한다. 따라서 노킹을 방지하기 위해서는 안정적인 연료가 필수적이다. 연료 안정성은 일반적으로 옥탄가를 이용해 측정되며, 이는 연료가 자연 발화되는 압력을 기준으로 한다. 주유소에서는 일반적으로 옥탄가를 노란색 배경에 굵은 검은색 숫자로 표시하므로, 휘발유 사용자는 쉽게 확인할 수 있다.[4]

---

4 역자 주: 해당 설명은 미국의 옥탄가 표기 설명으로 국내 주유소에는 옥탄가를 따로 표기하지는 않는다.

옥탄octane, C_3H_{18}은 알칸족 탄화수소alkanes hydrocarbons, C_nH_{2n+2}의 일
종이며, 경질원유light crude oil[5]의 10~40%를 차지한다. 옥탄의 이성
질체isomers[6], 인 아이소 옥탄iso-octane, 2,2,4-trimethypentane은 노킹을 막
아 주기 때문에 옥탄가 등급 척도의 최대치(100%)로 여겨진다. 휘발
유의 옥탄가가 높을수록 노킹이 적게 발생하고, 압축비[7]가 높을수
록 엔진 효율이 더 상승한다. 북미 정유사들이 판매하는 휘발유는
옥탄가를 이용하여 일반 휘발유(옥탄가 87), 중간 등급 휘발유(옥탄가
89), 프리미엄 휘발유(옥탄가 91~93)로 구분한다.

자동차 산업이 폭발적으로 팽창하던 20세기 초반, 골칫거리였던
노킹을 해결하는 방법은 세 가지였다. 첫 번째 방법은 내연기관의
압축비를 4.3:1 이하로 비교적 낮게 유지하는 것이었다. 예를 들어,
1908년에 출시된 포드의 베스트셀러인 모델 T의 압축률은 3.98:1
이었다. 두 번째는 작고 효율적인 엔진을 개발하는 것이었고, 세 번
째는 제어되지 않는 점화를 방지할 수 있는 첨가제를 사용하는 것

---

5 역자 주: 휘발유분이 상대적으로 많고 비중이 작은 원유를 의미함. 비중이 작을수록 휘
발유와 나프타 등 이용 가치가 높은 성분을 많이 얻을 수 있으므로 고품질로 여겨진다.

6 역자 주: 분자식은 같으나 분자 내에 있는 구성 원자의 연결 방식이나 공간 배열이 동
일하지 않은 화합물이다.

7 역자 주: 내연기관의 실린더 속에 빨아들인 혼합 가스나 공기가 피스톤에 의하여 압축
되는 비율. 압축비가 높으면 엔진의 용적, 중량을 늘리지 않고 출력을 높일 수 있으나
노킹을 일으키기 쉽다.

이었다.

하지만 압축비를 낮게 유지하는 방법은 연료를 낭비할 수밖에 없었는데, 이러한 엔진 효율의 감소는 제1차 세계대전 이후의 급속한 경제성장의 시기에 바람직하지 않았다. 더욱이 소비자는 강력하고 큰 자동차를 원했고, 이는 원유 공급에 문제로 이어졌다. 결과적으로, 첨가제는 가장 쉬운 해결책이 되었다. 첨가제를 사용하면 다양한 소비자 요구를 쉽게 만족시킬 수 있었다.[8]

그 당시(1920년까지)에는 에탄올C_2H_6O(에틸알코올CH_3CH_2OH)이 자동차 연료와 휘발유 첨가제로서 상당한 관심을 받았다. 연구 결과, 순수한 에탄올을 연료로 사용하면 노킹 현상이 발생하지 않는다는 사실이 밝혀져 유럽과 미국에서는 에탄올과 등유 또는 휘발유를 혼합해서 사용하기도 했다. 당시 에탄올의 열렬한 지지자 중에는 알렉산더 그레이엄 벨Alexander Graham Bell, 엘리후 톰슨Elihu Thomson, 헨리 포드 등이 있었다. 포드는 에탄올을 지지하긴 했지만, 모델 T의 연료로 에탄올이나 에탄올을 혼합한 휘발유가 아닌 일반 휘발유를 채택했다. 더구나 캐터링은 에탄올을 미래의 연료라고 생각했다.

하지만 에탄올을 자동차의 첨가제로 채택하기에는 세 가지 문제

---

8 즉, 낮은 품질의 연료를 써서 높은 효율로 작동할 수 있었다.

가 있었다. 우선 에탄올은 휘발유보다 비쌌으며 생산량은 폭증하는 자동차 연료의 수요를 감당하기 어려웠다. 에탄올의 주원료는 곡물이기에 에탄올을 첨가제로만 쓰더라도 상당한 양의 곡물이 필요했다. 또한, 당시에는 나무나 짚과 같은 셀룰로오스 폐기물로부터 에탄올 연료를 대규모로 생산할 수 있는 경제적인 방법이 없었다. 셀룰로오스 폐기물로부터 에탄올 연료를 생산하기 위해서는 셀룰로오스를 황산을 이용해 가수분해[9] 하고, 그 결과로 만들어진 설탕을 발효시키는 과정이 필요하다. 당시에는 연료 에탄올이 주로 음주용 알코올, 의약품 및 산업용 알코올 제조와 동일한 방법을 사용하여 식품 작물을 원료로 만들어졌다.

1916년, 찰스 케터링의 데이턴연구소에 젊은(1889년생) 기계공학자 토마스 미즐리는 효과적인 첨가제를 연구하기 시작했다. 1918년 7월 미국육군과 미국광산국이 공동으로 작성한 보고서에 따르면 고압축 엔진에서 노킹이 발생하지 않는 화합물로는 에틸알코올, 벤젠, 사이클로헥산이 있었다. 1919년에 케터링이 GM에 의해 새로운 연구 부서의 책임자로 고용되었을 때, 그는 앞으로 다가올 연료 부족에 대비하는 것이 필요하다고 느꼈다. 그 당시에 미국의 국내

---

9 역자 주: 무기 염류가 물과 작용하여 산 또는 알칼리로 분해되는 반응. 수소 이온 또는 수산 이온이 생겨서 용액이 산성 또는 염기성을 띠게 된다.

원유 채굴량은 15년이면 고갈될 것으로 예상되었고, "만약 성공적으로 (노킹 없이) 내연기관의 압축을 높일 수 있다면… (중략) 주행거리를 2배로 늘려 원유 고갈 연도를 30년으로 늘릴 수 있다."라고 생각했다. 당시 케터링은 두 가지의 대안을 검토했는데, 첫 번째는 고용량 첨가제(에탄올 또는 벤젠이 40%가 함유된 연료)였고 두 번째는 1% 요오드 용액 수준이나 그보다 낮은 저용량 첨가제였다.

1921년 초에 케터링은 위스콘신 대학교 빅터 레너Victor Lehner의 옥시염화셀렌selenium oxychloride 합성 실험에 대해 알게 되었다. 이 실험에서는 옥시염화셀렌 합성물이 효과적인 노킹 방지제임이 밝혀졌으나 부식성이라는 문제점이 있었다. 이에 빅터 레너는 셀레늄과 같은 그룹인 주기율표 16족(산소, 황, 셀레늄, 텔루륨, 폴로늄, 리버모륨을 포함하는 그룹)의 다른 원소들도 실험하였다. 실험 결과, 셀레늄화 다이에틸diethyl selenide과 텔레늄화 다이에틸diethyl telluride의 노킹 방지 성능이 더 우수한 것으로 나타났다.

하지만 텔레늄화 다이에틸의 경우 흡입하거나 피부를 통해 흡수될 때 독성이 있었을 뿐만 아니라 악취 문제(마늘 냄새)가 있었다. 테트라에틸 주석tetraethyl tin도 대안이 될 수 있었지만, 성능이 뛰어나지는 못했다. 1921년 12월 9일, 케터링은 노킹을 방지하기 위한 해결책을 찾아내었는데, 그것은 바로 테트라에틸납Pb(C₂H₅)₄이었다. 테트라에틸납 1% 용액은 엔진 실험에서 노킹을 완벽하게 방지하는 것으로 나타났고, 0.04%의 낮은 농도(부피 기준)로 첨가해도 효과가 있음이 밝혀졌다.

테트라에틸납(이하 TEL)은 1853년 독일의 카를 야코프 뢰비히Karl Jacob Löwig에 의해 처음 합성되었으나 그동안 상업적으로 사용된 적은 없었다. 1922년 1월에 듀폰과 스탠더드 오일 사는 TEL을 생산하기로 계약을 맺었고, 1923년 2월부터 새로운 연료(에틸라이저라는 장치를 통해 휘발유에 혼합된 첨가물)를 판매하기 시작했다. TEL의 사업화가 진행되는 와중에서도 미즐리와 케터링은 '에탄올이야말로 미래의 연료'라고 인정했다. 에탄올을 휘발유의 20% 수준으로 혼합한다고 할 때, 당시 사용량 기준으로 미국에서 생산되는 곡물과 당료 작물sugar crop의 9% 정도만을 활용하면 에탄올 공급이 가능했다. 실제로 제1차 세계대전과 제2차 세계대전 사이 많은 유럽 국가는 에탄올을 10~25% 정도 휘발유에 섞어서 원료로 사용했다. 하지만 이는 제2차 세계대전 발발 전까지 유럽의 자동차 시장이 미국보다 매우 작았기에 가능했다.

이외에도 안티노킹제의 대안으로는 증기 상태의 분해 정제유, 벤젠 혼합물, (왁스를 거의 함유하지 않은) 나프텐기원유naphthenic crudes에서 추출된 휘발유 등이 있었다. 하지만 GM은 다음과 같이 주장했다. "현재 우리가 아는 한, 테트라에틸납이 이러한 결과를 가져올 수 있는 유일한 물질입니다." 실제로 GM은 TEL의 대안에 대해서도 충분히 알고 있었지만, 왜 다른 대안은 없다고 주장했을까?

여기에는 몇 가지 이유가 있었다. 우선 에탄올을 사용하는 대안은 자동차 연료 첨가제만을 위한 새로운 산업의 개발이 필요했다. 이는 GM이 통제할 수 있는 부분이 아니었다. 게다가, 작물이 아닌 셀룰로오스 폐기물(작물 잔류물, 목재)에서 에탄올을 생산하는 방식은 좋은 대안이지만, 너무 단가가 비싸서 실용화하기는 어려웠다. 새로운 효소 전환에 의한 셀룰로오스 에탄올의 대규모 생산 기술은 21세기에도 획기적인 기술로 여겨지나 여전히 기대에 부응하지는 못하고 있다. 그래서 2020년까지도 셀룰로오스는 폐기물이 아닌 옥수수의 발효를 이용하여 자동차 첨가제용 에탄올을 대량 생산하고 있었다. 실제로 2020년 기준, 미국 옥수수 수확량의 3분의 1이 에탄올 생산에 사용되었다!

미즐리는 1922년 4월 5일에 '모터 연료의 사용 방법 및 수단'이라는 다소 생뚱맞은 이름으로 특허를 출원하고 1926년 2월 23일에 승인되었다. 이 특허는 GM이 저렴하고 효과적인 노킹 방지 첨가제를 독점할 수 있다는 것을 의미했다. TEL을 1센트 어치만 넣으면 1갤런의 휘발유를 절감할 수 있게 되었다(그림 2.3). 그러나 이 대목에서 이해하기 힘든 것은, 당시에도 이미 알고 있었던 건강상의 문제를 외면했다는 점이다. 케터링은 이 첨가제를 고집스럽게 에틸 가스라고 불렀는데, 이는 고의로 납의 존재를 회피하려는 것이었다. 납

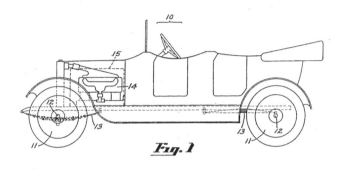

Feb. 23 , 1926.   1,573,846

T. MIDGLEY, JR

METHOD AND MEANS FOR USING MOTOR FUELS

Filed April 15, 1922

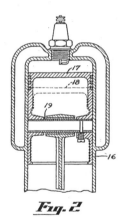

[그림 2.3] '모터 연료의 사용 방법 및 수단'이라고 특이하게 명명된 미즐리의 유연휘발유 특허다.

은 고대부터 독성이 알려진 중금속으로서 로마제국의 멸망에 중요
한 역할을 했다고 보는 주장이 있을 정도다. 납에 지속적으로 노출
되면 건강에 문제를 일으키는 것은 당시에도 잘 알려져 있었다. 그
러나 GM과 TEL 공급 업체들은 납이 건강에 미치는 영향을 무시
할 뿐만 아니라, 자동차 배기가스에서 대량으로 배출되는 화합물이
건강에 미치는 영향을 감추기 위해 노력했다.

　납의 독성은 고대부터 널리 알려졌었는데, 19세기에는 납의 독성
이 신경조직에 심각한 손상을 남기며 태아와 유아에게 특히 유해하
다는 사실이 재확인되었다. 너무나 당연하게도, 미국의 공중 보건
전문의들은 휘발유에 납을 첨가하는 것에 반대했고, 위험에 대한
조사를 요구했다. 하지만 GM과 듀폰은 아무런 조사도 하지 않은
채, '대기 중 납의 함량은 매우 낮아서 인간이 흡수하는 것은 거의
불가능하다.'라는 주장만 되풀이했다.

　그러나 1924년 10월 말, 뉴저지의 TEL 가공 공장의 노동자 35명
에게 급성 신경 손상이 나타났고, 그들 중에 5명이 사망하는 사건
이 발생했다. 공교롭게도 미국광산국은 이 사건의 마지막 희생자가
사망한 날에 TEL 조사 보고서를 발표했는데, 이 보고서의 결론은
TEL이 일반 대중에게 미치는 위험은 없다는 것이었다. 이 보고서
는 저명한 생리학자들의 비판에 직면했고, 결국 1925년 5월 20일,
미국보건총감The US Surgeon General은 이러한 우려에 대응하기 위해 워

싱턴 D.C.에서 회의를 소집하기에 이른다.

이 회의에서 GM, 듀폰, 스탠더드 오일, 에틸 코퍼레이션은 국가 산업 발전을 위해 필요한 필수품으로 TEL을 사용하는 것을 주장했다. 에틸 사의 프랭크 하워드는 "자동차 연료의 지속적인 개발은 우리 문명에서 필수적"이라고 말했고, TEL의 발견은 "석유를 보존하기 위한 신의 명백한 선물"이라고 주장했다.

하지만 이러한 주장은 곧바로 반박되었다. 하버드 의과대학 내과 의사 앨리스 해밀턴Alice Hamilton은 "납은 천천히 인체에 축적되지만, 쉽게 알 수 있는 두드러진 증상을 보이지는 않는다."라고 지적했다. 또한, "납 휘발유는 결코 안전할 수 없다. 아무리 엄격하게 통제하더라도 납은 위험하다."라고 결론지었다. 결국, 이날 회의에서는 에틸 코퍼레이션의 독자적인 조사 결과가 나올 때까지 유연휘발유 생산과 유통을 중단한다고 밝히면서 막을 내렸다. 그러나 이는 TEL 반대자들에 일시적인 승리일 뿐이었고, 유연휘발유의 대량 공급을 잠시 지연한 것뿐이었다.

이에 따라 1925년 10월 오하이오주에서 납 휘발유 독성 연구가 시작되었다. 이 연구에서는 252명의 노동자를 4개의 그룹으로 나누어 조사했다. 통제 집단에는 자동차를 운전한 남성 36명과 납 휘발유를 접촉하지 않은 차고지 직원과 주유소 직원 21명이 포함되었다. 실험 집단에는 TEL 휘발유에 노출된 운전기사 77명과 주유소 직원 57명 그리고 납 먼지가 있는 것으로 알려진 공장 직원 61명이 포함되었다.

하지만 설계design부터 최종 보고서까지의 전체 연구 기간이 7개월에 불과했기 때문에 장기적인 영향을 밝혀내기는 매우 부족했다. 결국, 1926년 5월 보건총감에 제출된 최종 보고서는 "에틸 가솔린[10]의 사용을 금지할 근거가 없으며, 적절한 규제와 통제 하에서 연료로서 사용 가능하다."라는 결론을 내렸다. 동시에 추가적인 신경 독성 연구의 필요성을 인정하면서 "위원회는 이 조사를 지속해서 계속해야 한다."라고 명시하였다. 하지만 이 연구는 서서히 잊혀졌고, 추가적인 연구는 나오지 않았다. 더욱이, 산업계는 부담스러운 규제가 인간의 진보를 막는다는 생각을 공고하게 하였고, 대공황이 발생한 1929년에는 더욱 강화되었다.

1927년 보건총감은 휘발유 1갤런당 3g 이하의 TEL을 첨가하는 기준을 만들었다. 미국의 납 휘발유 생산방식은 전 세계적으로 채택되어 내연기관 압축비(일반적으로 8.3~10.5:1)를 2배로 늘리고 자동차 엔진의 효율을 높일 수 있었다. TEL은 항공기에도 사용되었다. 항공 연료에 TEL을 첨가함으로써 더 강력하고, 빠르고, 신뢰성 높

---

10 역자 주: 납 휘발유를 의미함.

은 피스톤식 항공기 엔진을 개발할 수 있었다. 피스톤식 항공기 엔
진은 제2차 세계대전에서 정점을 찍고, 점차 가스터빈 엔진에게 밀
려났다. 제2차 세계대전이 끝나고, 미국에서는 전쟁 통에 잠시 멈
춰졌던 자동차 산업이 활성화되고 일본과 유럽의 가정에서도 자동
차 소유가 늘어나면서, 납 휘발유의 생산이 사상 최대치를 기록했
다. 이러한 급속한 경제성장은 TEL에 대한 지지를 더욱 정당화하
였다. 심지어 TEL이야말로 미국 경제를 지탱하고 1970년까지 세
계를 지배했던 미국 자동차 산업의 근본적인 혁신이라고 주장하기
에 이른다.

  놀랍게도 1958년 보건총감은 허용할 수 있는 최대 TEL 첨가량
을 갤런당 3g에서 4.23g으로 올렸다(혈액이나 소변에서 납의 수치가 증
가한다는 징후가 없었기 때문이다.). 1950년대와 1960년대의 실제 산업
평균은 갤런당 2.4g이었다. 1945년에서 1975년까지 30년 동안 미
국은 거의 2조 갤런의 휘발유를 소비했다. 이는 갤런당 2.4g의 납이
포함되었으므로 차량 배기가스를 통해 환경에 약 470만 톤의 납을
배출했다는 것을 의미한다. 1970년대 초에는 연간 납 배출량이 20
만 톤을 초과했다. 한편, 독성학의 발전으로 납으로 인한 피해는 일
반인에게까지 미칠 수 있음이 분명해졌다.

  1940년대에는 이미 납이 어린이의 성장 지연, 행동 장애 및 지적
장애를 유발한다는 것이 명확해졌다. 1970년대에는 상대적으로 적

지만 장기적인 무증상 노출만으로도 인체에 해로운 결과를 초래한다는 것을 알게 되었다. 이러한 피해를 방지하기 위해서는 유연휘발유의 금지가 필요했다.

이러한 노출의 첫 번째 주요 원인은 가정용 페인트의 납이다. 가정용 페인트에는 습기에 저항하고 내구성을 증가시키며 건조 속도를 높이기 위해 산화납, 탄산납 또는 크롬산염이 첨가되었다. 20세기 초부터 이미 납 함유 페인트의 위험성을 알고 있었음에도 불구하고, 미국에서 납 첨가 금지는 1977년에 이루어졌고, 유럽이나 일본은 훨씬 더 늦게 금지되었다. 유연휘발유는 환경오염의 큰 원인이었지만, 납 휘발유 사용에 따른 환경오염 문제는 1950년대와 1960년대 동안 거의 관심을 끌지 못했다. 1970년에 이르러서야 미국은 휘발유에서 납을 제거하기 시작했는데 이미 44년 동안이나 TEL을 사용한 이후였다. 문제는 인체의 유해성이 이러한 움직임의 결정적인 이유는 아니었다는 점이다.

미국의 대도시들은 그 당시 반복적이고 지속적인 광화학스모그 photochemical smog로 인해 고통을 겪고 있었다. 광화학스모그는 석유 연료의 정제, 분배, 연소 과정에서 방출되는 일산화탄소, 질소산화물, 휘발성 탄화수소 등이 복잡하게 반응하여 대기 오염 현상을 일으키는 것이다. 이러한 현상은 1940년대 로스앤젤레스에서 처음 발견되었으며, 이후 미국 대도시 지역에서 주기적으로 나타났다.

1970년에 제정된 미국대기오염방지법US Clean Air Act은 신설된 환경
보호청Environmental Protection Agency, EPA에 유해 화합물의 규제 권한을
부여하였고, 1973년에 EPA는 자동차 배기가스 감축과 모든 종류
의 휘발류에서 단계적으로 납을 제거하는 것을 의무화했다.

1962년, 유진 후드리Eugène Jules Houdry는 촉매 변환기를 활용해 대
기 중으로 배출되기 직전의 배기가스에서 오염물질을 제거하는 기
술을 개발했다. 이 기술은 광화학스모그를 해결할 수 있게 해 주
었다. 백금이 금속 촉매로 사용되었는데, 배기가스에 납이 존재하
면 촉매가 오염되는 문제가 있었다. 하지만 이후, 무연휘발유의 보
급으로 효과적인 촉매 변환기(1975년식부터 모든 자동차에 의무적으로
적용됨)가 도입되었다. 이 장치는 탄화수소와 일산화탄소 배출량을
96% 감소시키고, 질소산화물을 90% 감소시키는 데 커다란 기여
를 하였다.

1970년, 무연휘발유의 미국 시장점유율은 3%에 불과했으나
1975년에는 12%로 증가했다. 1979년부터 환경보호청은 유연휘발
유의 납 함유량을 줄이도록 요구했으며, 이에 따라 1980년에는 1g/
gallon, 1985년에는 0.5g/gallon, 1988년에는 0.1g/gallon으로
각각 낮추게 되었다. 연구 결과에 따르면, 어린이의 IQ와 성인의 고
혈압에 납이 부정적인 영향을 미친다는 것이 밝혀졌고, 납 노출에
따른 건강 비용에 대한 인식이 높아짐에 따라 납 연료의 완전한 단

계적 중단에 힘이 실리게 되었다.

그 결과, 1985년에 무연휘발유는 시장의 63%를 차지했고 1991년에는 95%를 차지하게 되었다. EPA는 1985년에 유연휘발유의 비용 편익분석cost-benefit analysis를 발표하였다. 이 연구에 따르면, 최종 납의 점진적인 감소(어린이에 대한 영향, 기타 오염 물질 감소, 유지 관리 개선)의 편익 가치가 관련 비용(더 높은 정제 비용)의 최소 2배, 성인 남성 고혈압 비용이 추가되었을 때는 12배로 추정되었다. 즉, 유연휘발유를 금지하는 정책의 경제적 편익이 훨씬 높은 것으로 판명되었다.

유연휘발유의 금지 정책은 즉각적인 효과가 나타났다. 납의 단계적인 감축이 진행됨에 따라, 미국 어린이의 체내 납 농도 중간값median이 1976년과 1994년 사이에 거의 80%나 감소했다. 더욱이 2015년에는 어린이의 체내 납 농도가 1970년대 중반의 5% 수준으로 떨어졌다. 최근 안나 아이저Anna Aizer의 연구 결과에 따르면, 납 농도를 낮출수록 초등학교 3학년 어린이들의 읽기 성적이 향상되었고, 혈중 평균 납 농도가 한 단위 감소할 때마다 어린이의 읽기 능력이 1% 향상된다고 분석하였다.

다른 나라들도 미국의 선례를 따랐다. 일본은 1986년부터 납 연료 사용을 금지했고, 유럽에서는 1986년 독일, 1988년 프랑스, 1990년 스페인에서 납 연료 사용을 줄이기 시작했다. 유럽연합은 2000년에 이르러서야 중국, 인도와 함께 납 연료를 금지했으며,

베네수엘라는 2005년, 인도네시아는 2006년에 금지를 시작했으나 이 과정에서 몇 차례의 어려움이 있었다. 마지막으로 알제리는 2021년 7월에 유연휘발유의 판매를 중지하였다.

그렇다면 어떤 물질이 TEL을 대체했을까? 1990년대 후반에는 MTBEMethyl Tertiary Butyl Ether가 주요 첨가제로 사용되기 시작했으나, 2000년에는 MTBE의 악영향(수질오염)이 밝혀지면서 EPA가 MTBE의 단계적인 폐지를 발표했다. 이에 따라 정유업체들은 두 가지 대안을 고려해야 했다. 하나는 노킹 방지를 위한 탄화수소 비율이 높은 휘발유를 재구성하는 것(BTEX[11] 복합체), 다른 하나는 에탄올로 전환하는 것이다. 처음에는 BTEX 복합체가 대체 물질로 주목받았다. 이 탄화수소 혼합물은 액체 연료에서 분리되고 노킹 방지를 위해 휘발유에 첨가되었다. 놀랍게도, GM이 1925년에 TEL을 채택하기 전에 벤젠 혼합물의 효과는 이미 잘 알려져 있었고, 미국에서도 사용되고 있었다!

TEL에서 BTEX로 전환됨에 따라, BTEX의 시장점유율은 1990년까지 22%에서 33%로 상승했고, 프리미엄 휘발유 시장에서는 BTEX의 점유율이 50%까지 상승했다. 하지만 BTEX 역시 건강

---

11 역자 주: BTEX는 벤젠(Benzene), 톨루엔(Toluene), 에틸벤젠(Ethylbenzene), 자일렌(Xylene)을 의미한다.

에 대한 우려가 있었다. EPA는 결국 BTEX 한도를 휘발유 부피의
25~28%로 제한했지만, 여전히 건강 영향에 대한 우려가 남아 있
었다. 그러나 휘발유와 에탄올 혼합물의 경우, 건강에 대한 우려가
없었다. 농작물에서 추출한 에탄올(미국에서는 옥수수, 브라질에서는 사
탕수수를 주로 활용함)이 최고의 노킹 방지 첨가제가 되었다. 미국은
2005년에 에너지 정책법에 따라, 바이오 연료의 최소 부피를 연료
와 혼합하도록 규정하면서 본격적으로 에탄올을 활용하기 시작했
고, 2020년에는 90%의 휘발유와 10%의 에탄올(E10으로 알려짐)의
혼합물이 미국 휘발유 연료의 95% 이상을 차지했다.

　비용 편익을 정확히 분석하려면 단순한 몇 가지 사실만으로는 충
분하지 않다. 1920년대 중반, TEL의 대량 도입은 중요한 기술적
문제를 쉽고 간편하게 해결할 방법이었다. 이로 인해 높은 엔진 효
율이 가능해졌으며, 따라서 환경적인 이점을 누릴 수 있었다는 것
을 부인하기는 어렵다. 모든 조건이 동일하다고 가정할 때, TEL이
배기가스 배출 절감에 기여했기 때문이다. 하지만 대형 자동차가
등장하면서 TEL로 인한 배기가스 절감 효과는 상쇄되었고, 결국
1970년대 중반까지 자동차와 관련된 모든 오염 물질의 총배출량이
계속해서 증가했다. TEL 발명의 가치는 전례 없는 탁월함보다는 단
순함, 즉시 적용 가능성, 저렴한 비용에 있었다. 하지만 TEL만이 엔
진 노킹을 해결할 수 있는 유일한 방법이 아니었다는 점이다.

TEL의 위험성은 처음부터 분명했지만, 에틸 가솔린이라는 잘못
된 이름으로 위험성이 가려졌다. 결과적으로 1920년대 중반부터
1980년대 중반까지 60년 동안 자동차 배기가스 납에 노출된 어린
이들의 신체에 축적되는 최악의 결과를 가져왔으며, 전 세계적으로
도 20세기 후반까지 악영향을 미쳤다. 비록 적은 양이라도 인체에
축적된 납은 어린이들에게 광범위한 악영향을 미치는데, 확인된 것
만 봐도 일반 지능 테스트와 읽기 점수의 하락, 시각 공간 기능, 기
억력, 주의 범위, 처리 속도, 운동 능력의 저하 및 감정 행동에 영향
등을 미친다. 문제는 납이 중추 신경계에 영향을 미치지 않을 수 있
는 임계치를 발견하지 못했다는 점이다.[12] 1993년 미국국립과학원
National Academy of Sciences의 연구에서는 납이 극도로 낮은 양만으로도
신경 행동 결손을 일으킨다는 것을 확인했다.

따라서 TEL의 가장 큰 비극은 어린이들의 납중독이었다. 납 노
출은 수명을 단축시키는 정도는 아니지만, 수백만 명의 어린이들로
부터 성공적인 삶을 누릴 기회를 빼앗았다. 자동차 배기가스의 납
은 사회경제적으로 취약한 어린이들이 입은 피해 가운데 하나에 불
과했지만, 신경독성의 영향은 매우 중요하다. (여러 세대에 걸쳐) 전 세

---

12 역자 주: 이는 아무리 적은 양이라도 악영향을 미친다는 뜻이다.

계적인 규모로 발생한 납 노출의 누적 영향을 정량화하는 것은 불가능하다. 하지만 개발 당시 기술적인 문제에 대한 완벽한 해결책으로 칭송받았던 발명품들이 개개인들에게 상당한 피해를 초래했다는 사실은 분명했다.

납에 노출될 수 있는 위험에도 불구하고 자동차 산업과 석유 회사들에게 몇 세대에 걸친 백지위임장carte blanche을 주는 미국의 이해할 수 없는 일을 어떻게 설명할 수 있을까? 개발 당시에 TEL 반대 세력의 실패와 이후 TEL의 대량 보급을 막지 못한 일을 어떻게 설명할 수 있을까? 1930년대 경제공황과 제2차 세계대전 그리고 1950년대와 1960년대 냉전 시대의 발전에 대한 열망이 음흉한 납 노출의 위험을 가려버린 것이 아닐까? 백금 촉매제가 스모그를 줄이고 금속 중독을 유발한다는 사실을 인지했음에도, 그것을 금지하지 않았다면 오늘날 우리는 여전히 유연휘발유를 사용하고 있지 않았을까?

인류에게 축복이자 재앙이었던 DDT

해충 박멸은 결코 쉽지 않다. 해충은 크기가 다양할 뿐만 아니라, 주기적으로 개체 수가 폭발적으로 증가할 수도 있다. 이들 곤충은 4

억 년 동안 진화해 왔기 때문에 적응력이 뛰어나며, 특히 날아다니는 곤충들의 이동성은 완전한 박멸을 어렵게 만든다. 박멸은커녕 해충 수를 조절하는 것조차도 반복적이고 대규모의 집중적인 노력이 필요하다. 천연 살충제는 해충에 대응하기에 효과가 미미하고 지속력이 부족해 더 나은 해결책이 필요했다. 이러한 맥락에서, 천연 살충제를 능가하는 화합물에 대한 체계적인 연구를 1930년대 후반이 되어서야 시작했다는 것은 다소 늦은 감이 있다.

파울 헤르만 뮐러는 1925년 바젤에서 유기화학 박사 학위를 취득하고, 18세기 중반에 설립된 염료 제조 회사인 게이지Geigy의 연구 부서에 입사했다. 뮐러의 첫 번째 임무는 합성 및 천연염료와 태닝제를 연구하는 것이었다. 10년 후에 그는 식물 보호 화합물 합성 연구(섬유 방부제)에 투입되었고, 살균 및 살충 효과가 있는 신제품과 수은이 없는 종자살균제 그라미논Graminone를 개발하였다. 이후 뮐러의 다음 과제는 효과가 미미하고 값비싼 천연 살충제나 독성이 있는 비소화합물을 대체할 수 있는 새로운 살충제를 개발하는 것이었다. 결국, 새로운 화합물을 발견하는 혁신은 기업의 역할이 되었다.

하지만 전망이 밝지는 않았다. 이상적인 살충제는 많은 종류의 해충에 즉각적인 효과가 있으면서도 동물이나 식물에 독성이 없어야 했다. 게다가 자극적이지도 않고 냄새도 나지 않으며 화학적으로 안정적인 데다가 저렴해야만 했다. 당시 알려진 살충제로는 피레트룸 pyrethrum(국화 추출물로 주로 일본에서 수입), 로테논rotenone(콩과 식물에서 추출), 니코틴nicotine(담배에서 추출) 등이 있었으나 대부분 지속적인 효과는 없었고, 가격은 비쌌으며, 인체에 유해하기도 했다.

1939년, 뮐러는 4년간의 연구와 실험 끝에 349개의 살충제 후보 중 유망한 분자를 찾아냈다. 이는 클로로 메틸chloromethyl, -CH$_2$Cl군의 화합물로 나방에 경구 독성을 가지고 있음을 발견했다. 그리고 1934년에 영국 과학자들의 디페닐 트리클로로 에테인diphenyltrichloroethane 제조에 관한 연구 논문을 접한 뮐러는 이 물질의 살충 효과를 연구하기 시작했다. 1939년 9월, 그는 다이클로로 다이페닐 트라이클로로 에테인(이하 DDT)을 합성했다. 실험 결과, DDT는 이전까지 알려지지 않은 어떤 화합물보다 더 강력한 살충 효과를 나타냈다.

사실 DDT는 이미 알려진 물질이었다. 이 유기염소 합성물은 1874년에 오스트리아의 화학자 오트마르 자이들러Othmar Zeidler가 스트라스부르 대학교에서 최초로 합성한 것으로 알려져 있었다. 그러나 자이들러는 이 물질의 적용 가능성에는 큰 관심을 두지 않았는데, 이는 19세기 후반 과학자들에게는 일반적인 모습이었다. 그 당시에는 새로 합성되었지만, 실제 활용으로 이어지지 못한 유기 화합물들이 많았다. 이와 유사한 예로는 1853년에 합성된 TEL과

1872년 유진 바우만Eugen Baumann에 의해 합성된 폴리염화비닐polyvi-nylchloride, PVC이 있다. PVC는 현재 두 번째로 많이 쓰이는 플라스틱 물질이다.[13]

밀러는 이 무색, 무미, 무취의 화합물인 DDT가 수많은 해충(모기, 이, 벼룩, 감자잎벌레 등)에 강력한 효과를 가지고 있다는 것을 발견했다. 1940년 스위스, 1942년 영국, 1943년 미국에서 특허가 즉각 발급되었고, 게이지 사는 5% 농도 DDT(감자잎벌레용 살충제), 3% 농도 DDT(이, 벼룩용 살충제)를 출시하였다. 1942년 미국은 당시 베른에 주둔하던 미군의 지원을 받아 DDT 샘플을 받아볼 수 있었으며, 유럽과 태평양 전선에서 말라리아와 발진티푸스에 대응하기 위한 살충제가 부족했던 미군은 즉각적으로 DDT를 사용하기 시작했다.

DDT의 효과는 놀라웠다. DDT를 사용하기 전인 1943년 여름 두 달 동안에 시칠리아에서 미군은 말라리아로 인해 21,482명이 병원에 입원했고, 17,375명의 사상자가 발생했다. 당시 보건 포스터에는 "말라리아모기는 적보다 더 많은 사람에게 피해를 준다."라는 말이 있었다. DDT는 1943년 8월 이탈리아에서 시험적으로 사용되

13　현재 가장 많이 쓰이는 플라스틱은 폴리에틸렌(polyethylene)이다.

기 시작했는데, 1945년까지 말라리아 사례가 80% 이상 감소했다. DDT는 나폴리에서도 광범위하게 사용되어, 당시 유행하던 발진티푸스를 효과적으로 막아 냈다. 1943년 12월 중순부터는 약 130만 명의 사람들에게 DDT 가루를 뿌렸다. 당시에는 DDT 가루를 사람들의 옷깃과 허리에 직접 분무했다. 두 달 후, 나폴리에는 새로운 발진티푸스 환자가 보고되지 않았다. 제2차 세계대전이 끝난 후에도 DDT는 연합군에 의해 강제 수용소와 감옥의 수용자 소독 등에 널리 사용되었다.

　제2차 세계대전 이후 DDT는 말라리아를 박멸할 수 있는 강력한 효과로 인해 미국과 유럽에서 긍정적인 인상을 심어 주게 되었다. 1948년 뮐러는 DDT 발견에 대한 공헌으로 노벨 생리의학상을 수상하게 되었다. "의심의 여지 없이, 수십만 명의 생명과 건강을 구했다."라는 것이 그의 수상 이유였다(그림 2.4). 이후에도 DDT는 수많은 인명을 구했다. 1970년 미국국립과학원 생명과학연구위원회 Committee on Research in the Life Sciences는 "DDT는 인류가 큰 빛을 지고 있는 몇 안 되는 화학물질"이라고 결론지었다. DDT는 20년이 채 안 되는 기간 동안 말라리아로부터 5억 명 이상의 사망자를 예방하는 데 기여했을 뿐만 아니라, 합성 질소비료와 개량종 곡식과 함께 기아, 영양실조, 질병과 같은 문제와 싸울 수 있는 무기가 되었기 때문이었다.

[그림 2.4] 파울 헤르만 뮐러는 DDT에 대한 공로로 1948년에 노벨 생리의학상을 받았다.

1945년 10월부터 DDT가 미국에서 농업 및 가정용 살충제로 처음 판매되기 시작했는데, 특히 농업용 살충제로 큰 관심을 받았다. 물론, 곤충에 미치는 신경독성을 감안하면, DDT가 건강에 미칠 수 있는 영향에 대한 우려도 있었다. 이에 대한 초기 연구는 1945년 영국의 대표적인 곤충학자인 패트릭 벅스턴Patrick Buxton에 의해 이루어졌다. 벅스턴은 이 연구에서 DDT가 곤충에 대한 독성은 높지만 포유류에 대한 독성은 낮고, 다량으로 복용할 경우 간질환과 경련을 유발할 수 있으나, DDT를 제조하거나 살포한 사람들로부터 이에 대한 증거를 찾을 수 없었다는 결론을 내렸다. 그리고 "2
년간 매우 광범위한 연구 결과, 살충제로 사용되는 DDT는 무해하
다고 말할 수 있을 것 같다."라고 서술했다. 그러나 DDT의 지속성
에 대한 우려는 여전히 남아 있었다. DDT가 스며든 옷은 몇 번을
세탁해도 그 성분이 없어지지 않았으며, 벽이나 유리창에 도포된
DDT는 몇 주 동안 모기와 파리를 계속 죽일 수 있었다.

　　DDT의 부작용에 대한 최초의 조사는 1950년대 후반에 이루어
졌다. 그 당시 모기, 텐트나방 애벌레tent caterpillars, 집시나방gypsy moth
을 박멸하기 위해 대규모로 DDT를 살포하는 과정에서 진행되었
다. 1958년 영국 자연보전협회의 데릭 랫클리프Derek Ratcliffe는 송골
매의 둥지에서 비정상적으로 많은 알이 손상된 것을 발견했다. 이와
동시에 일리노이주 자연사 조사국Illinois Natural History Survey의 로이 바
커Roy Barker는 "특정 조건으로는 DDT가 지렁이 체내에 축적되며 1
년가량이 지나면 (결국, 지렁이를 먹이로 하는) 개똥지빠귀 새에 치명적
인 영향을 줄 가능성"에 대한 위험성을 지적한 논문을 발표했다.

　　DDT의 악영향은 1950년 봄과 1952년 봄에 일리노이대학 캠퍼
스의 느릅나무에 6% DDT 용액을 살포한 후 우연히 발견되었다.
그 기간 동안, 21마리의 개똥지빠귀 새가 캠퍼스에서 죽어가는 것
이 발견되었고, 해부 결과 죽은 새의 뇌 속에서 DDT 또는 DDT 대
사물(DDE)의 수치가 증가한 것으로 나타났다. 이러한 우연한 발견

[그림 2.5] 레이첼 카슨(1907~1964년)은 『침묵의 봄(Silent Spring)』이라는 책을 통해 DDT 반대에 결정적인 영향을 미쳤다.

은 4년 후 DDT의 부작용 추적에 대한 열쇠 역할을 하게 되었다.

랫클리프와 바커가 DDT의 부작용에 관한 연구를 발표했던 바로 그해에, 해양 생물학자인 레이첼 카슨Rachel Carson은 미국 북동부를 중심으로 한 DDT 반대 운동에 대한 조사를 시작했다. 카슨은 미국 어류 및 야생동물국US Fish and Wildlife Service에서 근무했는데 1952년 『미국 주변의 바다The Sea Aroud US』라는 베스트셀러를 출간하여 많은 돈을 벌게 되자 직장을 그만둔 상태였다(그림 2.5). DDT 반대 단체들은 대량 중독 방지 위원회를 설립하고, 미국농무부US Department of Agriculture를 상대로 가처분 신청을 제기하기도 했다. 카슨은 DDT 의 위험성에 대한 정보를 수집하기 시작했는데, 이러한 문제들을 『뉴요커New Yorker』 잡지에 기고하려고 했다. 하지만 카슨은 결국 책을 쓰기로 했다. 1962년 6월부터 카슨의 원고는 뉴요커에 연재되기 시작하여 휴튼 미플린Houghton Mifflin에 의해 출판되어 이달의 책 클럽으로 선정되었고, CBS 텔레비전에 소개되기도 하였다.

CBS는 이 내용을 3부작으로 방영했으며, 『침묵의 봄』이라는 제목으로 출간된 카슨의 책은 1960년대에 최고의 논픽션 베스트셀러가 되었다. 이 책은 인간의 자연에 대한 간섭이 어떤 결과를 낳는지를 보여 주어 미국 사회에 큰 영향을 미치게 되었다. 이 책의 제목은 1958년 일리노이주 힌즈데일의 한 주민이 DDT를 느릅나무에 몇년 동안 뿌린 후 쓴 편지에서 가져온 것이었다.

지금 이 마을에는 개똥지빠귀 새와 찌르레기기가 보이지 않는다. 박새는 지난 2년 동안 보이지 않았고 올해는 홍관조도 보이지 않는다. 비둘기 한 쌍과 고양이 새catbird 몇몇이 주변에 보일 뿐이다. 아이들에게 그 많던 새들이 죽었다는 것을 어떻게 설명할 수 있을까… (중략) 아이들은 "새들이 다시 돌아올까요?"라고 묻지만, 나는 그 답을 모른다.

침묵의 봄이라는 선명한 이미지와 함께, 카슨은 몇 가지 무서운 시나리오를 제시했다. 카슨은 이 책의 첫머리인 "Fable for To-morrow"에서 카슨은 현실적인 가능성과 죽어가는 아이들에 대한 과장된 내용을 다음과 같이 서술했다.

농부들은 가족들과 병에 관해 이야기했다. 그 도시의 의사들은 새롭게 생겨나는 질병들에 대해 점점 더 어리둥절해졌다. 어른들뿐만 아니라 아이들도 갑작스럽게 죽어 나갔는데, 놀다가 갑자기 발작을 일으킨 지 몇 시간 안에 죽었다. 이상한 정적이 감돌았다. 새들은 어디로 갔을까요… (중략) 소리 없는 봄이었다(It was a spring without voices.).

이 책의 11장에서는 DDT 제조업자들을 뜬금없이 보르지아Bor-gias 가문[14]을 넘어서는 사람들로 묘사하기도 했다.

『침묵의 봄』은 인간이 지구 생명체에 미치는 영향에 대한 폭넓은 관점을 제시했으며, 카슨은 DDT의 도입 이후에 상용화된 다른 살충제들의 독성과 생명체에 미치는 악영향에 대해서도 반복적으

---

14 역자 주 : 이탈리아 르네상스 시대의 악명 높은 가문으로, 다수의 교황을 배출했으며 라이벌 가문을 독살한 것으로 유명하다.

로 지적했다. "엔드린endrin[15]은 모든 살충제 중에서 가장 위험합니다. 엔드린에 비하면 DDT는 거의 무해할 지경입니다." 하지만 카슨은 주로 DDT의 해악에 대해서 집중적으로 다루었다. 이 책에서 DDT는 200번가량 언급되었고, 책의 출판 이후에는 더 거센 비난이 DDT에 퍼부어졌다.

이 책은 출간 즉시 화제가 되어 86주 동안 뉴욕 타임즈의 베스트셀러가 되었다. '현대 환경 운동의 시초'가 된 폭로의 '파격적인 쓰나미'로서 이 책의 영향력은 대단했다. 이 책의 영향력은 해리엇 비처 스토Harriet Beecher Stowe의 『톰 아저씨의 오두막Uncle Tom's Cabin or, Life among the Lowly』이 노예 제도에 대한 반감을 불러일으킨 것과 토마스 페인Thomas Paine의 『상식Common Sense』이 미국 독립 전쟁에 미친 영향만큼이나 대단했다. 수많은 책이 『침묵의 봄』을 뒤따랐고, 이 책을 읽지 않은 사람들과 책 출판 이후에 태어난 사람들에게도 다음과 같은 분명한 메시지를 전했다. "DDT는 다양한 방식으로 해악을 끼치고 생명을 죽인다!"

『침묵의 봄』이 인기를 끌면서 DDT의 사용 금지를 요구하는 여론이 강해졌고, 추가적인 조사가 이루어졌다. 이에 따라 DDT의 유해

---

15 역자 주 : 농약의 일종이다.

성이 새롭게 밝혀졌으며, 송골매와 대머리독수리 등의 맹금류 개체 수가 대폭 감소하고, DDT가 메톡시클로르methoxychlor**16**보다 개똥지 빠귀 새에게 더 유해하다는 사실 등이 확인되었다. 이에 따라 1971 년부터 1972년까지 미국환경보호청EPA에서 7개월간의 DDT 청문 회가 열렸으며, 9,000페이지가 넘는 증언이 청취 되었다. 이 청문회 를 통해 환경보호청 청문 위원인 에드먼드 스위니Edmund Sweeney는 1972년 4월 25일 연방 관보를 통해 113페이지 분량의 보고서를 발 표했다. 이 보고서에 따르면 DDT는 필수적인 용도로 쓰이고 있을 뿐만 아니라, DDT의 유해성은 다른 살충제와 비교하여 심각하지 않으므로 금지되어서는 안 된다고 주장했다. 보고서는 DDT가 "인 간에 대한 발암, 돌연변이 유발 또는 기형 유발 위험 요인이 아니며" 규정에 따라 사용된다면 "담수 어류, 하구 생물, 야생 조류 또는 기 타 야생 생물에 유해한 영향을 미치지 않는다."라고 결론지었다.

그러나 단지 6주 만에, 같은 기관의 윌리엄 루켈샤우스William Ruck-elshaus는 '환경에 대한 위험을 구성하는' 요인을 근거로 DDT 사용 금지를 결정했다. 이 결정의 주요 이유는 다음과 같았다. 육상 및 해상 생물체에서의 DDT 농도 축적과 먹이사슬 전이, 지속적인 토

---

16 한때 널리 사용되었으나 유해성이 발견되어 2003년에 사용 금지되었다.

양오염, 수생 생태계의 오염, 유익한 곤충에게 치명적인 영향, 조류의 알 껍질이 얇아지며 생길 수 있는 번식 저해의 위험 그리고 발암 가능성 등이었다. 이러한 요소들은 '인간과 하등 생물에게 알려지지 않은, 정량화할 수 없는 위험'을 의미하며, 따라서 더 이상 사용하기에는 '받아들일 수 없는 위험'이다. 이러한 요소들은 면화, 옥수수, 콩, 땅콩, 채소를 포함한 많은 일반 작물에 DDT를 사용하는 것에 대한 예방적인 금지를 정당화했다.

미국국립과학원이 DDT의 공헌을 인정한 지 불과 2년도 되지 않은 시점에서 발표된 DDT의 사용 금지 조치는 강력한 반대에 부딪혔다. 반대하는 사람들은 DDT 제조업자와 사용자에만 국한되지 않았다. 다양한 고수확량 작물을 개발한 농학자 노르만 볼라우그Norman Borlaug도 이 조치에 반발한 사람이었는데, 그는 이 금지 조치가 끔찍한 결정이라고 생각했다. 심지어 일부 곤충학자들까지도 이 조치에 반대하는 입장을 보였다.

DDT 금지와 관련한 논쟁이 한창일 때, 『사이언스Science』는 캘리포니아 대학의 곤충학자가 쓴 짧은 논문letter을 게재했다. 이 논문은 DDT의 금지 조치가 감정적인 판단에 기반하며, 광범위한 사용에도 불구하고 합법적인 DDT 사용으로 인한 인간이나 동물에게 해로운 증거가 없다고 주장했다. 럿거스Rutgers 대학의 또 다른 생물학자는 "효과적이고 안전하며 검증된 살충제를 대체하기 위한 터무니없는 조치가 어디까지 진행될"지 의문을 제기했다.

DDT 금지가 정치적 결정이었다는 비판을 받은 루켈샤우스는 이 조치가 정치적이지 않았냐는 기자의 질문에, 전체 사회의 이익을 위해 어느 정도 위험을 감수할 수 있다는 관점에서 일부 정치적 요소가 존재했다고 인정했다. 그러나 DDT에 대한 반대는 카슨의 과장된 상상이나 조사 결과를 무시하기로 한 루켈샤우스의 결정에 의존하지만은 않았다. 1972년 이후로 진행된 후속 연구로 인해 DDT의 사용 금지 결정이 정당화되었다. 이 연구들은 DDT의 환경적 영향이 대부분의 사용을 예방적으로 금지할 만큼 중요하다는 것을 보여주고, 일부 주장과는 달리 금지 조치가 큰 부정적인 결과를 초래하지 않았음을 분명하게 밝혀냈다.

미국의 DDT 금지 조치[17]는 DDT를 완전히 금지한 것은 아니었으며, 특정 상황에서는 여전히 사용할 수 있었다. 1970년대에는 루이지애나, 캘리포니아, 콜로라도, 뉴멕시코, 네바다를 포함한 여러 주에서 발진티푸스와 페스트를 옮기는 벼룩, 바구미, 나방의 번식을 억제하기 위해 DDT가 사용되었다. 그러나 대규모 농업용 살포가 중단되자 생물군(지방 조직, 혈액)의 DDT 수치가 감소하기 시작했

---

17 스웨덴에서는 미국보다 이른 1970년에 시행되었다.

다. 그리고 DDT로 인해 조류의 알 껍질이 얇아지는 현상을 남극 대륙을 제외한 모든 대륙에서 조사하였다. 이러한 조사 결과, DDT 의 영향은 조류 종류에 따라 다르게 나타났다. 닭과 메추라기는 거의 영향을 받지 않았으나, 맹금류와 어류를 주로 먹이로 하는 조류가 가장 취약한 것으로 확인되었다.

새의 혈중 칼슘 농도는 정상 범위를 유지해야 하지만, DDE(DDT 의 대사 물질)가 난각샘 점막을 통한 미네랄 수송에 영향을 미쳐 알 껍질의 두께를 최대 50%(가장 일반적으로 15~25%)까지 감소시킬 가능성이 크다. 박물관에 보관되어 있던 DDT 사용 이전 알 껍질 두께를 직접 측정하는 것은 달걀을 깨뜨리지 않고는 불가능했기 때문에 랫클리프는 알 껍질 두께를 추정하기 위한 지표(무게/(길이*폭))를 만들었다.

한편, 오타와 국립 야생동물 센터National Wildlife Center in Ottawa의 데이비드 피콜David Peakall은 DDE의 지속성으로 인해 비어있는 알 속에 남아 있는 막에서 DDE 함량을 측정할 수 있다는 것을 깨달았다. 그는 실제로 박물관에서 수십 년 된 알을 헥산으로 채운 후 크로마토그래피 분석[18]을 통해 DDE의 존재를 밝혀냈다. 그는 영국

---

18 역자 주: 크로마토그래피는 여러 가지 물질들이 섞여 있는 혼합물을 이동 속도 차이에 따라 분리하는 방법이다.

송골매의 알을 연구했는데, 1933년, 1936년, 1946년에 수집된 알에서는 DDE의 흔적을 찾을 수 없었지만, 1947년에 수집된 5개의 알 중 4개에서 DDE를 발견했다. 그 결과 1960년대 초까지 송골매는 영국과 미국 동부, 캐나다 남부 전역에서 완전히 멸종했다. 이와 함께 물수리, 대머리독수리, 새매, 붉은꼬리매 등도 DDE의 영향을 받았다. 또한, 2006년부터 2010년 사이 남부 캘리포니아에 서식하며 바다사자를 먹이로 삼는 콘도르도 피해를 입은 것으로 드러났다. 이는 바다사자가 과거 DDT 공장에서 배출된 폐기물로 인해 오염되었기 때문이었다.

물고기를 주식으로 하는 가마우지, 펠리컨, 아프리칸 물수리, 왜가리 등도 예외가 아니었다. 문제는 DDT의 지속성으로 인해 아직도 일부 조류의 알 두께가 정상으로 돌아오지 않고 있다는 점이다. 그린란드 송골매의 알 두께는 수십 년 동안 증가했지만, 2034년에야 비로소 정상 두께로 회복될 것으로 예상된다. 이후 DDT의 사용 제한과 피해 지역의 맹금류 번식을 위한 노력 덕분에 거의 멸종되었거나 감소한 종들의 개체 수가 회복되었다. 그렇다면 DDT의 금지 조치가 말라리아모기와의 전투에 어떤 영향을 미쳤을까? 초기에는 이탈리아, 그리스, 미국 남부 지역에서 DDT가 매우 효과적이었지만, 1950년대 수많은 국가에서 대량 살포가 이루어지며 결국에는 DDT 내성 모기가 등장했다. 이에 대해 모라그 다겐Morag Dagen

은 "모기가 세계적인 말라리아 퇴치 캠페인이 시작되기도 전에 이미 DDT에 적응했다."라고 언급했다.

1970년대 초에 시행된 유럽과 미국의 DDT 금지령은 다른 지역에서는 적용되지 않았다. 실제로 미국은 1980년대 중반까지 DDT를 수출하였다. 심지어 주요 DDT 사용자이자 수출국인 인도는 생산량을 계속 확대했다. 1977년에는 인도의 마하라슈트라에 DDT를 생산하는 공장이 새로 설립되었고, 2003년에는 펀자브에 또 다른 공장이 문을 열었다. 당시 중국, 북한과 함께 인도는 마지막까지 남은 DDT 생산국 가운데 하나였다.

1990년대 후반에는 잔류성 유기 오염 물질 감소를 위한 국제 협약 협상이 시작되었다. 이러한 협상은 2001년이 되어서야 완료되었고, 2004년 5월 스톡홀름 협약이 법적 구속력을 갖게 되었다. 이 협약은 다이옥신, DDT, 퓨란, 올드린, 클로르덴, 딜드린, 엔드린을 포함한 12가지 화합물의 생산 및 사용을 금지했으며, DDT의 경우에는 열대 국가에서 말라리아 퇴치용으로만 예외적으로 사용을 허용했다.

2006년에는 세계보건기구WHO가 DDT 지침을 재검토하여, 이 화합물이 12가지 살충제 중에서도 가장 효과적이며(말라리아 전염을 90%까지 줄일 수 있음) 적절하게 사용된다면 사람이나 야생동물에게 해를 끼치지 않는다는 것을 확인했다. 그리고 2011년에는 WHO

가 "DDT는 특히 전염성이 높은 지역에 대해 대안이 없으므로 질병 제어에 여전히 필요하다."라고 거듭 강조했다.

또한, DDT 사용을 줄이고 궁극적으로 제거하기 위해서는 대안 개발과 최빈국에 대한 재정 지원이 필요하다고 주장했다. 인도는 21세기 동안 가장 많은 DDT 사용량을 기록했으며, 2015년이 되어서야 스톡홀름 협약 가입 협상을 시작했다. 2019년까지 인도, 멕시코, 브라질 등 11개 국가와 사하라 이남 아프리카 6개 국가가 여전히 DDT의 실내 사용을 허용했다. 그러나 전 세계적인 말라리아 근절 실패를 DDT 사용 제한 때문이라고 돌리긴 어렵다.

2019년까지 87개국에서 발생한 약 2억 3천만 명의 말라리아 환자 중 91%가 아프리카 사하라 이남 지역에서 발생하였다. 특히 나이지리아와 콩고에서는 전 세계 환자의 약 40%가 발생하였다. 모기의 강인한 내성은 말라리아 근절에 실패한 주요 원인 중 하나로 꼽힌다. 20세기를 기준으로 50종 이상의 학질모기가 DDT에 대한 내성을 획득하였으며, 이들 모기는 사하라 이남 아프리카와 아시아 전역에서 말라리아를 발생시키고 있다. 2019년 기준으로 73개국에서는 최소 1개의 살충제에 대한 모기 내성이 보고되었고, 28개국에서는 4개의 주요 살충제에 대한 내성이 보고되었다.

내성은 살충제의 효과를 감소시키지만, 모기를 통제하는 살충제

효과는 여전히 유효했다.[19] 약간의 문제점에도 불구하고 1950년대와 1960년대에 DDT는 북아메리카, 유럽, 카리브해의 많은 지역에서 말라리아모기를 근절시켰다. 하지만 아프리카에서는 왜 실패했을까? 이에 대해 마이클 팔머Michael Palmer는 말라리아 근절이 개별 화합물의 사용에 달린 것이 아니라, 질병 예방과 통제를 위한 종합적인 능력에 달려 있다고 보았다. 이를 위해서는 경제 발전과 위생, 감시, 치료 체제를 구축하는 것이 필요했다. 즉 높은 말라리아 감염률과 낮은 경제 수준 사이에는 명백한 상관관계가 있었다.

말라리아 통제를 위한 DDT의 역할은 여전히 논란의 여지가 있다. 1945년 이후 DDT의 사용 금지에 찬성하는 세력이 있지만, DDT의 사용 금지의 부작용으로 인해 DDT를 옹호하는 목소리도 존재한다. DDT의 사용을 옹호하는 사람들은 DDT의 사용 제한이 역효과를 불러일으켰으며, 이로 인해 수백만 명의 죽음을 초래했다고 주장한다.

한편, DDT에 대한 중립적인 견해도 존재한다. 이들은 DDT의 실내 분무가 말라리아 예방에는 효과적이나, 현재까지 알려진 정보를 바탕으로 DDT를 안전하다고 단정하기 어렵다고 주장한다. 실제로

---

19 독성은 훨씬 낮을 수 있지만, 여전히 기피제와 자극제로 작용할 수 있었다.

카슨의 과장된 서술과 달리, 어린이들이 "즐겁게 놀다가 갑자기 몇 시간 만에 죽는" 일은 발생하지 않았으나, DDT의 대량 사용 이후 75년이 넘은 현재까지 건강에 미치는 영향은 잘 알려져 있다. DDT 에 대한 급성 노출은 홍분, 떨림, 현기증, 발작부터 땀, 두통, 메스꺼 움 및 구토 등 다양한 증상을 유발한다. 그리고 만성적인 노출은 주 의력 저하, 시각 정보 처리 및 신체 움직임의 동기화 상실, 신경 면역 체계 및 심리학적·정신적 증상 등 영구적인 손상을 초래할 수 있다.

2008년, DDT의 현재와 과거 영향에 관한 회의가 개최되었다. 이 회의에서는 DDT의 혜택과 실내 살포로 인한 피해를 논의하였으나, 그동안 DDT의 만성적인 직업적 노출과 비교하여 실내 살포로 인 한 위험은 체계적으로 연구되지 않았다. 특히 어린이, 임산부 및 면 역 취약 계층이 위험할 수 있는데, 이에 관한 연구도 미비했다. 더욱 이, DDT 실내 살포가 주로 이루어지는 말라리아 위험 지역에서는 에이즈AIDS 발병률이 높게 나타났다.

또한, DDT/DDE는 지용성이 있어 모유 수유를 통해 영아에게 축적될 수 있었다. 지난 70년간의 연구 결과를 토대로 살펴보면, DDT와 암 사이의 명확한 관련성은 밝혀지지 않았으며, 일부 연구 에서는 부분적인 관련성이 나타났을 뿐이다. 다만, 연구 결과에 따 르면 DDT는 낙태, 조산, 간암과 연관되어 있으며, 어린이와 유아의 호흡계 문제와 관련이 있다고 밝혀졌다. 하지만 이 경우에도 확실한 인과관계는 발견되지 않았다. 게다가 DDT와 질병의 연관성을 주장하는 대부분의 연구는 다른 유기 염소 노출을 고려하지 않고 진행되었다. DDT와 림프종 및 고환암 사이의 제한적인 관련성도 확인되었다. 2015년 국제암연구소International Agency for Research on Cancer, IARC는 DDT를 '인간에게 발암성이 있을 가능성이 큰 물질'로 분류했다. DDT는 면역 체계를 억제하고 내분비 교란 물질로 작용하여 유방암 발병률을 높일 수 있다는 것이었다.

DDT가 개발되어 널리 보급되었다가 사라지는 과정은 유연휘발유가 널리 사용되었다가 사라지는 과정과 유사하다. 그러나 DDT의 경우에는 수십 년 동안 대량 사용으로 인해 축적된 영향을 평가하기가 훨씬 어렵다. 유연휘발유의 경우에는 높은 연소 효율과 배기가스 감소와 같은 장점이 있지만, 지속적인 신경독의 환경 유입으로 인한 폐해가 훨씬 크다는 것에 대해서는 이론의 여지가 없다. 반면, DDT는 말라리아의 억제라는 측면에서 만약 농작물에 대량 살포만 하지 않았다면 훨씬 더 긍정적일 수 있었다. DDT의 농작물 대량 살포는 환경 파괴와 해충의 DDT와 DDE의 내성을 발생시켰다.

결과적으로 DDT는 사라져야 하는 살충제 중 하나이다. 스웨덴에서는 1971년부터 금지되었고, EPA의 예방 조치로 미국에서도 1972년부터 금지되었다. 또한, 이 화합물은 2001년까지 스톡홀름협약으로 금지된 12개 화학물질 중 하나이다. 인도와 일부 아프리카 국가에서는 여전히 실내 살포가 허용된다. 하지만 DDT가 살충제로 주목받으면서 널리 쓰였던 것을 감안하면 현재는 생태계에 미치는 영향에 대한 우려로 인해 거의 퇴출당하였다고 봐야 한다.

DDT는 혁신적이긴 했지만, 결국 바람직하지 않은 발명품으로 전락했다. 만약 우리가 처음부터 DDT를 엄격하게 통제하여 말라리아 퇴치에만 제한적으로 사용하고 농작물에 대규모로 살포하지 않았다면 어땠을까? 아마도 제2차 세계대전 말 군대나 이후 녹색혁명[20]의 확산 과정에서 DDT를 신중하게 사용하자는 주장은 배제되었을 가능성이 크다. 어떤 면에서 DDT는 초창기 성공의 희생양이라고 볼 수도 있다.

이상적이라고 생각했던 냉매의 역습, CFC

우리가 당연하게 여기는 냉동·냉장 및 에어컨 기술은 현대 문명이 지속될 수 있는 필수적인 요소이다. 이 기술들은 우리 일상생활

---

20 역자 주: 녹색혁명은 20세기 후반, 전통적 농법이 아닌 새로운 기술인 품종개량, 수자원 공급 시설 개발, 화학비료 및 살충제 사용 등의 새로운 기술을 적용하여 농업 생산량이 크게 증대된 일련의 과정 및 그 결과를 의미한다.

곳곳에서 활용되며, 약간의 소음을 동반하면서도 유용한 냉기를 제공한다. 냉각과 냉동을 가능케 하는 압축기compressor는 인공지능이나 유전공학처럼 언론의 큰 관심을 받지는 않지만, 금속 상자 속에서 조용히 지속적으로 작동한다. 조용하지만 중요한 역할을 하는 압축기는 변압기와 유사하다. 전압을 조절하는 변압기는 압축기보다 더 흔하게 사용되며, 최대 1,100kV의 초고전압을 이용한 장거리 전기 전송이나 5V 미만의 저전압에서 스마트폰이 작동할 수 있게 한다. 소음이 큰 압축기와는 달리, 변압기는 거의 소음이 발생하지 않는다.

현대의 냉장 기술이 등장하기 전에는 식품과 음료 보관을 위해 몇 가지 기술들이 사용되었다. 그 당시에는 얼음을 활용하는 방식이 대표적이었는데, 겨울에 얼음을 잘라서 운반하고 저장하는 작업이 필요했다(이는 19세기 겨울의 주요 산업이기도 했다.). 얼음을 대체하여 점토 용기에서 물을 증발시켜 냉각 효과를 내기도 했다. 또한, 건물 내부는 두꺼운 벽이나 냉각 굴뚝 효과를 내는 특수한 설계 때문에 시원하게 유지될 수 있었다.

1805년 올리버 에반스Oliver Evans는 에테르 기반의 밀폐식 냉각 시스템을 제안했다. 그리고 1828년에는 제이콥 퍼킨스Jacob Perkins와 리처드 트레비틱Richard Trevithick이 공기 순환 장치를 고안해 냈지만, 실제 제품 개발까지는 이어지지 못했다. 1834년에 이르러 퍼킨스

가 휘발성 액체인 에틸에테르를 냉매로 사용하는 기계적 냉동장치
를 개발하면서 비로소 돌파구가 마련되었다. 모든 현대적인 냉동 시
스템은 압축기, 응축기, 팽창 밸브, 증발기 이렇게 네 부분으로 구성
되며, 퍼킨스가 개발한 냉각 사이클은 산업용 냉동 시스템의 기초
가 되었다.

1855년 클리블랜드에 최초의 제빙 공장이 설립되었고 1861년에
는 시드니에 최초의 육류 냉동 공장이 세워졌다. 당시는 증기 엔진
이 압축기에 동력을 공급하였으나 1880년대부터는 조용하고 깨끗
한 에너지원인 전기를 이용하였다. 하지만 압축, 팽창 및 재압축 사
이클을 통해 냉각 기능을 제공하는 화합물인 냉매를 찾는 것은 여
전히 골칫거리였다.

제임스 캄James Calm의 조사에 의하면 냉각기가 개발된 이후 초창
기 100년(1830년대부터 1930년대 초반까지) 동안 사용된 1세대의 냉매
는 '작동하기만 하면 되는 것'이었다. 당시 사용되던 냉매는 다음과
같이 셀 수 없이 다양했다. 에테르, 경메탄CH_4, 에탄C_2H_6, 프로판C_3H_8
부터 이소부탄C_4H_{10}, 프로필렌C_3H_6, 펜탄C_5H_{12}, 이산화탄소CO_2, 암모니
아NH_3, 이산화황SO_2, 염화에틸CH_3CH_2Cl, 포름산메틸$HCOOC_3$, 사염화탄
소CCl_4에 이르는 탄화수소 등이 있었다.

이상적인 냉매는 불연성, 무독성, 무반응성이어야 한다. 만약 냉
매가 파손된 덕트나 고장 난 압축기에서 유출되더라도 불이 붙지

않아야 하며, 유해하지 않고, 다른 화합물과 쉽게 결합하지 않아야 한다. 이산화탄소는 독성이 없고 불연성이라 좋은 대안이 될 수 있었으나, 공기보다 무거워 밀폐된 공간의 낮은 곳에 축적되어 질식 위험이 있었다. 완벽한 대안이 없어서 심지어 일부 가연성 가스들도 냉매로 사용되었다. 1992년 한 광고에서는 프로판이 '무해하지도, 불쾌하지도 않은' 중성 화학물질이라고 선전했다. 하지만 프로판은 독성은 낮지만, 공기보다 무거워 밀폐된 공간에서 가스가 누출되면 화재와 폭발 위험이 있었다.

1860년에는 페르디난드 카레Ferdinand Carré가 암모니아를 활용한 냉동장치 특허를 출원했다. 암모니아는 피부, 눈, 폐에 부식성 위험이 있고, 300ppm 이상의 농도에서 독성이 있음에도 불구하고 냉동 효과가 뛰어나 대형 산업용 시스템에서 선호되는 냉매로 오늘날까지 사용되고 있다. 암모니아는 가연성(15~25% 농도에서)이 있지만, 냄새가 감지되기 쉬운(20ppm에서 센서 없이도 검출 가능) 장점이 있다. 그러나 대형 냉장 시설에서는 예기치 않은 누출이 종종 발생하는데, 암모니아를 냉매로 사용하기 위해서는 정교한 센서와 제어 장치가 필요하다.

문제는 천연 냉매(가연성 탄화수소, 암모니아, 유독성 이산화황SO_2)가 가정용 냉장고에는 여전히 적합하지 않다는 것이다. 1920년대 후반, 냉매 문제는 가정용 냉장고 보급의 가장 큰 장애물이었다. 게다가 전력 공급과 비용도 문제였다. 가정용 소형 냉장고의 첫 번째 모델은 제1차 세계대전 직전에 미국에서 출시되었지만, 극소수의 가정에만 보급되었다. 그러나 1925년에 이르면서 미국 가정의 절반이 전력망에 연결되었고, 전기 가격은 하락하였다. 이에 따라 냉장고를 라디오처럼 대량으로 보급하기 위해 마지막으로 꼭 필요한 것이 냉매의 개발이었다.

한편, GM은 냉장고 제조 회사를 인수하였다. 1915년에 알프레드 멜로우Alfred Mellows가 냉장고를 설계하고 생산했지만, 판매 성과는 부진했다. 1918년에는 결국 멜로우의 회사는 GM의 창립자 윌리엄 듀란트William Durant에 의해 인수되었고, 이후 GM이 이어받았다. 그러나 사업의 수익성은 여전히 미미했다. 당시 냉장고 설계는 이산화황을 냉매로 사용했는데, 안전상의 문제로 가정용 냉장고는 외부 현관에 설치해야 했으며, 병원이나 식당에서는 설치조차 할 수 없었다(그림 2.6).

GM의 연구소장 찰스 케터링은 "냉장고가 곳곳에 설치되기 위해서는 새로운 냉매가 필요하다."라는 것을 깨달았다. 그는 미래의 냉각장치 시장에 주목했으며, 열대 국가들의 거대한 냉장(에어컨) 시장과 자동차 에어컨 시장 역시 주목했다. 전기 시동기와 유연휘발유를 개발한 것처럼, 케터링은 목표 지향적 연구를 통해 해결책을 찾기로 결정했다. 그리고 당시 유연휘발유 연구를 마친 토마스 미즐리

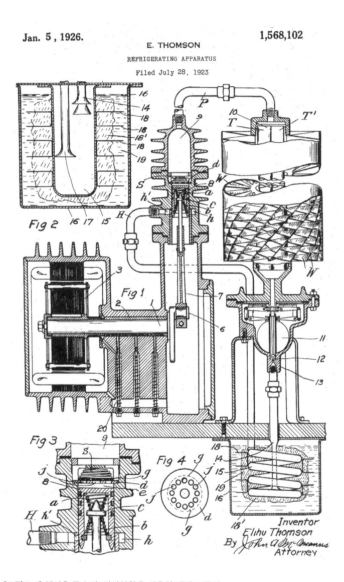

[그림 2.6] 엘리후 톰슨의 이산화황을 이용한 냉장고 특허.

가 코넬대학교에서 합성 고무에 관해 수년간 연구하면서 냉매 연구를 주도하기로 했다.

미즐리의 가장 가까운 동료로는 불소 화학 전문가인 알버트 헨 Albert Henne과 로버트 맥나리Robert McNary가 있었다. 그들이 합성한 최초의 클로로플루오로카본 화합물은 디 클로로디플루오로메탄CCl₂F₂이었다. 이는 우리에게 F12로 알려져 있고 프레온Freon이라는 이름으로 판매되었다. 프레온의 중간재는 트리클로로플루오로메탄CFCl₃, F11이었지만, F11은 생산이 어려운 반면, 불화 대체물인 클로로트리플루오로메탄CF₃CL, F13은 생산이 가능하다는 것을 발견했다. F12는 냄새가 없었고, 실험을 통해 안전하다는 것을 알아냈다.

1930년 4월, 미즐리는 미국화학협회American Chemical Society에서 프레온을 충격적인 방법으로 소개했다. 그는 연단에 서서 프레온을 직접 마신 다음 불타는 양초에 불어 봄으로써 무해하고 가연성이 없다는 것을 직접 입증하였다. 1930년 8월, GM과 듀폰은 프레온을 생산 판매하기 위한 공동 주식회사를 설립했고, 1931년 11월에는 프레온에 관한 특허를 출원했다.

이들의 사업은 성공적이었다. 1929년에 GM의 냉장고 판매 대수는 100만 대에 이르렀고, 1932년에는 대공황이라는 경제 위기에도 불구하고 누적 판매 대수가 225만 대에 달했다. 제2차 세계대전 이후 계속된 경제 위기에도 불구하고 냉장고를 소유한 미국 가

정의 비율은 1930년 10%에서 1945년에는 60%, 1952년에는 90%로 급증했다.

가정용 냉장고의 급속한 확산은 제2차 세계대전 이후 유럽과 일본에서도 일어났는데, 몇몇 국가에서는 한 세대 만에 거의 모든 가구에 보급이 될 정도로 빠르게 확산되었다. 가정용 냉장고는 선진국뿐만 아니라 저개발 국가의 부유층에게도 급속하게 보급되었다. 1970년대 초까지 선진국 가구에는 컬러 TV보다 냉장고가 더 많이 보급되었고, 미국인들은 냉각기의 활용법을 더 발전시켰다. 1970년까지 가구의 절반이 에어컨을 가지고 있었고, 새 차의 절반 이상이 에어컨을 탑재하게 되었다.

한편 CFC의 바람직한 특성들(안정성, 부식 저항성, 불연성, 무독성 및 경제성)로 인해 응용 분야는 에어로졸 분무기(화장품, 페인트), 플라스틱 절연재(폴리우레탄, 페놀, 폴리스티렌), 전자회로의 세척, 식용 및 미용 오일 추출 등으로 확대되었다.

이로 인해 CFC 생산량은 기하급수적으로 증가했다. F11과 F12로 명명된 CFC 화합물[21]의 전 세계 연간 생산량은 1934년에는 550톤 미만에서 1950년에는 약 50,000톤, 1960년에는 약 125,000톤으

---

21 F-11은 CFC-11, R-11로 F-12는 CFC-12, R-12로도 알려졌다.

로 증가했다. 1974년에는 CFC 전 세계 생산량은 812,522톤으로 최고치를 기록했다. CFC의 주요 생산 업체로는 듀폰, 얼라이드 시그널, 영국의 ICI, 유럽의 아크조, 아토켐, 혹스트Hoechst, 칼리케미, 몬테플루오스Montefluos 등이 있었다.

1930년대 초부터 대기권에 방출된 1천만 톤의 CFC는 어떻게 되었을까? CFC-11의 대기 농도 측정은 미즐리가 CFC를 발견하고 정확히 40년이 지나서야 이루어졌다. 1970년 가이아 이론[22]의 창시자인 영국 과학자 제임스 러브록James Lovelock은 CFC-11의 대기 비중을 측정하기 위한 절차를 제안했다. 그는 1971년 아일랜드에서 첫 번째 측정을 했는데, 오염된 유럽 대기뿐만 아니라 대서양의 깨끗한 공기에서도 CFC-11을 검출했다. 하지만 러브록은 CFC-11이 "전혀 위험하지 않다."라고 결론지었다. 다만 CFC-11은 매우 민감한 전자 센서로만 감지될 수 있고 자연 발생할 수 없기 때문에, CFC-11의 농도는 공해 물질에 의해 오염된 지역을 측정하는 지표로 사용할 수 있다고 봤다.

1971년과 1972년에는 러브록과 동료들이 영국에서 남극으로 대서양을 여행하는 배에서 정기적으로 CFC-11을 측정했다. 결과적

---

22 지구를 스스로 조절하는 초생물체로 가정하였다.

으로 평균 50ppt$_{\text{part per trillion}}$[23]의 농도가 나타났으며, 북반구에서 더 높은 수치를 보였다. 결론은 명확했다. CFC는 대기 중에서 사라지지 않았고, 1930년 이후로 계속 축적되고 있었다. 문제는 러브록의 연구팀이 주장한 대로 '환경을 해치지 않기' 때문에 '인지할 수 있는 위험이 없다.'라고 할 수 있을까? 아니면 'CFC의 축적으로 인해 바람직하지 않은 결과가 초래될까?'라는 것이다.

실제로 CFC의 위험에 관한 연구는 1974년에 발표되었다. 리처드 스톨라르스키$_{\text{Richard Stolarski}}$와 랄프 시케론$_{\text{Ralph Cicerone}}$은 염소 산화물이 성층권의 오존을 파괴할 수 있으며, 두 번의 촉매작용을 통해 오존 분자가 어떻게 파괴될 수 있는지를 보여 주었다.

얼마 지나지 않아 셔우드 롤랜드$_{\text{Sherwood Rowland}}$와 롤랜드의 대학원생 마리오 몰리나$_{\text{Mario Molina}}$는 CFC의 염소가 오존 파괴와 직접적인 연관이 있다는 사실을 밝혀냈다. 그들은 이 연구의 공로로 11년 후에 노벨 화학상을 받았다. 공기의 대류 현상을 통해 CFC는 성층권까지 올라가고 오존층을 파괴하는데, 몰리나는 노벨상 수상 강연에서 이 현상을 간략하게 설명했다.

---

23 역자 주: 일정한 양의 물질이 다른 물질 중에 몇 개 있는지를 나타내는 단위다. 즉, 1조 분의 1의 비율을 의미한다. 보통 환경오염, 식품 안전 등에서 매우 작은 양의 물질이 감지되는 경우, ppm(part per million)이나 ppb(part per billion) 단위로 나타낼 수도 있지만, 더 작은 양의 물질을 나타낼 때는 ppt(part per trillion) 단위를 사용한다.

CFC는 일반적인 정화 메커니즘에 의해 파괴되지 않는다. CFC는 성층권 위쪽의 오존층까지 도달한 다음 자외선 복사에 의해 분해된다. 결합이 끊어진 CFC 분자는 염소 원자를 빠르게 방출하고, 염소 원자는 다음과 같은 촉매반응을 일으킨다.[24]

$$Cl + O_3 \rightarrow ClO + O_2$$

$$ClO + O \rightarrow Cl + O_2$$

이러한 반복 사이클을 통해, 하나의 CFC 분자는 성층권에서 떨어지거나 메탄과 반응하여 제거되기 전까지 오존 분자 10만 개를 파괴할 수 있다는 것이다. 이 가설은 오존층이 생명체의 진화에 필수적인 요소임을 감안할 때 매우 우려스러운 것이었다. 오존층이 없다면 지구상의 생명체는 자외선에 강한 미생물과 해조류만 살아남을 수 있을 것이다. 약 25억 년 전, 해양 남세균cyanobacteria[25]에 의한 광합성 덕분에 산소 대기가 발달하기 시작했고, 대류권 산소의 농도 증가로 인해 지상에서 약 50km까지 뻗어 있는 성층권에 오존이 축적되었다(오존층은 지상 30km에서 가장 높은 농도로 축적된다.).

---

24 역자 주: 결합이 끊어진 염소(Cl) 원자는 오존(O_3)과 반응하여 산소 원자를 자기 쪽으로 떼어 가고 염소산화물(ClO)을 생성함. 염소산화물은 자유산소(O)와 반응하여 또 다른 염소원자(Cl)과 산소(O_2)를 생성함.

25 역자 주: 광합성을 통해 산소를 만드는 세균.

오존층은 UVA 자외선(320~400nm 파장)은 대부분 통과시키지만, 생물체에 피해를 줄 수 있는 UVB 자외선(280~320nm 파장) 가운데 295nm 이하의 파장을 흡수함으로써 UVB 자외선으로부터 생명체를 보호해 준다. UVA 자외선은 화상이나 백내장을 일으킬 수 있지만, 우리 몸에 필수적인 비타민D를 합성해 준다. 해양 식물성 플랑크톤은 UVB에 특히 민감하며, 오존층 감소는 광합성의 감소로 이어진다. UVB 자외선은 해양 동물의 생식능력과 유충 발달에 영향을 미치며, 동물과 사람의 백내장, 피부 병변, 농작물 수확량 감소 등에 영향을 미친다.

그동안 제기되었던 CFC의 오존층 파괴 가설은 1975년에 루돌트 잰더Rodolphe Zander가 수집한 증거를 통해 명확해졌다. 이에 따라 오존층을 본격적으로 측정하기 위한 설비가 두 곳에 설치되었다. 지속적인 관측 결과, CFC 농도는 상승했지만, 롤랜드와 몰리나가 예측한 대로 CFC가 성층권의 오존을 파괴하고 있다는 증거는 아직 발견되지 않았다.

하지만 경계심을 늦출 수는 없었다. 다행히 전 세계의 CFC 생산량은 1974년을 정점으로 감소하고 있었다. 1978년 3월에는 미국, 캐나다, 노르웨이, 스웨덴이 필수적이지 않은 에어로졸의 사용을 금지했다. 1980년에 유럽 공동체는 CFC의 생산 용량 상한선을 설정하고 에어로졸 사용을 30% 감축하기로 결정하였다. 1982년과

1983년 미국국립과학원은 CFC 계열의 냉매(R-11, R-12)를 1977년 수준으로 계속 사용한다면 지구의 오존층을 2~4% 감소시킬 것이라고 예측했다. 이는 기존의 예측(10~15% 감소)보다는 다소 완화된 것이지만, 그렇다고 해서 CFC 규제를 늦출 수는 없었다.

1985년 3월, 오존층 보호를 위한 비엔나 협약이 체결되었다. 이 협약에 참여한 43개 국가는 오존층 보호를 위해 적절한 통제를 취할 것을 약속하고, 1987년까지 구속력 있는 국제 협약을 작성하기로 합의했다. 그러나 1985년 5월, 향후 10년 동안 오존층 감소가 미미할 것이라고 예측한 모델을 반박하는 논문이 『네이처Nature』에 발표되어 상황이 바뀌었다. 영국 남극 조사국의 조지프 파먼Joseph Farman에 의하면, 남극의 오존 농도는 봄에 급격히 감소하여 '오존 구멍'을 발생시키는 것으로 나타났다.

성층권 아랫부분에서는 큰 변화가 없었기 때문에, 이 현상은 화학적 원인에 기인할 가능성이 크다고 보았다. 연구진은 한겨울부터 춘분까지의 매우 낮은 온도로 인해 "남극 성층권이 무기 염소로 인해 약해진다."라고 보았다. 이는 극지 성층권의 특유한 자외선 방사 효과와 결합하여 오존층 감소 현상을 가속한다고 생각하였다. 이 현상은 1986년 풍선을 이용한 측정 장치sonde를 통해 극지 성층권 구름의 표면에서 염소 반응이 일어나고 있다는 사실로 확인되었다. CFC-11은 46년에서 61년, CFC-12는 95년에서 132년간 성층권에

머무를 수 있다는 사실을 고려하면, 효과적인 국제적 개입이 필요
하다는 것은 명백해졌다.

　미국 최대의 CFC 제조업체인 듀폰(미국 냉매 시장점유율의 절반, 전
세계 시장점유율의 4분의 1을 차지함)의 결정은 매우 중요한 역할을 했
다. 듀폰의 CFC 관련 결정은 때때로 비판을 받기도 했지만, CFC
생산 중단을 적극적으로 수용하고 대체재를 신속하게 공급한 점에
서 지대한 기여를 했다. 듀폰은 남극 오존 파괴가 알려지기 전부터,
CFC의 유해성이 명백하다면 제조를 중단할 준비가 되어 있었다.
또한, 글로벌 협정을 수용하고 신속한 비준을 위해 대체품을 공급
할 수 있다는 회사의 확신도 있었다. 물론 대체품의 가격이 기존 제
품보다 5~10배 정도 더 비싸기 때문에, 듀폰이 대체품을 생산하면
수익성이 높을 것이라는 판단도 있었을 것이다.

　프레온가스를 제한하고 궁극적으로 금지하기 위한 구속력 있는
국제 조약의 협상은 관련 산업에 대한 규제가 추가되면서 마무리되
었다. 1987년 몬트리올 의정서는 가장 일반적인 화합물 5개의 생
산을 50% 줄일 것을 명시했다. 후속 개정을 통해 모든 CFC와 여
러 염산불화탄소HCFC의 완전한 단계적 폐지가 요구되었다. 1990
년 런던 개정안은 선진국에서는 2000년까지, 개발도상국에서는
2010년까지 CFC의 완전한 단계적 폐지를 명시했고, 1992년 코펜
하겐 개정안은 선진국의 CFC 폐지를 2000년에서 1996년으로 앞

당겼다.

 이러한 협약 덕분에 대부분의 CFC 관련 냉매의 생산량이 감소했고, 21세기 초에는 CFC-12가 연간 생산량 10만 톤을 넘는 유일한 냉매가 되었다. 그러나 생산량 감소가 바로 대기 중 CFC 농도 감소로 이어지지는 않았다. 제대로 폐기되지 않은 노후 냉장고의 CFC는 생산 금지 조치가 발효된 지 오랜 시간이 지난 후에도 대기로 계속 방출되었다. 중국의 경우 특히 2011년에 CFC-11과 CFC-12의 방출량이 최대치에 도달하였고, 2020년에야 방출이 중단되었다. CFC의 대기 농도는 느리지만, 꾸준히 감소했다. 북반구의 평균 CFC 농도는 1950년 0.7ppt에서 1980년 177ppt로 증가했고, 1994년 270ppt로 정점을 찍은 후 2020년에는 225ppt로 감소했다.

 CFC 제한이 남극 오존 구멍에 어떤 영향을 미쳤는지 두 가지 지표를 통해 살펴볼 수 있는데, 바로 오존홀의 면적과 오존 파괴 강도이다. 남극 오존 측정이 시작된 1956년에는, 남극 오존 농도가 평균 약 300돕슨단위Dobson Unit, DU[26]였고 1970년대까지 이 수준을 유지했다. 이후 1995년까지는 100DU를 약간 웃도는 수준으로 하락했고, 그 이후 하락세가 멈추고 서서히 회복되기 시작했다. 2018

---

26 역자 주: 표준기압(1기압)과 표준온도(0℃)에서, 단위 체적 당 대기권 내의 오존 농도를 오존층의 두께로 변환하여 표시하는 단위다.

년, 유엔은 남극의 오존층이 회복되고 있으며 2060년에는 1980년 수준으로 회복될 것이라고 예측했다. 그러나 오존 구멍의 크기는 계속해서 변동하였다. 2019년에는 오존 구멍이 800만 km^2로 관측되었는데, 이는 관측 사상 가장 작은 오존 구멍이었다. 하지만 2020년 10월에는 오존 구멍의 크기가 2,400만 km^2로 나타나, 전년도에 비해 약 3배가량 증가했다(참고로 남극의 크기는 1,420만 km^2이다.). 2021년에는 전년도보다 더 커져서 2,470만 km^2로 나타났으며, 이는 1979년 기록이 시작된 이래 8번째로 큰 규모였다(그림 2.7).

만약 몬트리올 의정서와 후속 개정안이 없었다면 결과는 어떻게 되었을까? 물론 대답은 CFC의 생산량에 달려 있었다. 1985년 이전에도 이미 전 세계의 CFC 생산량이 감소하고 있었지만 폴 뉴먼Paul Newman과 동료들은 최악의 시나리오로 CFC의 규제가 없을 경우, 연간 CFC의 총생산량이 3%(즉, 23년마다 약 2배)나 증가한다고 가정하였다. CFC의 생산량이 연간 3%가 증가한다면 1980년과 비교할 때 2020년까지 전 세계 오존의 17%가 파괴되고, 2065년까지 67%가 파괴될 것으로 예측했다. 더욱이 극지방의 오존층 파괴 현상은 지속되며, 2060년에 이르면 북반구 중위도 지역의 UV 복사량 증가로 인해 여름철 홍반 현상이 2배 이상 증가할 것으로 전망했다. 이러한 예측이 전부 정확하지 않더라도, CFC의 제한 조치는 타당하다.

CFC 제한 조치를 가장 쉽게 이행할 수 있는 분야는 정밀 전자기

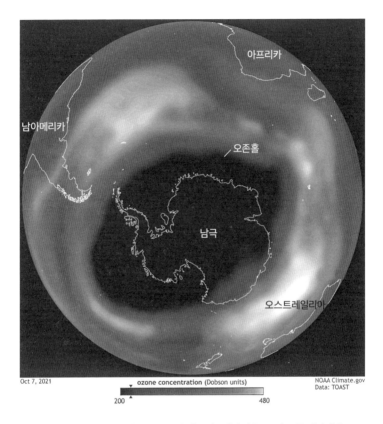

[그림 2.7] 2021년 10월의 남반구 오존 수치. 남극 상공에서 낮은 오존 농도를 나타낸다.

기와 금속 세척 분야다. 이는 무세척 납땜페이스트_{no-clean flux}와 수성 용제를 대체재로 사용함으로써 간단히 해결되었다. 그러나 냉장고와 에어컨에서 대량으로 사용되는 CFC를 줄이는 것이 몬트리올 의정서 이행에 필수적이었는데, 이를 위해서는 HCFC와 같은 적절한 대체재가 필요했다. HCFC는 수십 년 전부터 잘 알려진 물질이었고 대량생산에도 적합했다. HCFC는 대류권(대기권의 가장 낮은 층, 지상 10~15km)으로 확산하는 동안 화학반응 때문에 대부분 제거되기에, HCFC의 오존 파괴력은 CFC의 1~15%에 불과하다. 그러나 HCFC도 완벽한 대체재는 되지 못했다. HCFC는 상대적으로 미미하지만, 오존을 파괴할 뿐만 아니라 '온실가스'에 의한 지구온난화에 영향을 줄 수 있다는 문제가 있었다.

　지구온난화 지수Global Warming Potential, GWP는 이산화탄소 1kg과 비교할 때 특정 기체 1kg이 지구온난화에 얼마나 영향을 미치는지를 나타낸다. 100년을 기준으로 이산화탄소의 온난화 효과를 1로 볼 때 메탄가스는 28이며, 이산화질소(비료에서 나옴)는 265이다. 불법화된 CFC-11의 경우에는 4,160이고 CFC-12는 10,200이며 가장 일반적으로 사용되는 HCFC은 거의 2,000에 달한다. CFC나 HCFC는 원래 2040년까지 퇴출할 예정이었으나 몬트리올 의정서에서 합의한 국가들은 이를 더 앞당기기로 했다. 선진국은 2020년까지, 개발도상국은 2030년까지 CFC를 퇴출하기로 2007년에 동의하였다.

　HCFC 다음으로 고려된 대체재는 하이드로플루오로카본hydrofluo-rocarbons, HFC이다. HFC는 염소를 포함하지 않기 때문에 성층권 오존에 영향을 미치지 않으며 몬트리올 의정서에 영향을 받지 않는 물질이었다. 하지만 HFC를 대량 보급에는 지구온난화라는 문제가 있었다. 가장 일반적인 HFC의 지구온난화 지수는 1,300~12,400이다.

돌이켜보면, 당시 이상적인 냉매를 찾는 과정은 '작동하는 것이면 무엇이든 된다.'라고 했던 1920년대 후반으로 돌아가는 느낌이었다. 2세대 냉매였던 CFC는 안전성과 신뢰성이 높지만, 성층권에 오존을 파괴했다. 3세대 냉매인 HFC는 오존 파괴 문제를 크게 줄였지만, 온실가스 배출에 문제가 있다.

이상적인 매체를 찾기 위한 일련의 과정을 실패로 단정 짓기는 어렵다. 하지만 불완전한 솔루션을 찾는 과정이 계속 반복되는 느낌이다. CFC는 거의 반세기 동안 시장을 지배했던 자연 물질 대체 합성 냉매다. 이후에는 HCFC가 40년 동안 선진국 시장을 지배했다. 염소가 없는 HFC의 경우에는 오존 파괴 우려는 해소되었지만, 온실가스 문제는 여전하다. 이 문제는 아시아와 아프리카의 저소득 열대·아열대 국가들의 냉장고와 에어컨에 대한 엄청난 미래 수요를 고려한다면 더욱 심각하다.

2020년 기준, 전 세계적으로 약 18억 대의 에어컨이 보급되었는데, 그중에 절반 이상은 중국과 미국에서 사용되고 있다. 미국과 일본은 에어컨 보급률이 90% 이상인 반면, 전 세계 고온다습한 기후에서 사는 인구의 10% 미만만이 에어컨을 보유하고 있다는 점을 고려하면, 에어컨 시장이 앞으로 계속해서 확대될 것은 분명하다. 이에 따라, 효과적이면서 안전하며 저렴하고 친환경적인 냉매의 필요성이 더욱 커지고 있다. 하지만, 대체 물질을 찾기 위해 1930년 이후에도 수많은 탐색을 진행했으며, 이미 대안이 될 만한 물질들을 모두 고려해 본 상황이다.

현재 지구온난화가 가속화되는 상황에서는 지구온난화 지수가 낮은 대체재를 찾는 것이 매우 중요해졌다. 최근에는 CFC 이전에 사용되었던 자연 물질을 대체재로 고려하기도 한다. 이산화탄소, 암모니아 및 탄화수소(에탄, 프로판, 사이클로프로판), 다이메틸에테르dimethylether, 불소화 알칸HFC, 불소화 알켄, 함산소물질oxygenates, 질소, 황 화합물 등이 다양하게 고려되고 있다.

만약 우리가 이상적인 대체재를 찾지 못한다면, 천연 냉매를 대안으로 선택할 수 있을까? 이는 가능한 일이지만, 반드시 그럴 필요는 없다. 개발 당시 위험성을 충분히 알 수 있었던 유연휘발유와 CFC는 다르다. CFC가 성층권 오존에 미치는 피해는 당시에는 예측하기 힘든 측면이 있었다. 따라서, 유연휘발유와 CFC 냉매를 개발한 미즐리의 역할에 대한 인터넷 게시물들은 과장되었을 뿐만 아니라 부정확하다. 인터넷이라는 즉각적인 매체 특유의 근거가 부족한 역사 수정주의[27]에 불과하다.

한 사람이 20세기 가장 치명적인 두 가지 물질을 발명했다고 하

---

27 역자 주: 이미 정설로 굳어진 역사적 사실에 이의를 제기해 그런 사실이 존재하지 않았다고 부정하거나, 기존 통설에 수정을 가하려는 것이다.

며, 역사상 가장 위험한 발명가 중 한 명으로 미즐리를 비판하는 것
은 과장된 주장이다. 20세기에는 핵무기도 등장했다. 하지만 핵무
기 개발의 책임은 누구에게 있는가? 로버트 오펜하이머Robert Oppen-
heimer? 제임스 채드윅James Chadwick? 레오 실라르드Leo Szilard? 누구를
비난할 것인가? 누가 책임을 질 것인가?

20세기에는 고출력 폭발물, 전자항법 시스템, 폭격기 등이 결합
된 무차별 폭격으로 수백만 명이 사망했다(1945년 도쿄 대공습으로 10
만 명 이상이 죽었다.). 매년 자동차 사고로 120만 명이 사망하지만,
CFC로 인한 사망자 수는 아직 밝혀지지 않았다. CFC로 미즐리를
비난한다면, 자동차를 발명한 칼 벤츠, 고틀리프 다임러, 빌헬름 마
이바흐를 비난할 수 있을 것인가?

3장

세계를
지배할 뻔한 발명

세계를 지배한 발명과
그러지 못한 발명

발명의 역사에서 혁신적이며 중요한 새로운 발견(과학적·기술적 돌파구)도 당시에는 그 위대함을 제대로 알지 못하는 경우가 많았다. 전문 저널들은 소수의 전문가만이 읽을 수 있었고, 수많은 특허가 가치를 인정받지 못하고 잊혀지기도 했다. 몇몇 특허는 시간이 지나서야 비로소 가치가 발견되고 혁신으로 발전하게 되었다.

아마도 가장 좋은 예로 들 수 있는 것은 제임스 맥스웰James Max-well의 전자기 이론[1]일 것이다. 맥스웰은 1865년부터 1873년 사이

---

1 역자 주: 맥스웰이 수학적으로 정립한 고전 전자기학의 기초 이론이다.

에 전자기 이론을 완성했지만, 그의 이론이 주목받기까지는 오랜
시간이 걸렸다. 현재 그의 연구는 라디오, TV, 휴대전화, 인터넷,
GPS 등 모든 현대 무선 전자 기기의 기반을 이루고 있다. 이러한
현대 무선 전자 기기들은 맥스웰의 아이디어와 고도의 기술 결합
을 통해 탄생했다.

 20세기에 위대한 특허 중 하나로는 독일 물리학자 줄리어스 에드
가 릴리엔펠드Julius Edgar Lilienfeld가 1925년 캐나다와 1926년 미국
에서 획득한 솔리드스테이트solid-state[2] 전자장치 특허가 있다.[3] 이후
수십 년 동안 크고 뜨거운 진공관 유리 튜브를 대체할 소재를 개발
하기 위한 노력이 이어졌고, 결국 미국에 벨연구소Bell Laboratories에서
근무하던 세 명의 물리학자에 의해 솔리드스테이트 증폭기(트랜지스
터)가 개발되었다.

 1948년 초에 존 바딘John Bardeen과 월터 브래튼Walter Brattain은 게
르마늄 점 접촉 트랜지스터에 대한 특허를 신청하였고, 윌리엄 쇼
클리William Shockley는 접합 트랜지스터의 응용에 대한 특허를 신청
하였다. 이후 세 사람은 1956년에 노벨 물리학상을 받았다. 그러나

---

2 역자 주: 고체 상태란 뜻으로 전자공학 분야에서는 반도체 부품·집적 회로(IC) 등을 의
   미한다.
3 역자 주: 릴리엔펠드의 아이디어는 선구적이었지만, 그는 실제로 동작하는 트랜지스터
   를 구현하지는 못했다.

벨연구소는 트랜지스터를 단지 재창조한 것이라고 인정했고, 벨연구소가 특허를 출원한 지 40년이 지난 1988년에 바딘은 "릴리엔펠드가 증폭 장치를 만들기 위해 반도체의 전류 흐름을 제어하는 기본 개념을 제공했다."라고 밝혔다. 물론 릴리엔펠드의 아이디어를 현실로 바꾸기 위해서는 수십 년간의 이론 연구와 소재 개발이 필요했다.

　당시 릴리엔펠드의 위대한 업적은 대부분 잊혀져 있었고, 문서 보관소를 뒤지던 변리사들만이 접할 수 있었다. 이와 대조적으로, 어떤 과학적 발견이나 기술 발전은 매우 유망하게 여겨져 즉시 환영받았으며, 새로운 시장을 창출할 수 있는 출발점으로 인식되었다. 페니실린 개발에 이어 항생제 보급은 발명 당시의 기대를 충족시킨 좋은 예이다. 그러나 일부 발명은 초기 기대와 달리 실망스러운 결말로 이어지기도 한다. 발전이 초기 기대만큼 이루어지지 않거나 상승세가 꺾이거나 미미한 발명으로 전락하기도 한다. 실패한 발명은 결국 상업적으로 실패하거나 실망스러운 침체에 이르는 등 다양한 운명을 맞게 된다.

　이번 장에서는 기대를 충족시키지 못한 세 가지 발명을 다루고자 한다. 그리고 2장과 마찬가지로 세 가지 발명을 시간순으로 살펴보고자 한다.

세계를 지배할 것 같았던 세 가지 발명

첫 번째 사례는 비행선이다. 비행선은 공기보다 가볍게 만들어서 비행하는 열기구에서 탄생하였다. 초기 비행선은 개선을 거듭하여 훨씬 크고 단단한 디자인으로 발전했으며 여러 개의 가스 용기를 실을 수 있었다. 사실 비행선의 개발은 공기보다 무거운heavier-than-air 비행기**4**의 개발보다 앞섰다. 1900~1910년 동안은 비행선과 현대적 비행기 모두 크게 발전했다. 라이트형제가 최초 동력 비행기의 시험 비행에 성공한 지 6년 후인 1909년에는 제플린Zepplin 비행선을 도입한 첫 항공사가 설립되었다. 신문과 잡지는 새로운 비행기의 놀라운 비행 성과를 기사로 전하며, 비행선이 곧 대륙 간 항공 여행을 지배하리라고 전망했다.

비행선의 발전은 제1차 세계대전으로 인해 일시적으로 주춤했지만, 1930년 독일의 제플린 비행선은 프랑크푸르트에서 뉴저지까지 비행했다. 당시에는 놀라운 비행 능력이었고, 사람들은 비행선의 밝은 미래를 기대했다. 그러나 겨우 7년 후, 비행선은 짧은 전성기를 지나 급격히 몰락한 대표적인 사례가 되었다.

---

4 역자 주: 금속 등으로 제작한 무거운 비행기를 뜻한다.

두 번째 사례는 핵분열nuclear fission에 의한 핵 발전[5]이다. 핵분열 기술은 전 세계에 깨끗하고 저렴한 전기를 제공하는 궁극적인 해결책으로 여겨지며, 비행선과 달리 상업화에 성공했다. 현재 원자로는 4개 대륙의 30개 이상의 국가에서 운영되고 있으며, 구소련과 일본에서 일어났던 사고를 제외하면 대부분의 국가에서 안전하고 신뢰할 수 있는 기술로 인정받고 있다. 그러나 핵분열이 기대에 못 미친 발명으로 간주되는 이유는 개발 당시의 기대와 현실 사이의 차이 때문이다.

미국은 원자로를 가장 많이 건설한 나라로, 초기에는 핵 발전 기술의 경제성이 매우 뛰어나다고 여겼다.[6] 하지만 이후 막대한 건설비가 추가로 필요하다는 것이 알려지면서, 수익성이 떨어진다는 이유로 많은 핵 발전소 개발이 중단되었다.

현재 많은 국가들(호주, 인도네시아, 이탈리아, 폴란드, 베트남 등)은 상업적 핵 발전을 고려하지 않고 있으며, 전 세계적으로 2020년 기준, 전기의 약 10%만이 핵 발전을 통해 공급되고 있다(중국은 5%, 프랑스는 70% 정도를 핵 발전을 통해 전기를 공급하고 있다.). 이러한 수치는 50여

---

5 역자 주: 핵 발전은 핵분열 또는 핵융합에 의해 가능하지만, 현재 상용화된 기술은 핵분열에 의한 핵 발전 기술이다.

6 미국원자력위원회의 의장이었던 루이스 스트라우스(Lewis L. Strauss)가 1954년 뉴욕의 국립과학작가협회에서 이렇게 말했다.

[그림 3.1] 1986년 4월 26일, 우크라이나에서 체르노빌 핵 원자로가 폭발하여 대량의 방사능이 누출되었다.

년 전 처음 핵 발전 기술이 개발되었을 때의 기대에 훨씬 못 미치는 수준이다. 게다가, 1986년 체르노빌 원자력 사고(그림 3.1)와 2011년 후쿠시마 원자력 사고로 인해 핵 발전에 대한 두려움이 더욱 커졌다. 특히 일본의 원자력 사고 이후 독일 같은 부유한 국가에서도 탈원전 정책을 추진하게 되었다. 핵 발전은 탄소를 배출하지 않아 탈탄소 경제에 도움이 된다는 주장이 있지만, 원자력 사고의 두려움 앞에서는 큰 도움이 되지 못했다.

기대를 충족하지 못한 발명의 마지막 사례는 초음속 비행기다. 초음속 비행기는 시속 1,235km(섭씨 20도 해수면에서)를 초과하는 항공 운송 수단을 의미한다. 20세기 초반에 비행선과 프로펠러 비행기가 승객들을 수송하던 시절에는 초음속비행은 공상 과학 소설처럼 여겨졌다. 내연기관을 사용하던 비행기의 경우 시속 600km도 불가능해 보였다. 그러나 제트엔진의 개발로 비행기 속도는 크게 향상되었다. 제트엔진은 실린더와 피스톤을 사용하지 않고, 지속적인 연소를 통해 강력한 추진력을 발생시킨다. 1940년대에 개발되었던 제트엔진 전투기는 최대 시속 600km로 비행할 수 있게 되었다.

1950년대에 제트여객기가 상업적인 운항에 도입되었을 때, 엔지니어들과 정부 관계자들은 당시 음속(시속 1,235km)의 약 85%로 수준이던 최대 속도를 초음속으로 향상하려 했다. 초음속비행은 대륙 간 비행시간을 절반 이상으로 단축할 수 있고, 상업적으로도 충분한 가능성이 있다고 여겼다. 그러나 기술적, 환경적 문제가 발생하였다. 우리는 수십 년간 지속된 개발 노력이 어떻게 실패했는지 이미 알고 있다. 3장의 마지막 섹션에서는 첨단 기술의 역사를 되짚어 보고, 최근 소형 비즈니스 제트여객기를 중심으로 초음속 항공 부활을 위한 움직임을 소개한다.

하늘을 지배할 뻔한 발명, 비행선

21세기 항공은 공기보다 무거운 금속 비행기의 개발에 초점이 맞춰져 있다. 현대의 항공기는 거대한 글로벌 운송 시스템을 만들어 냈는데 코로나 팬데믹 이전인 2019년에는 3,800만 편 이상의 항공편에 45억 명 이상의 승객을 수송하였다. 이를 항공업계 단위로 환산하면 8조 7천억 유상 여객 킬로미터revenue passenger-kilometer[7]나 된다.

수백 명의 승객을 태울 정도로 대형이지만 날렵해 보이는 현대의 제트여객기와 비교하면, 공기보다 가벼운 LTAlighter-than-air 비행선은 느리고, 비효율적이며, 날씨 영향을 크게 받기 때문에 현대 항공 수송에 적합하지 않다. 현대에 와서는 당연한 이야기지만, 20세기의 초반, 적어도 1937년까지는 비행선도 경쟁력 있는 운송 수단으로 여겨졌다. 그러나 1937년, 힌덴부르크 비행선이 대서양을 횡단한 후 미국 뉴저지 레이크허스트에 착륙하려다가 화염에 휩싸이면서 모든 것이 바뀌었다. 힌덴부르크호의 사고는 사진을 통해 전 세

---

7 역자 주: 항공기의 비행 구간의 유상 여객 수를 비행 구간 거리를 곱한 합계로 항공사의 여객 수송 실적을 표현하는 데 사용하는 용어다. 1 유상 승객 킬로미터란, 유상 승객 1명을 1km 운송한 것을 말한다.

계에 알려졌고, 지금까지도 가장 잘 알려진 대형 사고 중에 하나가
되었다.

LTA 비행의 역사는 열기구에서 시작되었다. 1783년 9월 19일,
프랑스의 몽골피에 형제(조셉 미셸 몽골피에Joseph-Michel Montgolfier와 자
크 에티엥 몽골피에Jacques-Étienne Montgolfier)는 면 캔버스와 접착지로 만
든 풍선에 뜨거운 공기를 채우고, 버드나무 바구니에 양, 오리, 닭
한 마리를 실었다. 몽골피에 형제는 왕과 군중들 앞에서 이 열기구
를 무사히 운행하였다. 풍선과 마찬가지로, 초기 열기구 설계는 수
동적인 기구였다. 열기구는 바람을 타고 움직이지만, 바람이 없으면
서 있을 수밖에 없었다.

방향과 속도를 제어할 수 있는 LTA 비행기 개발은 몽골피에 형
제의 시험비행이 성공적으로 끝난 지 1년도 채 되지 않아 시작되었
다. 1784년 프랑스 앙-쟝 로베르Anne-Jean Robert와 니꼴라 루이 로베
르Nicolas Louis Robert 형제는 작고 길쭉한 모양의 비행선을 만들어 그
안에 수소를 채우고 노와 비슷한 장치를 사용하였다. 같은 해에
쟝 밥티스테 모니에Jean Baptiste Meusnier는 훨씬 더 큰 타원형 비행선
을 설계하였다. 이 비행선은 사람이 움직이는 프로펠러로 추진력
을 얻었지만, 로베르 형제의 비행선과 마찬가지로 비현실적인 아이
디어였다.

1852년 9월 24일, 거의 70년이 지난 후에 쥘 앙리 지파르Jules Henri Giffard는 드디어 방향 조절이 가능한 비행선을 개발하였다. 이 비행선은 시가 모양의 길쭉한 풍선을 사용했으며, 길이는 44m, 부피 3,200m³였다. 비행선은 무게 113kg의 2.3kW 증기 엔진을 장착하고, 방향 전환을 위한 3개의 블레이드 프로펠러를 돌리는 45.4kg의 기관을 설치했다. 하지만 이 비행선은 너무 무거운 데다, 느리고 제어하기 쉽지 않았다. 역풍을 거스르며 날기에는 너무 약했고, 급선회가 힘들었다. 이 비행선은 파리와 엘랑쿠르 사이를 시속 10km 이하로 비행하였다.

그로부터 30여 년이 지난 1884년 8월 9일, 마침내 프랑스 장교 샤를 르나르Charles Renard와 아르듀 콩스탄틴 크렙스Arthur Constantine Krebs는 최초로 완전한 제어 능력을 갖춘 비행선인 라 프랑스La France를 개발하였다. 이 비행선은 1,900m³의 길쭉한 풍선을 사용하고, 지름 7m의 나무 프로펠러를 전기 모터로 작동시켜 방향을 제어했다. 이 비행선은 시험비행에서 8km를 23분 만에 비행한 후, 원래 이륙한 장소에 정확히 착륙했다. 시험비행은 1884년과 그다음 해에도 계속되었다.

한편, 1897년 프리드리히 뵐페르트Friedrich Wölfert는 내연기관 엔진을 동력으로 하는 최초의 소형 비행선을 베를린에서 시연했다. 이후 동력 비행선 비행의 진정한 발전은 1899년에 퇴역한 독일 육군 장성 페르디난트 폰 제플린Ferdinand von Zeppelin이 주도했다. 그는 알

[그림 3.2] 페르디난트 폰 제플린(1838~1917년), 장거리 여객 수송을 위한 비행선의 선구자로 불리고 있다.

루미늄 구조와 천을 사용하여 견고한 비행선을 만들고, 승객이 탑승할 수 있는 곤돌라를 설치했다(그림 3.2).

제플린은 두 번의 미국 방문을 통해 LTA 비행선에 대해 관심을 갖게 되었다. 그는 미국 남북전쟁 때 북군의 참관인으로 방문했었고, 이후 두 번째 방문에서는 미국의 팽창하는 서부 개척지를 직접 목격했다. 미니애폴리스에서 그는 북군의 관측에 사용되던 석탄가스 열기구에 실제로 탑승하기도 했다.

10년 후, 제플린은 비행선 디자인 개념을 설계하였는데, 기본 개
념은 링과 대들보로 구조를 형성하고 독립적인 셀을 생성한 다음
가스로 채우는 것이었다. 그는 1890년 군대에서 퇴역한 후, LTA 비
행선 설계 및 제작에 전념했다. 1900년 7월 2일, 제플린 1호LZ-1는
드디어 첫 시험비행을 시작했다.

제플린은 더 큰 비행선들을 잇달아 제작하였다. 일부는 군에
전달되기도 했고, 일부는 폭풍과 화재로 인해 파괴되기도 했다.
1909년 11월에는 세계 최초의 항공사인 DELAGDeutsche Luftschif-
fahrts-Aktiengesellschaft[8]가 설립되었다. 제1차 세계대전이 시작되기 전
에 1,500명 이상의 사람들이 독일 국내선 비행선을 이용하여 218
회나 비행했다. 비행선 LZ-13은 1912년 7월부터 운항하여 399회,
45,000km의 성공적인 비행을 기록했으며, 덴마크와 스웨덴을 방
문하는 등의 비행 신기록을 세웠다. 당시 비행기는 나무와 천으로
만들어진 조잡한 수준이었지만, 이에 반해 비행선은 훨씬 발전된 것
처럼 보였다. 따라서 당시에는 비행선이 장거리 운송에 가장 적합한
대안으로 여겨졌다.

1912년 토마스 러더퍼드 맥메헨Thomas Rutherford MacMechen과 칼 딘

---

8 역자 주: 독일 비행선 여행사를 의미한다.

스트바흐Carl Dienstbach는 『하늘의 그레이하운드greyhounds of the air』[9]에 대해 다음과 같이 썼다.

> 잠시 동안은 거대한 원양 정기선들이 항해를 계속할 것이지만, 앞으로 10년 동안 국가들이 큰 배에 쓸모없는 돈을 낭비하게 될 것이다. 그러나 끝이 다가오고 있다. 이제 대서양을 횡단하는 사람들은 비행선을 타게 될 것이며, 단 몇 시간 만에 대서양을 건널 수 있을 것이다.

저자들은 바다의 패권을 차지하고 '안일한 자신감'을 누리고 있는 영국은, 다음 전쟁부터 항공 위협에 직면해야 할 것이며, 비행선은 너무나 강력한 무기여서 "세계 평화를 촉진하는 요소가 될 수 있다."라고도 썼다. 이 책의 저자들에게 이런 주장이 단지 이론적인 생각만은 아니었다. 왜냐하면 제플린 비행선은 이미 시험비행을 통해 이런 주장을 뒷받침할 수 있는 근거가 있었기 때문이다. 저자들은 향후 훨씬 더 큰 비행선들이 기존 원양 정기선의 2~3배의 속도로 비행할 것이며, "비행선의 크기가 최대 항속거리를 제한할 수는

---

9 역자 주: 비행선을 의미함.

있지만, 실용적 관점에서 크기의 한계도 보이지 않으며, 가까운 미래에 대서양을 횡단하는 비행이 가능하다."라고 썼다.

제플린의 혁신적인 디자인은 새롭게 개발된 가벼우면서도 강력한 내연기관과 무선통신 기술 덕분에 가능했다. 1908년, 세계 최초의 현대적 자동차 제작자이자 메르세데스35의 설계자인 빌헬름 마이바흐와 그의 아들 칼은 제플린의 비행선 엔진을 만들기 시작했다. 제1차 세계대전으로 여객선 개발이 잠시 중단되었지만, 곧 독일군에서 비행선을 대량으로 주문하기 시작했다. 독일군은 140척의 비행선을 확보하여 항공 정찰과 장거리 폭격용으로 사용했다. 그중에 100기 이상이 제플린 비행선LZ-26이었다. LZ-26 모델(부피는 25,000m³, 길이는 161m, 적재량은 3톤, 비행거리는 3,300km)은 1914년에 처음 운항했다. 나머지 모델은 다른 비행선 제조업자인 쉬트란츠Schütte-Lanz에 의해 건조되었으나, 쉬트란츠는 독일 정부에 의해 제플린과의 협력을 강요받았다.

제1차 세계대전 중인 1914년 8월 6일, 독일은 프랑스 리에쥐Liège에 최초의 비행선 공습 작전을 수행하였다. 이때 사용된 비행선은 LZ-17이었으며, 원래 여객용으로 사용되다가 군사용으로 개조되었다. LZ-17은 전쟁 전까지 10,000명의 승객을 태우고 40,000km를 비행한 이력이 있다. 그 후, 1914년 8월 25일에는 앤트워프에 두 번째 공습이 이루어졌다. 뒤이어 프랑스와 영국에 대한 폭격이 계속되어 수천 명의 민간인 사상자와 큰 물질적 피해가 발생했다. 영국은 1915년 1월 19일부터 20일 사이에 처음으로 독일군 비행선의 공습을 받았다. 초기에는 연합군도 비행선 공격에 대비하지 못했지만, 곧 대응 방안을 마련했다. 1916년까지 대공포, 탐조등, 전투기, 무선 해독 능력이 강화되었는데, 1917년에는 115척의 독일 비행선 중 77척이 격추되거나 완전히 무력화되었다.

1917년 11월, 독일군은 LZ-104Afrika-Shiff[10] 비행선을 이용하여 동아프리카 식민지에 주둔하는 독일 부대에 보급 물품을 장거리 수송하기 위한 대담한 작전을 시도했다. 길이 226.5m에 마이바흐 엔진 5개를 탑재한 이 비행선은 불가리아에서 출발하여 지중해를 건너 수단 중부(하르툼 서쪽)까지 도달하고, 그 후 불가리아로 돌아오는 6,800km의 항해를 95시간 동안 비행할 계획이었으나 결국 무산되었다. 1917년 3월 8일, 제플린은 이 시도가 무산되기 전에 사망하였으며, 제1차 세계대전 이후 심리학자이자 비행선 조종사였던 휴고 에크너Hugo Eckener가 회사를 인수했다. 하지만 패전국인 독일이 제1차 세계대전 직후의 평화 조약으로 인해 비행선 건조를 금지당했기 때문에 회사의 미래는 불투명했다.

---

10 역자 주: 'The Africa Ship'이라는 뜻이다.

제1차 세계대전 이후 가장 뛰어난 비행선은 영국의 R-34이다. R-34는 1919년 7월에 스코틀랜드에서 뉴욕의 롱아일랜드를 성공적으로 왕복 비행하였다. 이는 영국의 존 알콕John Alcoc 대령과 아서 브라운Arthur Brown 대위가 영국의 폭격기 비커스 비미Vickers Vimy를 타고 세계 최초로 무착륙 대서양 횡단 비행에 성공한 지 불과 1달이 지난 시점이었다. 그러나 영국 비행선은 그 이상의 발전이 없었고, 독일은 여전히 비행선 건조에 제한을 받았다. 1924년 10월에는 LZ-126(로스앤젤레스 호로 개명)가 전쟁 배상금 명목으로 미국에 인도되어 1940년까지 미국 해군에서 활약했다.

1925년 평화 조약의 제한이 완화된 후, 제플린의 회장인 휴고 에크너는 정부와 민간의 지원을 얻어 더 크고 빠르며 경제성이 더 뛰어난 여객 비행선을 제작했다. 그라프 제플린Graf Zeppelin으로 명명된 새로운 비행선은 1928년 9월에 최초로 시험비행을 했으며, 이후 9년 동안 수많은 항공 비행 기록을 세웠다(그림 3.3).

1929년 그라프 제플린 비행선은 남유럽, 중동, 아프리카 곳곳을 비행했다. 그중에서 가장 인상적인 것은 윌리엄 랜돌프 허스트William Randolph Hearst의 지원을 받아 지구를 일주한 일이다. 그리고 비행선은 뉴저지주 레이크허스트에서 출발해 동쪽으로 프리드리히샤펜, 도쿄, 로스앤젤레스를 거쳐 3주 만에 뉴저지로 돌아왔다. 이후 1930년에는 독일에서 출발해 브라질과 미국을 방문했으며, 1931년

[그림 3.3] 2028년 당시 독일 제국 상공을 비행하는 그라프 제플린 비행선.

에는 북극 탐험에 참여하고 독일과 브라질 간 정기 항공 및 우편 서비스를 시작했다.

당시 그라프 제플린 비행선은 장거리 운행 면에서 금속 비행기와 비교가 어려울 만큼 뛰어났다. 1931년에는 보잉사의 모노메일Mono-mail 수송기가 가장 우수한 성능을 자랑했지만, 최대 항속거리는 겨우 925km였다.

당시 대륙 횡단 또는 대륙 간 여행은 시간이 오래 걸리고 까다로운 일이었다. 뉴욕에서 로스앤젤레스까지 이동하기 위해서는 3회

이상 경유해야 했으며, 15시간 이상이 소요되었다. 영국은 1934년
에 런던-싱가포르 노선을 운항(브리티시 임페리얼 항공)하기 시작했는
데, 22곳의 경유지(아테네를 시작으로 카이로, 바그다드, 바스라, 샤르자, 조
드푸르, 콜카타, 양곤 등)를 거쳐 8일이나 소요되었다. 1935년에 도입
된 더글러스 DC-3은 내연기관 비행기 중에서 가장 뛰어난 모델로,
제플린 비행선보다 약 2배 빠른 속도(시속 250km)를 자랑하지만, 최
대 비행 거리는 제플린의 4분의 1에 불과한 약 2,500km였다. 게다
가, 1930년대 소형 금속 비행기는 내부 공간이 좁아 대형 비행선의
넓은 공간에 비해 편안함에서 크게 뒤떨어졌다.

1937년 6월, 그라프 제플린은 퇴역에 이르면서 총 170만 km의
비행 거리와 13,000명 이상의 승객을 수송한 144회 대륙 간 여행
을 마쳤다. 더욱이, 717일 동안 무사고 비행 기록을 세워 안전성을
입증하였다. 다음 비행선은 가연성 수소 대신 불활성 헬륨으로 채
워지기로 계획되었지만 무산되었다. 당시 헬륨 공급은 미국이 통제
하고 있었으며, 1927년 헬륨 규제법으로 인해 헬륨 수출이 금지되
었다. 이러한 규제는 나치가 독일에서 권력을 잡은 후에도 유지되었
다. 이후 독일은 반나치 성향의 휴고 에크너를 제플린 사에서 쫓아
내고, 비행선에 나치 문양을 새기는 등의 정책을 펼쳐 미국과의 긴
장 관계를 이어갔다.

1936년 3월 4일, 제1차 세계대전 당시에 독일 육군 원수이자

대통령(1925~1934년)의 이름을 따서 힌덴부르크Hindenburg로 명명된 LZ-129가 출항하였다. 힌덴부르크호는 길이가 245m, 지름이 41m의 세계 최대 비행선으로 부피는 20만 m³에 달했다. 이 비행선은 4개의 다임러-벤츠 디젤 엔진을 탑재하였고, 시속 122km로 비행하였다.

힌덴부르크호는 독일에서 시험비행과 나치 선전 비행을 수행한 이후 총 17회의 대륙 간 비행을 완료하였다. 이 중 7번은 브라질까지, 10번은 미국까지 도달했다. 나치 선전에 활용된 가장 대표적인 이미지는 나치 문양이 새겨진 힌덴부르크호가 뉴저지에 상륙하기 위해 맨해튼 상공을 하강하는 모습을 담은 사진일 것이다. 힌덴부르크호는 승객 정원을 50명에서 70명으로 확장하였다. 힌덴부르크호의 내부 공간 디자인은 원활한 이륙과 안정적인 비행 못지않게 호평을 받았다. 1936년에는 대서양 비행이 계획되어 있었으나, 여전히 시험 또는 시연 단계에 머물렀다. 그러던 중에 1937년 5월 3일 프랑크푸르트에서 출발하여 5월 6일 미국 레이크허스트에 도착하는 비행 중, 탑승자 97명 중 35명이 사망하는 비극으로 마무리되었다.

물론 이전에도 비행선 사고와 상당한 인명 피해가 있었다. 그러나 1929년 프랑스 상공에서 장거리 시험비행 중에 폭풍으로 인해 추락하여 48명이 사망한 영국 R101을 제외하면, 그간의 모든 사고는

군사 작전 중에 발생하였다.[11]

그러나 힌덴부르크호는 달랐다. 독일 최초의 장거리 여객 수송용 힌덴부르크호는 폭발과 화재로 인해 파괴된 최초의 상업 비행선이 었으며, 사고 과정은 영상과 기사를 통해 상세하게 기록되었다. 화재, 폭발, 추락으로 이어진 일련의 사고 과정은 최소한 다섯 개의 방송국(파타마 뉴스, 파라마운트 뉴스, 무비에톤 뉴스, 유니버설 뉴스릴, 뉴스 오브 더 데이)에 의해 촬영되었고 전 세계로 퍼져 나갔다. 이는 '20세기 최초의 매스미디어 사건'이 되었다.

사고의 원인을 분석한 결과, 헬륨 대신 수소를 사용한 것이 주요 요인으로 드러났다. 하지만 이전의 안전한 운항 기록은 사건을 예측하기 어렵게 만들었다. 재앙의 불가피성이나 재발 방지 대책은 무의미해졌다. 힌덴부르크호의 '영화 같은 재난'은 비행선 운항을 즉시 중단시켰다. 독일 비행선의 짧은 전성기는 이렇게 갑작스럽게 종결되었다. 후속 모델인 LZ-130은 1938년에 완성되었지만, 일부 군사 정찰 비행에만 활용되다가 퇴역하였다.

그러던 중 제2차 세계대전이 발발하면서 군용 비행선의 수요가 증가했고, 미국, 유럽, 일본 등에서 이를 활용했다. 미국은 주요 강

---

11 1921년 영국 해군의 R38(44명 사망), 1922년 미국 육군의 로마(34명 사망), 1923년 프랑스의 딕스무드(32명 사망), 1933년 미국의 애크론(73명 사망) 등.

대국 중에서 가장 많이 비행선을 사용하였으며, 굿이어사의 K 시리
즈 비행선이 대표적이었다. 이 비행선은 2개의 317kW 엔진을 갖추
고 있었고, 길이는 76m이며 부피는 12,000m³로 크지 않았다. 최
고 속도는 시속 80km였으나, 60시간 동안 공중에 머무를 수 있는
장점이 있었다.

미 해군은 비행선을 기뢰 소탕, 수색 및 구조, 정찰, 대잠수함 초
계 등 다양한 목적으로 활용했다. 비행선의 가장 중요한 역할은 선
박 호송이었다. 이들 비행선은 대서양, 태평양, 지중해에서 총 8백만
km²를 순찰했으며, 이 과정에서 단 한 척만 독일 잠수함에 의해 격
추되었을 뿐, 뛰어난 작전 수행 능력을 입증했다.

제2차 세계대전 이후에도 비행선은 군에서 계속 활용되었다.
1952년부터 1962년까지 미국 해군은 ZPG급 비행선을 이용해 초
기 레이더 경고 시스템의 공백을 메우기 위한 비밀 프로그램을 진행
했다. 이 비행선은 추가 급유 없이 200시간 이상 작전을 수행할 수
있었다. 1960년대가 되자 비행선의 역할은 신규 개발된 정찰기와
인공위성에 의해 대체되었지만, 비행선 제작을 위한 노력은 지속되
었다.

미국의 방위 산업체인 노스럽 그러먼Northrop Grumman 사는 2012
년에 감시 정찰용 비행선 시제품을 제작했지만, 이듬해 계약이 취소
되었다. 2015년 또 다른 방위 산업체인 레이시온Raytheon 사가 제작

한 비행선 시제품인 JLNS Joint Land Attack Cruise Missile Defense Elevated Netted Sensor System는 고리가 끊어지면서 펜실베이니아 상공에서 유실되어, 1998년부터 시작된 개발 계획이 종료되었다. 그러나 미국 군산 복합체는 여전히 새로운 비행선에 대한 수요를 창출할 것이며, 자금 지원도 계속될 것이다.

이와는 대조적으로, 비행선의 상업적 전망이 어둡다는 결론은 이미 오래전에 내려졌다. 이는 힌덴부르크호의 사고와 제트비행기의 발전이 주된 이유이다. 1930년대 중반까지만 해도 금속 비행기는 최대 항속거리와 승객 수용력에서 비행선과 경쟁하기 어려웠다. 비행선은 비싸지만, 신뢰성과 안전한 대륙 간 여객 운송에서 분명한 이점이 있었다. 그러나 힌덴부르크호가 사고 없이 안전하게 비행을 계속했더라도, 비행선의 상업적 활용은 시대착오적이었다.

1936년 7월, 힌덴부르크가 취항한 지 4개월 만에 팬암 항공사는 보잉사와 새로운 B-314 클리퍼 항공기 6대를 구매하는 계약을 체결했다. B-314는 대형 수상 비행기로, 68명의 승객을 태우고 시속 300km로 비행할 수 있었다. 이 비행기는 1939년 2월에 샌프란시스코에서 홍콩으로 운항을 시작하였고, 미국-영국 간 운항도 시작했다. 게다가, 제2차 세계대전 중에 개발된 군용 제트엔진이 민간 시장에 보급되면서 음속에 가까운 속도로 장거리 운송이 가능해졌다. 이에 따라 피스톤 엔진 시대는 끝나고, 대형 제트기 시대가 시작되었다.

1952년 브리티시 코멧의 세계 최초 제트여객기는 시속 740km 로 운항했다. 1958년 보잉의 성공적인 707시리즈 제트여객기는 시 속 897km로 운항했으며, 후속 모델인 보잉 787기의 최대 속도는 시속 913km에 근접했다. 이 속도는 제플린 비행선보다 거의 10배 나 빠른 속도이다. 힌덴부르크호가 프랑크푸르트와 뉴저지를 가장 빠르게 횡단하는 데 걸린 시간은 서쪽으로 53시간, 동쪽으로 43시 간이었지만, 오늘날 보잉이나 에어버스의 비행 예정 시간은 각각 8 시간 35분과 7시간 20분이며, 훨씬 더 통제가 가능한 환경에서 비 행할 수 있다. 비록 여객 수송용 비행선의 역할은 끝났지만, 화물 운송과 과학 연구 및 군사 정찰을 위한 비행선의 역할 탐구는 실패 속에서도 계속되고 있다.

비행선 실패 사례 중 가장 유명한 것은 독일의 카고리프터CargoLift- er 회사이다. 1996년 주식회사로 설립된 이 회사는 독일 정부로부 터 자금 지원을 받았다. 회사의 목표는 160톤의 화물을 들어 올릴 수 있는 비행선을 개발하는 것이었다. 이 비행선은 힌덴부르크호의 3배에 가까운 550,000m³의 크기로 설계되었으나, 완성되지 못했 고 결국 2002년 회사는 파산했다. 비행선을 위한 거대한 격납고는 현재 워터 파크로 변모했지만, 이 회사의 홈페이지는 여전히 남아 있어 아직도 비행선의 미래를 제시하고 있다.

이것뿐만이 아니다. 최근까지도 신소재, 추진력 및 전자제어 기술의 발전으로 인해 기능성, 경제성, 지속 가능성이 개선된 화물 리프트용 비행선의 개발 추진 움직임도 있다. 미군은 최근 전쟁 수행 경험을 토대로 수년에 한 번씩 비행선의 가능성을 재조사하고 있다. 미국은 화물 리프트용 비행선과 18~24km 고도에서 작동하는 고고도 감시 및 통신 플랫폼으로 사용할 비행선 개발을 아직도 계획하고 있다. 화물 비행선은 제트항공기에 비해 유연성과 가용성 그리고 사용 수명 측면에서 이점이 있으며, 고고도 통신 및 감시 비행선은 현재 무인 항공기보다 더 넓은 범위를 오랜 시간 동안 비행할 수 있다.

비행선의 상업화를 추진하려는 움직임도 여전히 존재한다. 어떤 사람들은 새로운 국제 경쟁 덕분에 비행선이 다시 복귀할 것이라고 주장한다. 만약 규모의 경제를 이룰 정도로 대량 판매가 가능하다면 무거운 중량을 운반할 수 있는 비행선의 가격이 저렴해질 것이라고 말한다. 게다가, 2020년대에 들어와서 비행선이 매력이 상승할 수 있는 여건이 마련되었다. 비행선은 다른 교통수단에 비해 온실가스 배출량이 극히 적다는 것이다. 현대의 견고한 비행선 디자인은 엔진, 조종면, 화물칸을 금속 프레임으로 지지하는 구조로 되어 있으며, 헬륨으로 채워진 비압축 셀이 양력을 제공한다.

북극에서 화물 운송을 위한 비행선 사용에 대한 아이디어는 오래

전부터 있었으나, 지구온난화 시대의 북극 개발에서 비행선의 필요
성은 점점 커지고 있다. 지구온난화는 북극해의 해빙을 녹여 선박
수송을 용이하게 하지만, 북극해의 찬물에서 기름이 유출될 경우
정화 작업이 매우 까다롭다. 게다가, 영구 동토층이 녹아 육상 운송
이 더 어려워지고 위험해졌다. 배리 프렌티스Barry Prentice에 따르면,
화물 비행선은 "큰 부피의 짐을 장거리로 운반하고 기반 시설이 없
는 지역에서 운항할 수 있는 유일한 운송 수단이다."라고 홍보되고
있다.

비행선의 또 다른 용도는 열대 생산지에서 신선한 과일과 꽃을 북
반구의 주요 시장으로 운반하는 것이다. 그러나 2004년 분석 결과
에 따르면, 하와이에서 캘리포니아로 파인애플을 공수하는 것은 경
제적으로 타당하지 않다고 밝혀졌다. 이는 하와이 파인애플 재배가
1970년대 이후로 급격히 감소했기 때문이다.

그럼에도 불구하고, 비행선에 대한 희망은 여전히 이어지고 있다.
2020년 공상 과학 기술 웹사이트가 아닌 미국의 저명 잡지 『포린
폴리시Foreign Policy』가 '비행선의 시대가 다시 밝아올지도 모른다.'라
는 기사로 헤드라인을 장식하고, 어떤 회사들이 '근사한 비행선'을
다시 되살릴 수 있을지에 대해 보도했다.

또한, 롭 보고서Robb Report에 실린 2020년 기사에서는 '새로운 초
호화 비행선이 하늘의 슈퍼 요트가 되기를 희망한다.'라는 제목을

달았다. 제플린은 1993년 독일 콘스탄스 호수에서 다시 제작되었다. 1997년 9월, 최초의 제플린 NT$_{New Technology}$가 이륙했을 때, 제작사는 '제플린의 신화가 성공적으로 재탄생했다.'라고 주장했다. 이 회사의 주장 중 비행선이 '신화'라는 것만은 맞다. 이 비행선은 견고한 삼각형 구조, 헬륨, 내열성 외피, 회전 프로펠러, 현대적인 '플라이 바이 와이어' 항공 전자공학을 이용한 새로운 디자인과 다양한 신소재에도 불구하고, 상업적으로는 실패했다.

2012년에 설립된 프랑스의 '하늘을 나는 고래$_{Flying Whales}$' 회사는 웹사이트를 통해 60톤 적재량을 가진 200m 길이의 비행선으로 원목 운반, 풍력터빈 및 고압 타워 운반 등 접근이 어려운 장소에서의 활용을 홍보했다. 미국 정부는 단면이 평평한 드래곤 드림$_{Dragon Dream}$ 비행선 제작을 지원했으나, 2013년 몇 차례의 테더 시험$_{tethered test}$[12] 후 심한 손상을 입었다(그림 3.4).

이러한 추세 속에서 스웨덴의 오션 스카이 크루즈는 북극 관광을 위한 지속 가능한 '탈탄소 항공'을 추진하며 비행선을 활용하고 있다. 이 회사는 2024~2035시즌 첫 번째 초호화 비행(대형 파노라마 창문, 개인 욕실, 소형 옷장이 있는 더블 캐빈)을 소개하며 홍보하고 있다.

---

[12] 역자 주: 비행체를 줄로 묶은 다음 성능을 검사하는 시험.

[그림 3.4] 실패한 현대 비행선의 부활, 격납고 근처의 드래곤 드림 시제품 모델.

1993년 설립된 미국의 월드와이드 에어로스 코퍼레이션Worldwide Aeros Corporation의 CEO는 2023년까지 전 세계에 비행선을 운행할 것이라고 밝혔다. 또한, 2006년 방위 업체 록히드 마틴은 부력과 공기 역학적 리프트를 활용하는 트라이헐tri-hull[13] 하이브리드 비행선인 P-791을 시험했다. 이 비행선은 접근이 어려운 지역으로의 화물 운송을 목적으로 설계되었다.

구글 공동 창업자 세르게이 브린이 후원하는 항공 우주 연구 개

---

13   역자 주: 세 개의 비행선을 합친 모양.

발 회사인 LTA Research도 비행선 개발에 열중하고 있다. 이 회사의 비행선은 외진 지역에서 비행기와 보트 접근이 어려운 곳에서 인도주의적 재난 대응 및 구호 활동을 지원할 수 있다고 주장하며, 궁극적으로는 탄소 배출량이 없는 항공기를 개발하여 탄소 배출을 줄이면서 화물과 승객을 운송할 수 있다고 강조했다.

2024년에 거대한 원반 모양의 비행선을 발사할 것이라고 발표한 러시아의 AIDBA Airship Initiative Design Bureau Aerosmena도 있다. 이 비행선의 최대 탑재 중량은 660톤이고, 지름은 240m 이상이며, 헬리콥터와 같은 로터를 돌리는 터보프롭으로 움직인다.

가장 주목할 만한 사례는 2022년 발렌시아에 본사를 둔 에어 노스트럼 Air Nostrum 사가 국내 노선용으로 100명의 승객을 수용할 수 있는 에어랜더 Airlander 비행선 10척을 주문한 것이다. 2026년에 운항될 예정인 이 비행선은 헬륨으로 채워지며 전력으로 구동될 계획이다.

비행선에 관한 주장과 계획들의 공통점은, 비행선의 확대 보급을 위해 필수적인 헬륨 문제와 경제성에 대한 관심이 부족하다는 것이다. 최근 미국의 국내 헬륨 소비량은 연간 약 4천만 m^3이며, 자기 공명 영상(30%), 리프팅 가스(17%), 분석 및 실험실 응용 분야(14%)에 주로 사용되고 있다. 미국의 전체 헬륨 소비량을 비행선에 모두 투입하더라도, 약 200개의 대형 비행선을 채울 수 있을 뿐이다.

헬륨의 전 세계 매장량은 약 500억 m³로 추정되며, 이 중 40%
는 미국, 20%는 카타르에 매장되어 있고, 나머지는 알제리, 러시
아, 캐나다와 같은 천연가스가 풍부한 국가들에 분포한다. 현대의
제트여객기들은 연간 약 3,000시간(34%의 시간) 동안 운행할 수 있
는데, 과연 비행선도 그만큼 운항할 수 있을까? 심지어 공상 과학
소설들에서는 대기압을 견딜 수 있는 단단한 외관을 가진 진공 비
행선에 대해서도 언급한다.

앞으로도 제플린의 후예인 비행선을 자주 보게 되기는 어려울
것 같다. 하지만 부피, 가스 문제, 비행 통제 등 다양한 문제에도 불
구하고, 비행선의 유혹은 절대 사라지지 않을 것이다. 금속 비행기
의 부력은 기체 외부에서 발생하는 반면, 비행선의 부력은 주로 내
부에서 발생하며 이를 엔진이 제공하는 추가적인 추진력과 결합한
다. 이런 점 때문에 비행선의 설계는 까다롭고, 운행 제어도 더 어
렵다.

어쨌든 지금까지 대부분 비행선은 상업적으로 성공하지 못했다.
초창기에는 많은 사람이 비행선이 하늘을 지배할 것으로 예상했으
나, 결국 항공 역사의 주역이 되지 못했고, 액세서리 정도의 미미한
역할에 그쳤다. 한 가지 확실한 것은 이러한 현실이 근본적으로 바
뀌지 않으리라는 것이다.

성공적인 실패, 핵분열

우라늄 핵분열로부터 에너지를 통제하는 이론이 실용적인 핵 발
전소 건설까지 이르게 되기까지 정확히 60년이 소요되었다. 핵 개
발의 복잡성과 어려움을 고려할 때, 이는 상당히 짧은 시간으로 볼
수 있다. 1896년 봄, 앙리 베크렐이 우라늄 방사능을 발견하면서
최초의 이론적 기반을 구축했다. 그리고 11년이 지난 후에, 알버트
아인슈타인은 "관성 질량은 에너지 함량과 같다."[14]라는 유명한 결
론을 도출했다. 1911년에는 어니스트 러더퍼드Ernest Rutherford는 원
자핵 모형을 제시하였고, 1913년 닐스 보어Niels Bohr는 러더퍼드의
연구를 발전시켜 전자가 원자핵 주위의 궤도를 돌고 있는 원자 모
형을 제시하였다. 이 두 사람의 연구는 핵분열 이론의 기초를 마련
했다.

주목할 만한 후속 연구는 1930년대에 이루어졌다. 1931년에는
고전압에서 수소 양성자를 가속하여 리튬을 두 개의 헬륨 원자로
분리하는 데 성공하였다. 1932년에는 제임스 채드윅이 이 실험을
설명할 수 있는 유일한 가설이 질량 1과 전하 0의 입자 존재를 가

---

14 역자 주: $E=MC^2$을 의미한다.

정하는 것이라고 결론짓는다. 이에 따라 중성자 개념이 탄생하였다. 채드윅이 중성자 발견을 발표한 지 6개월이 조금 지난 시점에, 런던에서 헝가리 망명 물리학자이자 아인슈타인의 학생 연구원이었던 레오 실라르드는 우연히 다음과 같은 획기적인 아이디어를 얻었다.

만약 중성자에 의해 분열되고 하나의 중성자를 흡수할 때 두 개의 중성자를 방출하는 원소를 발견할 수 있고 그 원소를 충분히 모을 수만 있다면, 핵반응을 일으킬 수 있을 것이다.

그는 이 원소를 어떻게 찾아야 할지 몰랐지만, 1934년 3월 12일에 영국 특허를 출원하면서 베릴륨을 핵반응의 가장 유력한 후보로 지목했으며, 우라늄과 토륨을 다른 후보로 명확하게 제시했다. 실라르드의 특허 출원은 비밀에 부쳐졌지만, 중성자를 연구하는 과학자들은 또 있었다.

독일의 오토 한Otto Hahn과 프리츠 스트라스만Fritz Strassman은 우라늄 원자에 중성자를 조사(照射)하여 새로운 동위원소를 만들어 냈다. 오토 한의 동료인 리세 마이트너는 스웨덴으로 망명하여 살고 있었는데, 1939년 2월 마이트너의 조카 오토 프리시Otto Frisch와 함께 오토 한의 실험은 핵분열의 가능성을 입증했다. 원자가 쪼개지면 그 결과는 분명했다. 핵분열 에너지를 활용해 원자폭탄을 제작할 수 있었고, 전기를 생산하는 데 사용할 수도 있었다.

그 이후의 일은 우리 모두가 잘 알고 있다. 제2차 세계대전은 마이트너가 핵분열을 밝혀낸 지 겨우 7개월 만에 발발했고, 주요 교전국(미국, 소련, 독일, 일본)은 모두 핵폭탄 개발을 추진했다. 망명한 유럽 물리학자들의 참여와 영국의 도움 덕분에 맨해튼 프로젝트가 성공하였고, 제2차 세계대전 종전 직전에 미국에서 원자폭탄이 개발되었다. 그 결과 히로시마와 나가사키에 인류 역사상 최초의 원자폭탄이 투하되었다.

제2차 세계대전이 종전된 이후 시작된 군비 경쟁의 핵심 가운데 하나는 잠수함에 핵탄두를 장착하여 공포의 무기로 만드는 것이었다. 핵탄두를 장착한 잠수함은 물속에서 오랜 시간 숨어 있어야 했고, 이를 가능하게 하는 유일한 방법은 핵분열 에너지를 잠수함의 추진력으로 사용하는 것이었다. 미국은 1954년 하이먼 리코버Hyman Rickover가 세계 최초의 핵잠수함을 개발함으로써 이 경쟁에서 다시 한번 우위를 차지했다.

사실 제2차 세계대전 중 맨해튼 프로젝트에 참여한 일부 물리학자들은 원자로를 전력 발전에 사용하는 것을 고려했지만, 경제성이 떨어진다고 결론지었다. 이러한 관점은 미국원자력위원회US Atomic Energy Commission, AEC가 설립된 이후에도 지속되었다. 1940년대 후반

과 1950년대 초반에 미국원자력위원회는 미국의 발전 회사들이 주
도하였다. 엄청난 건설 비용을 제외하더라도, 환경적 이유나 자원
확보 문제의 관점에서 원자력발전을 지지할만한 이유는 없었다. 미
국은 세계 최대의 화석연료 생산국이었고, 석탄, 석유, 천연가스로
가동되는 발전소만으로도 증가하는 전력 수요를 충당할 수 있었다.
기존 발전소가 생산하는 전기의 가격은 충분히 저렴하여 가정용 전
기와 산업용 전기의 대량 보급이 가능했다. 1950년대 초반에는 대
부분의 국가가 환경오염 방지 정책의 필요성을 크게 인식하지 못했
다. 이후 30여 년 동안 화석연료의 연소와 지구온난화 문제는 정치
적, 경제적 관심 밖의 주제였다.

그렇다면, 미국은 왜 최초의 원자력발전소를 건설하기로 결정했
을까? 1940년대 후반, 미국원자력위원회의 초대 회장인 데이비드
릴리엔탈David E. Lilienthal은 이와 관련하여 히로시마에 대한 죄책감
을 줄이려는 의도가 있었다고 언급했다. 그는 핵분열의 평화적 활
용이 기술적 발전에 대한 희망과 기회뿐만 아니라 인류가 추구했던
안정성을 위해 필수적이라고 주장했다.

그러나 이러한 정서는 핵분열에 대한 전망을 바꾼 요인 중 하나에
불과했다. 1949년 소련이 첫 번째 핵폭탄 실험에 성공함에 따라, 릴
리엔탈은 소련이 '원자의 평화로운 이용에 있어' 미국을 이길 것이라
고 우려했다. 영국은 새로운 원자로 설계를 기반으로 원자력발전 프

로그램을 대대적으로 지원하기 시작했다. 1953년 초, 아이젠하워 대통령은 덜레스Dulles 국무장관과 원자력발전을 상업화하기로 하면서 '미국이 소련에 뒤처진다면 매우 불쾌할 것'이라는 의견에 동의했다. 그 당시에는 경제가 아닌 정치가 원자력발전을 좌우했다.

핵 발전의 현실적 어려움과 핵물리학자들의 문제 제기에도 불구하고, 핵의 발전이 중립 국가들에 영향을 미치는 냉전의 도구로 활용될 수 있기 때문에, 미국은 핵분열을 이용한 전력 발전 연구를 시작했다. 아이젠하워 대통령은 '평화를 위한 원자'라는 연설에서 이를 분명하게 말했다.

사람들의 마음속에서 원자력에 대한 두려움을 사라지게 하기 위해… (중략) 농업, 의약품 및 기타 평화 활동에 원자력을 이용하기 위해, 무엇보다도 전력이 부족한 국가에 풍부한 전기 에너지를 공급하기 위해 핵 발전이 필요하다.

핵 발전을 위한 각국의 경쟁이 시작되었고, 미국에는 이미 하이먼 리코버Hyman Rickover가 해군에서 개발한 소형 수랭식 원자로 기술이 있었다. 미국은 이를 적극적으로 활용하기로 결정했다. 노틸러스호는 미국이 세계 최초로 개발한 핵 추진 잠수함으로, 1952년 6월에 건조를 시작하여 1955년 1월에 완성되었다(그림 3.5). 웨스팅하우스

[그림 3.5] 1958년 뉴욕항에 정박한 잠수함 노틸러스호.

가 제작한 잠수함 원자로는 폐쇄 루프에서 물(16MPa까지 가압함)을
사용하여 노심을 냉각시켰다. 핵분열 동위원소로 채워진 원자로의
중심부인 노심은 지르코늄 강관으로 만들어졌다. 가열된 물은 터빈
을 위한 증기를 생성하기 위한 에너지를 전달했다.

  미국은 잠수함의 원자로 디자인을 그대로 상용화했다. 펜실베이
니아의 듀케인 라이트Duquesne Light 사는 원자로 상용화 프로젝트의
비용을 일부 부담하기로 했다. 1957년 12월 18일, 미국 최초의 핵
발전소인 쉬핑포트Shippingport가 전기를 생산하기 시작했다. 미국은
이 발전소를 통해 핵의 안전한 사용을 알리고, '평화롭고 결의에
찬 미국'의 상징으로 삼고자 했다. 하지만 미국 최초의 상업용 핵

[그림 3.6] 1956년 펜실베이니아주 쉬핑포트 발전소에 원자로 격납 용기를 배치하는 장면.

발전소는 소련의 오브닌스크Obninsk 발전소보다 거의 6개월, 영국의 칼더 홀Calder Hall 발전소보다 약 15개월이나 늦게 건립되었다(그림 3.6).

　당시 핵물리학자들과 전력 전문가들은 원자력발전이 최선의 선택이라고 보지 않았지만, 원자력발전소 건설 결정은 정치적으로 이루어졌다. 그러나 높은 생산 비용으로 인해 전력 회사들은 여전히 원자력에 큰 관심을 가지지 않았다. 이후 다른 정치적 결정이 이어졌다.

이번에는 의회가 개입했다. 미 의회는 1957년 프라이스 앤더슨 법Price-Anderson Act을 통과시켰다. 이 법은 원자력발전소에서 방사선 누출 사고가 발생했을 때 민간 책임을 줄이고 공적 배상을 보장함으로써 원자력발전에 민간투자를 촉진하기 위해 만들어졌다. 1963년 12월 뉴저지 센트럴 파워 앤드 라이트 컴퍼니Jersey Central Power and Light Company는 오이스터 크릭Oyster Creek의 원자력발전소가 석탄 화력발전소보다 경제적이라는 분석을 발표했다. 이 발전소의 건축 허가는 1년 후에 승인되었고, 1965년 11월에 미국 북동부에서 대규모 정전이 발생하여 원자력발전에 투자할 기회를 제공하였다. 이로 인해 원자력발전소 건설 주문이 증가했다. 원자력발전소 주문은 1966년에 20기, 1967년에 30기로 증가한 후 1967년에 정점에 이르렀으나, 1969년에는 다시 10기로 떨어졌다. 1965년과 1969년 사이에 미국에서는 총 83개의 원자력발전소가 건설되었다.

이듬해 원자력발전에 유리한 국면이 펼쳐진다. 미국 의회는 1970년에 대기오염방지법을 통과시켰고, 이 법은 국가 대기질 표준과 새로운 원천 성능 표준Source Performance Standards을 제정하여 공장이나 자동차에서 배출되는 배기가스를 규제하였다. 석탄 화력발전소는 대기오염 물질 및 황과 질소산화물(산성비의 원인)을 대량으로 배출하는 반면, 원자력발전은 이러한 대기오염 물질을 배출하지 않았다.

더욱이, 핵 발전은 1973년에 예기치 못한 사건 덕분에 큰 성장

을 이루게 되었다. 제1차 석유파동이 발생한 것이다. 1973년 석유

수출국기구OPEC는 미국의 원유 채굴량이 줄어든 것(1977년까지 미국

이 세계 최대 생산국으로 남아 있었음에도)을 이용하여 원유 가격을 5배

로 늘리고 심지어 일시적으로 미국으로의 석유 수출을 차단했다.

이는 미국의 에너지 위기를 초래하였고, 결과적으로 제2차 세계대

전 이후 급격히 성장하던 미국 경제에 큰 타격을 주었다. 그리고 에

너지의 안정적 공급 문제를 더욱 복잡하고 심각한 상황으로 만들

었다. 이러한 관점에서, 수입 에너지에 의존하지 않는 원자력발전은

매우 매력적인 대안이었다.

　1973년 미국 전력 회사들은 42개의 새로운 원자로를 주문했다.

게다가, 1세대 핵 발전은 곧 막을 내리고 효과적인 고속증식로[15]의

개발에 따른 2세대 핵 발전이 곧 가능하다는 공감대가 커지고 있었

다. 기존 원자로는 자연에서 풍부한 동위원소 238U(우라늄-238) 또

는 농축된 235U(우라늄-235, 자연 상태에서 0.7%밖에 존재하지 않음.)를

분해하여 사용했지만, 고속증식로는 우라늄-235의 고농축 동위원

소(15~30%)나 플루토늄(239Pu)을 원료로 사용한다. 액화 나트륨은

생성된 열을 전달하며, 증식로는 소비된 것보다 최소한 20% 이상의

15　역자 주: 소모되는 핵연료에 비해 더 많은 새로운 연료가 만들어지는 이상적인 원자로
로, '미래의 원자로'라고도 불린다.

핵분열성 연료를 재생산한다. 실라르드는 1943년에 이미 증식로를 구상했고, 1945년에 앨빈 와인버그Alvin Weinberg와 물리학자 해리 수닥Harry Soodak이 증식로 설계를 개념화했다.

제2차 세계대전 이후, 미국과 소련은 소규모 증식로를 시험하기 시작했다. 1970년 초에 이르면서 실험용 액체 금속 고속증식로인 LMFBRliquid metal fast breeder reactors은 미국과 소련뿐만 아니라 영국, 프랑스, 독일, 이탈리아, 일본에서도 가동되었다.

1973년에 앨빈 와인버그는 "핵 증식로가 성공하리라는 것에 대해 의심의 여지가 없으며, 인간의 궁극적인 에너지원이 될 가능성이 크다."라고 의견을 밝혔다. 그 당시에는 핵 증식로 기술의 타당성과 성공에 대한 과학계의 합의가 있어 이러한 의견은 당연한 결론으로 여겨졌다. 1960년대 후반에서 1970년대 초반 사이 미국원자력위원회는 2000년까지 미국에서 총 1,000개의 원자로가 가동될 것으로 예상했다. 1974년에 제너럴 일렉트릭은 1982년까지 상업용 증식로의 도입을 예측하였다. 더불어, 1990년까지 화석연료 에너지 발전은 사라지고, 20세기 말까지 미국에서 사용되는 전기 대부분이 고속증식로에서 생산될 것이라고 예측했다.

그러나 현실은 전혀 다른 양상을 보였고, 결과는 매우 실망스러웠다. 핵 발전의 쇠락 원인은 다양한 요소에 의해 발생했다. 먼저, 10년마다 2배씩 증가하던 전력 수요가 더 이상 증가하지 않았다.

또한, 새로운 핵 발전소 건설에 여러 규제 조치가 도입되면서 가압수형원자로pressurized water reactor 주문이 연이어 취소되었다. 물리학자들이 구상했던 이상적인 증식로를 현실에서 구현하는 데도 실패했다. 게다가 핵 발전소 사고가 발생하면서 대중의 불신이 더욱 깊어졌다. 핵 발전의 쇠락한 원인을 조금 더 상세하게 살펴볼 필요가 있다.

앞서 이야기한 여러 요인들 중에서, 핵 발전이 쇠퇴한 주요 원인은 전력 수요의 급격한 감소였다. 20세기 초부터 전력 수요는 매년 약 7%의 성장률을 보이며 10년마다 2배로 늘어났다. 이러한 성장세는 1930년대에 경제 대공황을 제외하고 제1차 세계대전이 끝난 이후 지속되었다. 1920년대에 발전량은 거의 2배로 증가했고, 1940년대에는 2.2배, 1950년대에는 2.3배 그리고 1960년대에는 2배로 늘어났다. 그러나 1970년대 이후로는 이 추세가 급격히 변화하였다. 1970년대에는 50% 미만의 성장을 기록했고, 1980년대에는 약 33%, 1990년대에는 약 25%, 2000년대에는 9% 미만의 성장을 보였으며, 2010년대에는 전혀 성장하지 않았다(코로나의 영향을 받은 2020년을 포함하여 비교한 결과 3% 감소했다.).

1970년대 초, 일반적인 대형 열 발전소는 2GW(기가와트) 이상의 용량을 가졌다. 원자력발전소는 열 발전소와 유사한 규모(최대 3GW)였지만, 설계와 건설에는 최소 10년이 소요되었다. 그러나 원자력발전에 대한 상황은 더욱 불리해졌다. 1974년에는 원자력위원회가 폐지되었고 원자력규제위원회Nuclear Regulatory Commission가 신설되었다. 원자력규제위원회는 새로운 원자력 프로젝트의 진행을 지연시키고 비용을 증가시키는 등의 다양한 규제를 시작했다. 그 당시만 하더라도 전력 회사들은 10년 만에 전력 수요가 사실상 2배로 증가하고 5~6년 이내에 새로운 발전소를 새로 건설하는 것을 당연하게 여겼다. 하지만 지속해서 전력 수요가 감소함에 따라 장기화된 발전소 건설 프로젝트의 불확실성에 직면했다. 큰 비용을 들여 건설 중인 발전소의 10~15년 후 전기 수요를 낙관할 수 없게 된 것이다.

결국 전력 회사들에게 이미 계약한 발전소 프로젝트를 취소하는 것이 위기를 벗어나는 유일한 방법이었다. 1975년에는 신규 원자로 주문이 단 4건이었지만, 13건의 원자로 주문이 취소되었다. 1978년에는 2건의 원자로가 수주되었으나, 14건이 취소되었고, 이후 신규 프로젝트는 사실상 없었다. 이 와중에 1979년 펜실베이니아의 스리마일Three Mile섬 원전에서 냉각장치가 파괴되는 사고가 발생하였다. 다행히 대규모 방사선 유출로 이어지지는 않았지만, 이 사고는 원자력발전에 대한 대중의 뿌리 깊은 불신과 두려움을 더욱 증폭시켰다.

게다가, 1986년 4월에 구소련 우크라이나 체르노빌 원자력발전소의 원자로 사고로 인해 사람들의 불안감은 더욱 깊어졌다. 소련에서 설계된 모든 원자로는 미국과 달리, 원자로를 보호하는 장치가 미흡했고, 대량으로 유출된 방사능은 우크라이나, 벨라루스, 중유럽과 북유럽의 여러 지역으로 퍼져 나갔다. 이 사고로 31명이 사망하고 134명이 급성 방사선 증후군으로 치료를 받았다. 그 당시에 이루어진 장기 건강 영향 평가는 방사선 노출과 암 발생률 및 사망률의 직접적인 상관관계를 보이지는 않았다. 하지만 이 사건으로 인해 사고 원자로를 처리하고 기존 원자로를 보강하는 등의 후속 작업이 필요했으며, 이는 신뢰할 수 있고 깨끗한 전력 발전이라는 원자력의 이미지가 훼손되었다.

원자력에 대한 부정적인 이미지는 주로 유럽에서 나타났다. 1986년에 이르러 핵 발전에 대한 전망은 이미 구제 불능으로 여겨졌다. 1980년대 동안 미국에서는 새로운 원자로 주문은 없을 뿐 아니라, 120건의 주문이 취소되었다. 끝없는 건설 지연과 막대한 비용 초과의 결과를 보여 주는 가장 유명한 예는 워싱턴 공공 전력 공급 시스템의 붕괴였다.

1975년 워싱턴 전력 회사는 두 개의 원자력발전소에 25억 달러를 투자할 계획이었으나, 1982년 1월 건설 비용은 120억 달러로 치솟았고 결국 두 곳의 건설을 중단하게 되었다. 이 회사는 1983년 6월에 폐쇄되어 미국 역사상 가장 큰 규모의 지방채 채무 불이행 사태를 초래했다. 1985년 경제 잡지『포브스Forbes』는 미국의 핵 발전에 대한 논평에서 미국의 핵 프로그램을 "비즈니스 역사상 가장 큰 경영상의 재앙이자 기념비적인 규모의 재난이며… (중략) 오직 눈먼 자나 편향된 자만이 돈을 잘 썼다고 생각할 수 있다."라고 썼다.

이 과정에서 많은 기업이 쓰러졌는데, 가장 유명한 사례로는 1886년 조지 웨스팅하우스가 설립한 웨스팅하우스 일렉트릭West- inghouse Electric이 있다. 이 회사는 1950년대부터 1990년대까지 제너럴 일렉트릭과 함께 주요 원자로를 생산하는 업체였으나, 주문 취소와 비용 초과로 인해 결국 몰락하였다. 이후 1998년 웨스팅하우스 발전 부문은 독일 지멘스에 매각되었고, 1999년 영국 BN- FLBritich Nuclear Fuels Ltd. 사가 웨스팅하우스 일렉트릭을 인수했다. 2006년에는 일본 도시바가 인수하였으며, 2017년 웨스팅하우스 원자로 사업부는 다시 파산했다. 현재 이 회사는 2024년까지 3개의 부문으로 분할될 계획이다.

그렇다면 기대에 미치지 못했던 핵 발전의 실제 비용은 얼마였을까? 1999년 원자력정보자원국Nuclear Information and Resource Service은 1947년부터 1998년까지 미국 원자력 산업에 에너지 관련 연구 개발에 사용된 금액의 약 96%를 회수했다고 추정했다. 이 금액은 1조 4,500억 달러(1998년 화폐 가치 기준)에 달한다. 이를 2021년 기준으로 환산하면 약 1조 6,700억 달러가 되며, 투자된 연구 개발비의 기회비용은 1조 달러 이상으로 추정된다. 그러나 이것만이 전부는 아니다. 핵 발전의 전체 생애 주기 비용에는 원자로 폐기물 처리와 수천 년 동안 고방사성 폐기물을 저장하는 비용도 포함되어야 한다. 이는 아직 정확한 수치를 알 수 없는 문제이며, 앞으로도 오랜 기간 고려해야 할 사항이다.

핵 발전 분야에서 미국의 주도적인 역할은 전 세계적인 추세에 큰 영향을 주었다. 1973년 미국은 132개의 원자로를 통해 총 173TWh의 전기를 생산했다. 당시 제1차 석유파동으로 인해 미국과 유럽은 가격 상승에 영향을 받지 않는 안정적인 에너지 공급원으로 원자력을 선호했다. 그 결과 1988년에는 전 세계 원자로가 416개로 늘어나고, 전기 생산량은 1973년과 비교하여 10배가 증가했다. 그러나 이러한 증가는 새로운 발전소 건설에 10~15년이 소요된다는 것을 감안하면 예상 가능한 결과였다. 하지만 그 이후에는 서구 세계 전역에서 새로운 원자로에 대한 주문이 거의 사라졌고 러시아와 아시아에서만, 이따금 추가로 건설되었다. 또한, 오래된 원자로의 폐로가 시작되면서 원자력발전은 큰 침체기를 맞게 되었다.

2020년을 기준으로 전 세계 원자로 수는 30년 전에 비해 겨우 6% 증가한 443개로, 전력 생산량은 2,500TWh에 달해 1990년 대비 약 3분의 1 정도가 증가했다. 이러한 증가는 원자로의 대형화 덕분이었다. 그러나 2000년 이후 원전의 전력 생산량은 거의 변화가 없었다. 국제원자력기구International Atomic Energy Agency, IAEA에 따르면, 대부분 원자로는 중국에서 건설될 예정이며, 40년 이상 가동된 오래된 원자로(당초 계획보다 오래 사용된 경우가 많음)의 폐쇄를 고려하면, 전체 원자로 수는 일정할 것으로 예상된다. 핵 발전의 시장점유율은 낙관적으로는 2019년의 5.3%에서 4.5%로 감소할 것으로 예상되며, 비관적인 경우에는 2.3%로 떨어질 것으로 예측된다.

국가별로 살펴보면, 탈원전 추세는 전 세계적으로 나타나고 있다. 유럽에서는 핵 발전이 점차 밀려나고 있으며, 오스트리아, 덴마크, 그리스, 아일랜드, 이탈리아, 노르웨이, 폴란드, 포르투갈 등의 국가들은 원자력발전소를 전혀 건설하지 않았다. 독일과 스웨덴은 기존 핵 발전소를 조기 폐쇄하기로 결정했다. 심지어 핵 발전 분야에서 성공적인 성과를 거둔 국가들도 이러한 추세에 동참을 하고 있다.

영국은 1971년까지 마그녹스 원자로magnox reactor[16] 25기, 가스냉각 원자로 14기, 가압수형원자로 1기를 건설했다. 그러나 1999년 이후 영국의 원전 발전 용량은 지속적으로 하락했고, 2025년에는

---

16 역자 주: 핵 연료의 피복재로 마그녹스를 사용한 가스냉각형 원자로다.

과거 최대 용량의 절반 수준으로 감소할 것으로 예상된다. 여러 문제로 인해 2011년을 목표로 건설하던 두 원자로는 2026년과 2027년에 각각 가동을 시작할 계획이다.

프랑스는 서유럽 국가 중에서 가장 핵 발전을 성공적으로 운영한 국가로, 프랑스 일렉트릭Electricté de France, EDF 사는 미국의 가압수형원자로 설계를 기반으로 원자로를 제작했다. 국민들의 지지 속에서 프랑스 전역의 59개의 원자로가 전력 생산의 80%를 담당했고 (최근에는 다소 감소했음.), 심지어 이웃 국가에 전기를 수출하기도 했다. 그렇지만 프랑스 역시 1991년 이후로 새로운 원자로를 건설하지 않았다.

체르노빌 사고의 악몽을 겪은 러시아는 소련 붕괴 이후에도 핵 발전 프로그램을 계속 운영했다. 그러나 2020년 기준으로 러시아는 전체 전력 생산량 중 21%만을 핵 발전을 통해 생산하고 있다.

일본은 국내 원유와 천연가스가 거의 없기 때문에 원자력발전을 확대하려 노력했으며, 전력 생산량의 30%를 핵 발전으로 충당했다. 그러나 2011년 후쿠시마 원전 사고 이후 해당 발전소의 모든 원자로가 폐쇄되었고, 추가 원자로 건설은 중단되었다. 결과적으로 2020년 일본은 국내 전기 생산량의 5%만 원자력발전으로 생산하게 되었다.

증식로는 어떤가? 증식로의 개발은 몇 가지의 잘못된 믿음에 따라 이루어졌다. 핵분열성 동위원소인 우라늄-235가 천연 상태에서 매우 희귀하여 핵 발전 연료로 부족하다고 생각했고, 증식로의 기술적 문제는 시간이 지나면 해결되어 경제성이 충분할 것이라고 예상했다. 하지만 이러한 가정들은 결국 잘못된 것으로 밝혀졌다. 1970년대 초 미국에서는 당시 대통령 리처드 닉슨이 정치적 이유로 대규모 증식로 프로젝트를 지원하기도 했다. 원자력위원회는 이 결정을 환영하며 조직의 지속적인 존재를 정당화했다(원자력위원회의 원래 임무는 핵폭탄과 원자로를 위한 농축 우라늄 제공이었다.). 의회 역시 이 지원에 동참했다.[17]

　1971년 미국 최대 공공사업 중 하나인 클린치 리버Clinch River 증식로 프로젝트가 시작될 당시, 총비용은 4억 달러 이하로 추정되었으며, 전력 회사들은 전체 비용의 3분의 2를 부담할 계획이었다. 그러나 1년이 지나자 추정 비용은 2배로 늘었다. 1981년에는 이미 10억 달러가 투자되어 총비용이 30억 달러를 넘을 것으로 예상되었다. 비용 증가의 주요 원인은 기술적 설계 문제와 재처리 비용(사용 후 핵연료에서 플루토늄 분리 비용)의 상승이었다. 결국, 1983년 프로젝트가 취소되기까지 총투자 비용은 80억 달러(2021년 가치 기준 200억

17　역자 주: 다양한 지원에도 불구하고, 증식로 기술은 여전히 여러 문제를 겪고 있었다.

달러)에 이르렀다. 그런데도, 다른 국가들이 핵 발전 프로젝트에 수십억 달러를 낭비하는 것을 막지는 못했다.

주목할 만한 것은 프랑스가 1986년에 완성한 대형 증식로(1.2GW 규모)인데, 이 증식로도 잦은 사고로 오랫동안 가동이 중단되었다가 결국 1998년에 폐쇄되었다. 일본의 증식로 프로젝트는 1995년 12월 8일, 650kg의 액화 나트륨이 유출된 후 종료되었다. 실패한 증식로 프로젝트에 소비된 비용을 국가별로 살펴보면, 2021년 가치 기준으로 일본 160억 달러, 영국 110억 달러, 독일 80억 달러, 이탈리아 70억 달러이다. 이 외에도 중국과 인도 등이 포함될 경우, 전 세계 증식로 프로젝트에 투입된 비용은 약 1,000억 달러에 이를 것이다. 이 현상은 어떤 면에서 핵 발전과 관련된 로비스트들의 영향력을 보여 주기도 한다.

1980년대 후반까지 새로운 핵 시대를 위한 두 번째 선택인 증식로는 처음 기대했던 성과를 거두지 못한다는 것이다. 즉, 작고 경제적이며 더 신뢰할 수 있고 안전한 핵분열 원자로는 아직 먼 미래의 이야기다. 이러한 이상적인 특성을 갖춘 원자로 설계는 미국이 핵잠수함에서 사용한 가압수형원자로에 대한 관심부터 논의되었다. 1980년대 초부터 소형 모듈식 원자로 프로젝트가 논의되긴 했지만, 실질적인 발전으로 이어지지는 못했다. 게다가, 전 세계 이산화탄소 배출량을 줄이기 위한 다각적인 노력의 일환으로 핵 발전의 부활을 위한 결정적이고 구속력 있는 움직임은 없었다.

사실, 핵 발전에 대해 이전에 반대했던 일부 인사들은 대규모 원자력발전의 열렬한 지지자로 변신했으며, 프랑스, 미국, 영국 정부들은 탈탄소 기술 중 하나로 핵분열을 포함시켰다. 2020년대 초, 캐나다, 중국, 체코, 러시아, 한국, 미국 등 여러 국가의 정부와 민간투자자들이 300MW 미만의 용량을 가진 소형 모듈러 원전small moduler reactor, SMR을 개발할 계획을 발표하는 뉴스가 쏟아졌다. 에너지 산업에 새로 뛰어든 롤스로이스는 영국에 소형 원자로를 16개까지 건설할 계획을 발표한다.

냉각수 용융염molten salt을 사용하는 아이디어는 수십 년 전에 이미 폐기되었다가 최근에 다시 주목받았다. 미국 케이로스Kairos 사와 중국이 이 대열에 동참했다. 2020년 10월, 미국 에너지부는 용융염 에너지 저장 장치를 갖춘 345MW급 나트륨 냉각 고속 원자로 개발을 위해 시애틀의 테라파워Terrapower에 자금을 지원했다. 오클로 천연 원자로Oklo와 같은 초소형 원자로 스타트업들도 생겨났다. Oklo의 원자로는 공장이나 대학 캠퍼스에 1.5MW의 전기를 공급할 수 있고, 대형 원자로에서 발생한 사용 후 연료를 재활용할 수 있다. 그러나 이 회사는 '그린'이라는 구호와 약속 외에는 아직 구체적인 성과를 보여 주지 못하고 있다.

과거의 경험을 고려하면, 탈탄소 인센티브에 고무된 계획 중 얼마나 많은 것들이 실제로 작동되는 프로토타입이 될 것인지, 더 나아가 경제적으로 타당할지 지켜보는 것이 현시점에서 합리적인 선택이다. 하지만 현재까지, 어떤 국가도 원자로 건설의 장기 프로그램에 대한 구체적이고 상세하며 구속력 있는 권고안을 내놓지는 않았다.

원자력 기술이 개발되었을 당시, 수천 개의 원자로(주로 증식로)가 지어져 인류 전력 생산의 대부분을 담당할 것으로 예상했었지만, 2021년 기준으로 전체 설비 중 5%만 가동되고 전 세계 전기 생산량의 10%만을 담당하고 있다. 핵 발전에 관해 무지했다는 것에 대해서는 변명의 여지가 없다.

물리학자, 엔지니어, 전력 전문가들은 원자로 설계 상용화 문제와 경제성 문제에 대해서 이미 어느 정도 인식하고 있었다. 또한, 이 새로운 기술이 안전성과 신뢰성 문제로 인해 처음 생각했던 것만큼 매력적이지 않다는 것도 알고 있었다. 핵 발전은 좀 더 신중하게 개발되어야 했다. 대중이 신기술을 받아들일 수 있도록 노력해야 했고, 방사성 폐기물의 장기 저장 문제에 훨씬 더 많은 관심을 기울여야 했다.

이 값비싼 실패 이야기를 마무리하기 전에, 이 책에서는 핵 발전의 실패를 지나치게 과장되고 허황된 약속의 관점에서 평가했다는 점을 강조하고자 한다. 간단히 말해, 1945년 이후의 핵 발전은 '성공적인 실패'로 볼 수 있기 때문이다. 필자는 오래전부터 이 모순적인 표현을 사용해 왔다. 지난 20년 동안 벌어진 일들을 살펴보면, 핵 발전이 '성공적인 실패'임이 분명하다. 과거의 거창한 약속이 이루어지지 않았지만, 원자력발전은 일부분에서는 성공했다.

핵 발전의 실패에 대한 판단은 주관적이다. 핵 발전이 담당한 전 세계 전기 생산량의 10%는 중요하다고 볼 수 있는가? 이러한 물음에 대해서는 몇몇 국가들에게는 분명한 혜택이 있었다. 2020년 기준으로 13개 선진국의 약 2억 5천만 인구가 전기의 4분의 1을 원자력에서 얻고 있으며, 11개의 유럽 국가에서는 그 비율이 3분의 1 이상이다. 만약 원자력발전이 사라진다면 전력 공급에 큰 차질이 생기고, 원자력의 대체 수단을 찾는 데 비싼 비용을 지불해야 할 것이다. 또한, 유럽, 미국, 캐나다의 경우 원자로의 연간 부하 계수가 높은 수준(95% 이상)을 유지함으로써, 기본 부하(지속적으로 필요한 최소 발전량)를 안정적으로 공급하고 있다. 게다가, 핵 발전은 방사선을 배출하지 않으며, 화력발전소처럼 온실가스나 유해 물질을 배출하지도 않는다.

2022년에는 핵 발전 추진을 위한 두 가지의 강력한 인센티브가 등장했다. 하나는 세계 전력 발전의 가속화된 탈탄소화 움직임이고, 다른 하나는 유럽이 러시아의 에너지 의존도를 줄여야 할 필요성이다. 그러나 아직 명확한 움직임은 보이지 않는다. 2022년 2월,

프랑스는 2050년까지 14개의 새로운 원자로를 건설할 계획을 발표했지만, 그중에서 몇 개가 실제로 지어질지는 불분명하다. 독일은 2022년 말까지 마지막 원자력발전소를 운영한 후 운영 수명을 연장하지 않기로 결정했다.

독일은 러시아의 천연가스 공급 부족에 시달리고 있지만, 집권 연합의 녹색당은 탈원전에 대한 이념적 열정이 지나친 나머지, 탄소 배출이 없는 원자력발전 대신 석탄을 이용한 화력발전을 더 늘리기로 결정했다. 미국과 일본도 아직 소형 원자로 건설을 위한 명확하고 구속력 있는 계획을 발표하지 않았다. 이러한 상황은 원자력이 처음 기대했던 수준에 여전히 미치지 못하고 있다는 것을 보여 준다.

장점보다 단점이 많은, 초음속 비행기

라이트 형제는 1903년 12월 17일 노스캐롤라이나의 키티 호크의 모래사장에서 최초의 동력 비행에 성공했다. 12초 동안 36m밖에 날지 못한 짧은 비행 이후, 그들은 장소를 바꿔서 세 번을 더 비행했다. 세 번의 비행 중 마지막 비행이 가장 길었는데, 약 59초 동안 지속되었다. 그러나 공기보다 무거운 비행기(비행기구가 아닌)가 1

분 이상 비행하는 데에는 라이트 형제의 성공으로부터 4년이라는 시간이 더 걸렸다(이것이 20세기 초 동력 비행의 시작이었다!).

인류 최초의 동력 비행기가 발명된 지 약 40년 후, 항공 엔지니어들은 음속을 돌파하는 비행기를 진지하게 고려하기 시작했다. 음속을 돌파하게 된다면, 유럽에서 미국까지 반나절 이내에 도착할 수 있었다. 겨우겨우 날던 비행기가 불과 40년 만에 음속 돌파를 목표로 했다는 것은 항공 기술의 눈부신 발전을 보여 주는 대표적인 예이다.

1950년대 후반까지 상업 항공기 시장은 내연기관 프로펠러 비행기가 주를 이루었지만, 제2차 세계대전 후반에 항공 산업에 큰 변화가 일어났다. 1943년에는 영국과 독일이 연속 분사 가스터빈인 터보제트를 장착한 첫 번째 전투기의 출격을 준비하고 있었다. 영국 제트기는 글로스터 미티어Gloster Meteor이었고 독일 제트기는 메서슈미트 262Messerschmitt 262였는데, 독일 제트기가 전투에 먼저 참여하였다.

미국의 대표적인 프로펠러 전투기 머스탱Mustang의 최고 속도는 시속 630km, 영국을 대표하는 프로펠러 전투기 슈퍼마린 스핏파이어Supermarine Spitfire의 최고 속도는 시속 600km가 안 되었던 반면, 최초의 제트전투기들은 900~970km의 속도로 거의 음속에 근접했다. 항공학에서 음속의 비율을 나타내는 마하 수Mach number는 오스트리아 물리학자 에른스트 마하Ernst Mach의 이름에서 유래했으며, M으로 표기한다. 섭씨 20도 해수면에서 소리는 초속 340m, 시속 1,224km 속도로 이동하며 이를 1 마하(M)라고 정의한다. 음속은 고도가 올라감에 따라 감소한다. 예를 들어 제트여객기의 일반적인 순항고도인 해발 11km에서 음속은 시속 1,063km이다. 따라서 해발 11km에서 시속 903km로 비행하는 보잉 787기는 M0.85로 비행하는 것이다. M이 1보다 작으면 음속 이하(아음속sub-sonic)이며, M이 1에 가까우면 음속에 가까운 속도transonic이고, M이 1보다 크고 3보다 작으면 초음속supersonic이라고 정의한다.

　최초의 제트전투기들이 거의 초음속 속도에 도달한 덕분에, 엔진과 기체의 개선을 통해 M1을 초과하는 것은 시간문제로 간주되었다. 발전한 제트전투기 기술은 상용 항공기에도 적용될 것으로 예상되었고, 실제로 그렇게 되었다. 1947년 10월 14일, 척 예거Chuck Yeager는 최초로 로켓 비행기 X-1로 초음속비행에 성공했다. 이후 초음속 전투기와 폭격기가 미국, 영국, 소련의 공군 함대에 차례로 도입되었다. 최초의 상업용 제트여객기인 브리티시 코멧은 M0.7 속도로 운항했으나, 서비스 시작 이후 얼마 지나지 않아 4건의 치명적인 사고가 발생해 서비스가 중단되었다. 조사 결과, 사고 원인은 제트엔진이 아닌 사각형 창틀의 손상으로 인한 감압이었다. 가장 성공적이고 널리 보급된 제트여객기인 보잉 707은 1958년 10월에

M0.83 속도로 첫 비행을 시작했다.

초음속비행에 관한 초기 연구는 1950년대 초 영국, 미국, 소련에
서 진행되었다. 1959년 국제민간항공기구International Civil Aviation Or-
ganization, ICAO의 연례 보고서에서는 초음속비행 기술의 발전에 대해
다음과 같이 언급하였다.

현재 제조업체들 사이에는 1965년부터 1970년까지 초음속 여객
기를 가까운 미래에 생산할 기술적 타당성에 대한 합의가 있다.
이제 초음속 항공기가 실용적으로 가능할 뿐만 아니라 제트여객
기의 후계자가 될 것임이 분명하다.

초음속비행에 대한 잘못된 확신은 초음속 비행기를 상용화 단계
로 발전시키고자 했는데, 영국, 프랑스, 미국, 소련 각국의 이유는
제각각이었다. 그리고 구체적인 실현을 위한 연구 개발 과정에서 초
음속 여객기는 많은 실패 사례를 양산하였다. 무엇보다 경제성이
너무 떨어졌다. 일부 국가는 빨리 단념하였지만, 그렇지 않은 국가
들도 있었다.

1950년대 후반, 영국과 프랑스는 많은 식민지를 잃고, 미소 초강
대국 경쟁에서 점점 뒤처지고 있었다. 두 나라는 독자적으로 초음
속 항공기 설계를 개발하다가, 결국 협력하기로 결정했다. 1962년

11월 29일에 정식 협력 조약이 체결되었고, 콩코드Concorde 프로젝트는 양국의 영광을 되찾기 위해 시작되었다.

프랑스의 쉬드항공Sud-Aviation과 영국의 브리스톨Bristol이 기체를 공동으로 개발했으며, 영국의 BSEDBristol-Siddeley Engine Ltd.와 프랑스의 SNECM(현재는 Safran Aircraft Engines)이 엔진을 함께 개발했다. 1972년까지 완료 계획이었던 기체 개발은 1978년까지 연장되었으며, 엔진 개발은 1980년에 최종적으로 완료되었다. 1965년부터 1978년까지 콩코드기는 총 20기(시제품 6기 포함)가 제작되었다.

M2.2 이상의 속도로 비행하기 위해서는 티타늄과 특수강이 필요했지만, 일반적인 알루미늄 합금을 사용한 콩코드는 속도를 M2.2로 제한했다. 1969년 3월 2일에 최초 시험비행을 마친 콩코드는, 1969년 10월 1일에 처음으로 M1에 도달했으며, 1970년 11월 4일에는 M2의 비행 속도를 유지했다. 시제품에 대한 광범위한 테스트를 거친 끝에, 1976년 1월 21일에 첫 상업 비행이 시작되었고, 런던에서 바레인 및 파리에서 리우데자네이루로 가는 동시 항공편이 진행되었다. 브리티시 항공은 콩코드를 27년 동안 운항했으며, 그 기간 동안 런던-뉴욕 구간은 정기편으로 운항하였고, 바레인, 싱가포르, 댈러스, 마이애미, 워싱턴 D.C. 등으로 비정기편이 운항하였다. 에어프랑스는 뉴욕, 워싱턴 D.C., 베네수엘라, 멕시코, 리우데자네이루 등을 운항했다. 콩코드는 전 세계 약 300개의 기

[그림 3.7] 브리티시 항공의 콩코드기.

착지로 운항했다(그림 3.7).

하지만, 결국 뉴욕 항공편만 남고 나머지는 다 사라졌다. 2000년 7월 25일, 샤를 드골 공항에서 이륙한 프랑스 콩코드 여객기는 다른 비행기에서 떨어진 금속 조각으로 인한 타이어 펑크 사고를 겪었다. 조사 결과, 타이어 펑크로 인해 콩코드의 연료 탱크가 파열되어 폭발했고, 승객 전원(독일인 관광객 100명, 승무원 9명)이 사망했다. 그러나 항공사 사고에서 흔히 볼 수 있는 것처럼, 다른 사고 요인도 존재했다. 비행기 적재 용량 초과와 강풍을 뚫고 이륙하려 한 점이 사고 요인으로 지목되었다. 어쨌든, 이 사고로 인해 콩코드의 운항은 중단되었고, 리뉴얼된 운항은 2003년까지만 지속되었다. 콩코드의 마지막 비행은 2003년 10월 23일 뉴욕 JFK공항 출발 영국 히드로 공항 도착 비행이었다.

소련의 투폴레프 TU-144 초음속 비행기는 더 처참한 실패로 끝났다. 이 비행기는 콩코드와 유사한 설계를 가졌으며, 소련의 산업 스파이가 빼돌린 설계였다. 초음속 비행기 개발은 소련의 기술력을 과시하려는 노력의 일환으로, 1957년 스푸트니크호와 1961년 최초의 유인 우주선 발사와 같은 소련의 업적 중 하나였다. 이 비행기의 디자인은 1965년 파리 에어쇼에서 공개되었고, 시제품의 첫 비행은 1968년 말에 있었는데, 이는 1969년 3월 2일에 열린 첫 번째 프랑스 콩코드 시험비행보다 앞서기 위한 것이었다. 1971년에 소련은 파리 에어쇼에 다시 출품했으나, 조종사의 실수로 추락하는 사고가 발생했다. 결국, 1982년에 생산이 중단되었고, 1984년에 완전히 운항이 중단되기까지 마지막 몇 년 동안은 항공 우편용으로만 활용되었다.

놀랍게도 미국은 초음속 비행기 개발의 실패 대열에 합류하지 않았다. 그러나 초음속 비행기 개발 시도는 있었다. 1960년대 초, 미국판 초음속 수송기supersonic transport, SST는 반드시 필요한 것으로 여겨졌다. 다른 국가들이 초음속 비행기 개발에 열을 올리고 있는 가운데, 미국은 보잉 707, 727, 737 등의 개발로 입증된 항공 기술의 우위를 유지해야만 했다.

이러한 논리는 정치인들과 초음속 비행기 찬성론자들에게서 계속되었다. 핵심은 항공기 설계에서 미국의 우위를 유지하고, 영국과 프랑스에 밀리지 않으며, 소련에 뒤떨어지지 않기 위함이었다. 콩코드 프로젝트에 대항하기 위해, 케네디 대통령은 1963년 6월 5일 미국의 초음속 비행기 개발을 발표했다. 그리고 2년 후에는 달 탐사 계획을 발표했다.

궁극적인 목표는 숭고했다. 미국의 연방항공국Federal Aviation Administration은 미국 프로그램의 목적이 "안전하고 실용적이며 효율적이고 경제적인 비행기"라며 "이 목표를 달성하기 위한 기준이 충족되지 않는 한 앞으로 나아가서는 안 되며 앞으로 나아갈 계획도 없다."라고 주장했다. 그것은 바람직한 전략이었다. 거대한 개발 비용은 결국 정부의 부담이 되었다. 개발 비용의 90%가 정부 자금이었고, 의회에서도 75% 수준의 비용 분담을 승인했다. 보잉의 본거지인 워싱턴 출신인 워런 매그너슨Warren Magnuson 미 상원 상무위원회 항공소위원회 위원은 "미국과 세계를 금세기의 전환기로 이끌 초혁신적인 비행기를 미국이 개발하고 있다."라고 주장했다.

당시에는 1970년까지 최초의 초음속 항공기의 속도가 M3에 이를 것이라는 의견이 널리 퍼져 있었다. 그러나 케네디 대통령의 제안은 M2.2 속도와 6,400km의 항속거리를 가진 160톤의 티타늄 소재 비행기였다. 케네디 대통령이 의회에 제안한 프로젝트는 몇 가지 문제점이 있었다. 첫 번째는 초음속 비행기 설계의 기술적 문제였고, 두 번째는 경제성 문제였다. 또한, 초음속 비행기의 소음이 초래할 심각한 피해도 고려해야 했다. 결국, 이 모든 문제가 현실로 드러남에 따라 정부 지원이 취소되었고 미국 초음속 프로젝트는 폐지되었다.

하지만 프로젝트 폐지 결정까지 10년이라는 시간이 걸렸다. 1967년에는 보잉의 가변후퇴익swing-wing[18] 설계가 록히드의 전통적인 날개 설계를 이기고 선택되었으나, 1년의 노력 끝에 보잉은 이 설계를 포기했다. 이후 미국 연방 항공국은 보잉 747보다 무겁고, 당초 설계보다 2배나 무거운 340톤의 설계를 선택했다(그림 3.8). 그러나 1960년대 후반부터 공해, 소음 등 환경 영향에 대한 관심이 증가하면서 초음속 비행기는 환경 운동가들의 표적이 되었다.

1967년과 1971년 사이, 초음속 비행기의 소음(소닉붐sonic boom)에 반대하는 목소리가 더 커지고 반대 세력이 조직화 되었다. 결국, 1969년 새롭게 선출된 대통령 리처드 닉슨은 초음속기 프로젝트의 과도한 비용과 소닉붐의 '참을 수 없는' 문제로 인해 정부 지원을 철회해야 한다고 결론지었다.

그러나 1969년 9월에 닉슨은 초음속 프로젝트를 다시 추진하기

---

18 역자 주: 상황에 따라서 후퇴각을 변화시키기 위해 사용하는 날개이다.

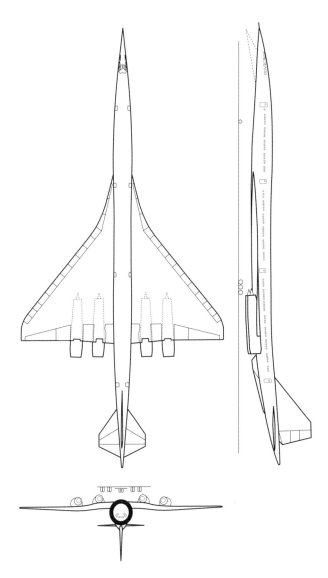

[그림 3.8] 보잉의 초음속기 2707-300의 설계 도면이다.

로 결정했고, 논쟁은 의회로 이어졌다. 전문가들은 의회 청문회에 출석하여 낮은 경제성, 짧은 항속거리 그리고 소음 등의 단점을 상세히 설명했다. 수소폭탄 설계와 컴퓨터 프린터 개발에 참여했던 물리학자 리처드 가윈Richard Garwin은 초음속기 프로젝트에 대한 반대 의사를 명확히 함으로써 그의 업적을 하나 더 추가했다. 그는 대통령 과학자문위원회President's Science Advisory Committee, PSAC에서 가장 적극적으로 이 프로젝트를 반대했다. 결국, 1971년 3월 24일에 미 상원은 초음속기 프로젝트 지원 중단을 결의했다. 닉슨은 재선된 후 대통령 과학자문위원회를 해체했는데, 가윈이 초음속기 프로젝트에 반대한 것이 가장 큰 이유였다.

왜 미국의 초음속기 개발 시도들이 실패로 끝났을까? 이는 미국의 상황이 유럽과 달랐기 때문이다. 유럽에서는 지방정부, 국적 항공사, 정부 지원을 받는 항공기 제조사의 협력이 원활했으며, 국민의 반대도 없었다.

미국이 초음속기 개발에 10억 달러만 사용한 것은 어쩌면 다행인지도 모른다. 하지만 미국이 프랑스, 독일, 영국과 함께 1970년 12월 18일에 에어버스Airbus 인더스트리를 설립하고 제트항공기 생산에 더 관심을 기울였다면 훨씬 더 큰 이익을 얻을 수도 있었다. 그러나 미국은 그렇게 하지 못했고, 좋은 기회를 놓쳤다. 에어버스는 최근 20년 동안 단 2년을 제외한 기간 동안 보잉보다 많은 수주를 달성했다.

초기에는 콩코드와 투폴레프가 상업용 비행기로 잠시 성공한 것처럼 보였지만, 결국 그들의 성공은 빈약했다. 시간이 지나면서 이들 초음속 비행기들이 상대적으로 더 큰 비용을 들인 실패였음이 밝혀졌다.

그렇다면 왜 초음속 비행기는 기존 제트 여행기를 대체하지 못했을까? 왜 초음속 비행기의 거대한 변화가 일어나지 않았을까? 우리는 이에 분명하게 대답할 수 있다. 사실, 초음속 비행기의 실패는 1960년대 초음속 비행기에 대한 열광적인 분위기 속에서도 전문가들에 의해 예견되었다. 더욱이, 과거의 실패 원인은 아직도 해결되지 않았으며, 초음속비행을 재도입하려는 시도에 걸림돌이 될 것이다.

초음속 비행기의 문제점은 다음과 같다. 거대한 초음속 항력을 극복할 수 있는 비행기 설계 문제, M2 이상의 속도를 낼 수 있는 엔진, 경제성, 환경문제 등이다.

콩코드의 실패에서 얻은 교훈은 분명하다. 콩코드는 우아한 유선형 디자인을 가지고 있었고, M2 이상의 속도로 뉴욕과 런던을 4시간 이내에 연결했다. 시차를 고려하면, 뉴욕 도착 시각이 런던 출발 시각보다 빨랐다! 콩코드는 부러움과 존경을 받았지만, 초음속 비행기에서 발생하는 문제점들도 명확했다. 가장 기본적인 문제는 중

가한 항력을 더 큰 추진력으로 극복하는 것이다.

항력 계수drag coefficient[19]는 비행기 속도가 M1을 약간 넘어설 때 가장 크며, 아음속(M<1)과 초음속에서는 더 낮다. 이것이 바로 현대 제트여객기들이 M0.85로 비행하는 이유이다. 제트 여행기는 보잉 707이 1958년에 비행하기 시작한 이래로 이 속도를 유지해왔다. 일반적으로 양항비lift-to-drag ratio[20]는 속도에 따라 감소한다. M0.85로 비행하는 보잉 787의 양항비는 18이지만, M1로 비행하면 양항비가 15로 감소하고, M2에서는 10으로 감소한다.

보잉 787의 최대 항속거리는 14,000km인 반면, 콩코드의 최대 항속거리는 6,700km에 불과하다. 샌프란시스코에서 도쿄까지의 거리가 8,246km인 것을 고려하면, 콩코드는 중간 급유 없이는 태평양을 횡단할 수 없다. 항력 계수를 최소화하기 위해서는 비행기의 면적(동체의 직경)을 가능한 한 작게 유지해야 한다. 이로 인해 동체를 가느다란 모양으로 설계해야 하는데, 이는 현대 제트기에서 선호되지 않는 디자인이다. 콩코드의 동체는 직경이 불과 2.9m로, 피스톤 엔진 비행기인 콘스텔레이션보다도 20%가량 적었고, 보잉 787의 절반 수준에 불과했다. 리처트 스미스Richard K. Smith는 "보잉

---

19 역자 주: 물체가 이동할 때 발생하는 저항의 정도를 나타내는 수치다.

20 역자 주: 양력을 항력으로 나눈 값. 양항비가 높으면 비행 효율이 높다.

747에 비하면 콩코드는 폐소공포증[21] 수준이다."라고 지적했다. 실제로 콩코드의 좌석은 적당한 다리 공간은 있었지만, 팔꿈치 공간이 매우 좁았다.

콩코드의 동체 직경은 작았지만, 더 빠른 속도를 견디기 위해 보잉사의 비행기보다 더 무겁게 설계되었다. 게다가 콩코드는 보잉 747에 비해 상대적으로 낮은 적재량(콩코드 총중량의 10%)을 가지고 있었는데, 이는 보잉 747의 적재량의 절반에 불과했다. 따라서 초음속 비행기는 화물 운송용으로는 적합하지 않은 반면, 제트기는 화물 운송에도 활용될 수 있었다. 우리가 보잉 항공기를 타면 팔레트 트럭이 다량의 화물을 적재하는 것을 쉽게 볼 수 있다.

비행기를 만드는 데 필요한 재료는 속도가 증가할수록 더 까다로워지지만, 적어도 M2까지 알루미늄 합금으로 가능하다. 하지만 M2.2에 이르면 이야기가 달라진다. M2.2에서 앞쪽 가장자리 온도는 135°C까지 올라가며, 이는 현재 최신 제트여객기의 동체와 날개 대부분을 구성하는 섬유 강화 폴리머의 온도 한계(90°C)보다 높다. 따라서 상대적으로 무거운 티타늄과 철합금을 사용할 수밖에 없다.[22]

---

21 역자 주: 꼭 닫힌 곳에 있으면 두려움에 빠지는 강박 신경증이다.

22 폴리머는 인장강도가 높지만, 온도 한계 때문에 쓸 수 없는 반면, 철합금은 800°C까지도 견딜 수 있다.

또한, 초음속 비행기는 현대에 개발된 가장 효율적인 고순도 엔진을 사용할 수 없다. 이 엔진은 터빈을 통해 이동하는 터보팬 압축 공기의 10분의 1보다 적은 공기만 터빈을 통해 이동하고 나머지는 코어를 우회하여 연료 효율을 높이는 동시에 엔진 소음을 낮출 수 있다. 콩코드는 이륙과 음속을 뚫기 위한 추진력을 위해 애프터버너afterburner[23]가 필요했는데, 애프터버너는 연료 효율을 심각하게 낮추었고, 안 그래도 어렵고 복잡한 엔진 유지 보수를 더 어렵게 만들었으며, 이륙 시에 소음을 더 발생시켰다. 콩코드의 승객 1인당 연료 소모량은 보잉 747기의 3배 수준이었다. 이는 1970년대 원유 가격이 배럴당 2달러 시절에는 별문제가 되지 않았지만, 두 차례의 석유 파동 이후로 원유 가격이 배럴당 40달러에 이르자 큰 문제가 되었다.

수익성이 있는 초음속비행은 아무리 낙관적으로 예측하더라도 달성할 수 없을 것으로 보였다. 1950년대 후반과 1960년대 초반 동안, 주요 항공사들이 프로펠러 비행기를 제트기로 교체하면서 재정적 문제에 직면하게 되었다. 불과 10년 후에 항공사들은 보잉 747과 같은 대형 제트기를 구매할 것인가 아니면 초음속 항공기의

---

23 역자 주: 터보제트 엔진의 추진력 향상 장치.

개발을 기다릴 것인가를 두고 딜레마에 빠졌다. 초음속 비행기의
경우 1세대 알루미늄 초음속 비행기(최대 M2)와 당시 개발 중이던
차세대 초음속 비행기(최대 M3) 사이에서 결정이 어려웠다. 1965년
기준 초음속 비행기의 고정비용은 보잉 제트기의 4배 수준이었고,
유지 보수 인건비도 4배 더 높았다.

막대한 개발 비용(초기 예상 비용의 12배)과 제한적인 비행기 숫자
때문에, 콩코드는 결코 수익을 낼 수 없었다. 그 와중에 발생한 석
유 파동은 결정타였다. 이와는 대조적으로, 1969년에 첫 비행을 한
보잉 747은 전 세계 항공 수송에 혁명을 일으켰다. 보잉 747 운항
은 항공사들에 수익을 안겨다 주었고, 승객들은 낮은 가격과 항공
기의 넓은 공간을 선호했다. 지금까지 보잉사는 약 1,600기의 747
기를 제작했다! 이와는 대조적으로 콩코드는 단 20대만이 건조되
었고, 14대가 운항하였으며, 정부 보조를 받는 에어프랑스와 브리
티시 항공만이 이 여객기를 구매했다.

만에 하나 초음속비행이 수익성이 있더라도, 항속거리로 인한 제
약과 환경문제는 여전히 걸림돌이었을 것이다. 리처드 거윈은 초음
속기의 소닉붐 효과는 '점보제트기 50대를 동시에 이륙시키는 것만
큼이나 크다고 봤는데, 이를 좋아할 사람은 없었다. 따라서 초음속
비행기가 미국에 취항한다고 하더라도 미국 횡단용으로는 운항할
수 없었을 것이다. 유럽발 콩코드의 뉴욕 착륙도 수많은 반대와 수

년간의 법정 투쟁 끝에 간신히 허가되었다.

초음속비행은 그동안 항공 산업에서 꾸준히 증가해 온 속도의 발전 단계를 이어가지 못했다. 20세기 초 급속히 증가하던 비행 속도는 1950년대 이후 M0.85에서 더 이상 증가하지 않았다. 미국의 항공역사학자 리차드 스미스Richard K. Smith는 초음속 비행기에 대해 "전염성 강박 관념이 초래한 항공업계의 광적 서사다."라고 평가했다. 그는 "처음부터 초음속 여객기는 필요 없는 비행기였다. 초음속기는 정치적인 비행기였다."라고 말했다.

그러나 더 빠른 속도에 대한 믿음은 여전히 존재하고, 지금도 초음속 항공기 부활을 위한 노력은 계속되고 있다. 낙관론자들은 기술적 문제에 대한 해결책을 과도하게 낙관적으로 주장하고 있으며, 이것은 1960년대 초음속기 열풍을 떠올리게 한다. 다만 이번에는 유럽 정부, 항공사, 항공기 제작사의 담합이 아닌 미국 스타트업이 주도하고 있다는 점에서 차이가 있다.

녹색 정책과 엄격한 규제를 선호하는 유럽연합은 콩코드 부활에 큰 관심이 없어 보인다. 반면 러시아에서는 중앙항공유체역학연구소 Central Aerohydrodynamic Institute가 복합 재료를 이용한 초음속 비행기(비행 속도 M1.6, 탑승 승객 60~80명, 이륙 중량 120t, 사거리 8,500km, 소닉붐은 65dB로 감소)를 설계하고 있으며, 2030년부터 생산을 시작한다고 밝혔다. 러시아는 매년 20~30대의 국내 수요를 예상하고 있다. 또한, 러시아 투폴레프 설계팀은 2027년 첫 비행을 목표로 하는 비즈니스 제트기(비행 속도 M1.3~1.6, 승객 30명)도 개발 중이다.

이 모든 것을 진지하게 고려하기 전에, 에어버스 항공기와 경쟁하기 위해 러시아가 개발한 좁은 몸체의 제트여객기 수호이Sukhoi를 기억해야 한다. 러시아의 대표적인 수호이 항공은 초음속 항공기(Su-30, 비행 속도 M2)를 2000년에 개발을 시작하여 2011년에 운항하기 시작했다. 이 비행기는 2020년까지 일부 멕시칸 항공사가 몇 대를 주문한 것을 제외하면 전부 러시아 내수용으로만 활용될 정도로 성공적이지는 못했다.

코로나19가 유행하기 이전, 미국에서는 일부 기업이 초음속 비행기 개발에 참여하였다. 2019년에는 에어리온Aerion, 스파이크 에어로스페이스Spike Aerospace, 록히드 마틴Lockheed Martin, 붐 슈퍼소닉Boom Supersonic과 같은 네 개의 미국 기업이 참여하였다.

2004년에 설립된 에어리온은 비즈니스 제트기(8~12명, 지상 M0.95, 해상 M1.4)를 2023년까지 개발하고, 2025년까지 운항할 예정이었다. 이 회사는 보잉, 제너럴 일렉트릭과 파트너십을 맺고 향후 20년 동안 500~600대의 항공기 판매를 예상했다. 하지만 2021년에 시제품조차 생산하지 못하고 문을 닫았다.

스파이크 에어로스페이스는 '소닉붐이 없는' M1.6 속도로 비행하며 18명을 태울 수 있는 '초저소음 초음속 비즈니스 제트기'를 개발하고 있다고 밝혔다. 이 회사의 계획에 따르면, 최초 모델은 40~50명 탑승 규모로 2018년에 시험비행이 이루어지고, 2023년에 인증을 받을 예정이었다. 그러나 18인승으로 설계 변경 후, 2021년 최초 비행을 이루고 2023년 상용화할 계획이었으나, 2021년 말까지 아무런 진전이 없었다.

록히드의 40인승 제트기(비행 속도 M1.8) 계획은 불분명하다. 2018년부터 개발 중인 NASA의 실험용 초음속 시제품인 X-59의 성공 여부에 따라 진전이 있을 수도 있다. 그럼에도 불구하고, 록히드는 이 초음속 비행기가 새로운 엔진이 필요하다고 믿고 있지만, 초음속 비행기 도입에 대한 구체적인 일정은 없다.

록히드 마틴과 대조적으로, 55명을 수용하는 비행기(비행 속도 M2.2)인 오버추어를 개발 중인 붐 슈퍼소닉의 계획은 상당히 구체적이며 장밋빛이다. 2019년 이 회사의 CEO인 블레이크 숄Blake Scholl은 2020년대 중반부터 상업 서비스를 시작하고 첫 10년 동안 1,000~2,000대의 시장 주문량을 예상했다.

2020년 10월, 붐 슈퍼소닉은 기본 디자인, 조종석 인체공학, '비행 경험'을 검증하기 위해 2022년 이륙 예정인 오버추어의 3분의 1 규모의 시제품인 XB-1을 출시했다. 하지만 이 비행기는 한 명의 조종사가 조종하며, 사용된 세 개의 소형 제너럴 일렉트릭 J85 터보제트 엔진으로 작동될 예정이다. 실물 크기의 비행기는 다른 엔진을 사용할 예정이며, 롤스로이스를 공급자로 선정했지만, 엔진은 아직 결정되지 않았다. 2022년에 수정된 계획은 다음과 같다. 2022년에 새로운 공장을 건설할 것이며, 첫 번째 비행기는 2023년에 개발 착수하여, 2025년에 완성될 예정이다. 그리고 2026년에 첫 비행과 인증이 끝나면 65개의 좌석을 가진 비행기는 2029년에 상업 서비스에 들어갈 예정이다.

그러나 이것은 심지어 보잉에게도 어려운 계획이다. 이 계획은 여객기를 만들어 본 적이 없는 기업이 세계 최고의 항공사인 보잉보다 더 짧은 시간 내에 새로운 초음속 항공기를 설계하고, 복잡한 공급망을 확보하며, 조립하고, 테스트하고, 인증을 받겠다는 것을 의미한다. 이러한 계획의 어려움은 보잉사의 787기에 대한 설명을 통해 알 수 있다.

787기에 대한 8년간의 인증 과정은 보잉사 역사상 가장 엄격했으며, 787기의 설계는 거의 1세기에 걸친 항공 경험과 안전 개선을 포함하고 있다.

그리고 잘 알려진 대로, 이와 같은 절차에도 불구하고 보잉은 787이 비행을 시작했을 때 여전히 문제가 있었다.

하지만 경험도 없는 붐 슈퍼소닉은 새로운 비행기 디자인으로 세계에서 가장 경험이 많은 항공기 제작사보다 더 빠르게 인증을 받을 계획이라고 주장한다. 게다가, 이 비행기는 탄소 배출이 없는 연료를 사용할 예정이다.

탈탄소 시대에 왜 다른 항공사들이 그렇게 하지 않는가? 그것은 대안 연료의 대규모 생산이 어렵고, 소규모 생산이라도 현재 연료보다 적어도 5배나 비싸기 때문이다. 항공 바이오 연료조차도(이것도 완전한 탄소 프리 연료는 아니다) 항공유보다 3~4배 비싼 것이 아닌가? 초음속 항공기에서 바이오 연료를 사용하는 것은 보잉 787보다 최소 4~5배의 에너지를 필요로 하기 때문에 경제적으로 타당하지 않다고 볼 수 있다.

하지만 이 회사의 CEO 숄은 문제가 없다고 주장한다. 그의 궁극적인 목표는 "1인당 100달러의 비용으로 4시간 안에 세계 어디든 날아가는 것이다."라고 말한다. 사실 그는 이 주장이 앞으로 2~3세대 후의 항공기에나 적용될 수 있다고 인정했다. 그렇다 하더라도 이를 실현하기 위해서는 몇 가지 놀라운 발명이 나와야만 한다. '전 세계 어느 곳'을 연결하려면 최대 항속거리 20,000km가 필요하며, 이 거리를 4시간 만에 주파하려면 M4.7이 필요하다. 이는 최신 록히드 전투기 블랙버드 SR-71의 M3.2보다 훨씬 빠른 속도다. 당연하게도 이 모든 주장은 터무니없다.

붐 슈퍼소닉의 계획과 상관없이, 근본적인 사실은 다음과 같다.

초음속 비행기는 아음속(M<1 이하) 비행기를 대체하지 못했다. 지금까지 언급한 다양한 이유로 인해 초음속 비행기는 차세대 비행기가 되지 못했다. 초음속 비행기에는 일부 장점이 있지만, 그것이 단점을 상쇄시킬 만큼 충분하지 않았다. 앞으로도 이 상황은 크게 변하지 않을 것으로 예상된다.

4장

인류에게
꼭 필요한 발명

인류가 기다리고 있는
도전적이고 혁신적인 발명

당연한 말이겠지만, 인류에게 필요한 발명을 모두 나열하기란 끝이 없다. 그러므로 인류에게 필요한 발명을 모두 나열하는 것은 이번 장의 목적이 아니다. 어떤 발명은 잘못된 전제에 기반한 목표를 가지고 있다. 오랫동안 인류의 염원임에도 발전이 지지부진한 기술(예컨대 암을 제거하거나 인간 수명을 근본적으로 연장하는 것)에 대해서는 이 장에서 자세하게 다루지 않는다.

1971년 리처드 닉슨 정부는 국가 암 법안Cancer Act를 통과시키고 '암과의 전쟁'을 시작했지만, 이는 불분명한 목표의 시작일 뿐이었다. 지금까지 반세기 이상이 지났음에도, 암은 여전히 미국의 두 번째 주요 사망 원인이다. 그렇지만, 암 치료의 진정한 돌파구를 찾기 위한 노력을 실패라고 간주할 수는 없다.

암 치료 문제를 특정 질병별로 조사하면, 인류는 그동안 몇 가지의 성공을 거두었다는 것을 알 수 있다. 소아 백혈병의 치료율을 혁신적으로 높였고, 전립선암은 조기 검진 기술이 개선되어 효과적인 치료가 가능해졌다. 전체적인 발병률과 생존율 측면에서도 의료 기술은 상당히 진보했다. 미국 국립암연구소National Cancer Institute 에서 발표한 2021년 보고서에 따르면 남성의 가장 흔한 암 19개 중 11개(흑색종, 폐, 백혈병 및 골수종 포함)와 여성의 가장 흔한 암 20개 중 14개에서 사망률이 감소한 것으로 나타났으며, 흑색종과 폐암 발병률도 감소하고 있는 것으로 보고되었다.

암 치료와 인간 수명 연장에는 공통점이 있다. 인간 수명을 크게 연장하지 못했다고 해서 현대 의학이 실패한 것은 아니다. 세계 대부분의 선진국에서 평균수명은 산업화 이전과 비교해 크게 증가했다. 1800년에는 평균수명이 약 40세였지만, 2000년에는 80세로 2배로 늘었고, 일본 같은 최장수 국가에서는 평균수명이 85세이다. 인간 평균수명 연장의 과정은 인류의 가능성과 한계에 대한 깊은 통찰을 제공한다.

수명에 한계가 사라진다면, 수명 연장의 혜택은 최고령층에 돌아갈 것이다. 1990년대 초까지 최고령자의 수명은 평균수명과 비슷한 속도로 증가했으나, 최고령 수명이 100세를 넘어서자 증가세가

멈추었다. 아직까지 경신되지 않은 최고령 수명은 122.4세(1997년)
였다. 수명 연장에 관한 연구는 내부 장기 및 근육의 작동에 필수
적인 단백질인 엘라스틴elastin[1]의 노화가 수명 연장의 중요한 요소
라는 사실을 밝혀냈으며, 결국 인간의 최대 수명이 엘라스틴 노화
요인에 의해 제한된다고 결론지었다.

 이번 장에서는 암 치료나 수명 연장과 같은 포괄적이고 달성하기
어려운 영역보다는, 복잡하고 도전적인 기술로 인해 혁신이 더디게
진행되고 있는 영역에 초점을 맞추어 시간순으로 설명하고자 한다.

인류가 손꼽아 기다리고 있는 세 가지 발명

 첫 번째 기술은 지난 200년 동안 인류가 탐구해 온 진공 튜브를
활용한 고속 이동 장치이다. 19세기에는 이 기술이 이론적 상상에
그쳤으나, 20세기에 신소재와 기술의 발전으로(물론 여전히 어렵지만)
달성할 수도 있는 도전으로 꼽히고 있다.

 두 번째로 언급할 기술은 새로운 곡물과 관련된 것이다. 이 기술

---

1 역자 주: 결합 조직 내에서 탄성력이 높은 단백질이며, 수많은 체내 조직이 확장되거나
  수축된 이후에 모양을 계속 유지할 수 있게 한다.

은 진공 튜브와 달리 미디어의 관심에서 상당히 벗어나 있지만, 인류에게 꼭 필요한 기술이다. 일반적으로 밀, 쌀, 옥수수와 같은 주요 곡물의 재배에는 다량의 질소비료가 필요하지만, 콩과 작물(콩, 대두, 렌틸콩, 완두콩 등)은 박테리아와 공생하여 질소를 공급받기 때문에 다른 작물만큼 화학비료가 필요하지 않다. 그러므로 주요 곡물을 콩처럼 재배하는 기술이 등장한다면 큰 혁신이 될 것이다.

이를 통해 곡물 재배가 더 효율적이고 친환경적으로 전환될 것이다. 이 기술은 첨단 전자 기술만큼 화려하거나 환상적이지 않지만, 인류에게 꼭 필요한 기술이다. 문제는 이러한 기술의 중요성을 극히 일부만 인식하고 있다는 점이다. 질소비료는 농작물 생산의 필수영양소를 제공하지만, 대부분의 사람들은 작물 재배 과정에서 얼마나 많은 질소비료가 사용되는지 알지 못한다. 질소비료는 농작물 생산량을 제한하는 주요 요인으로, 밀(빵과 페이스트리용 밀가루로 활용됨.)과 옥수수(동물 사료용으로 주로 활용됨.) 등의 생산량을 확보하기 위해서는 반드시 필요하다.

이 기술은 130여 년 전, 콩 뿌리에서 공생하는 리조비움Rhizobium[2] 박테리아가 질소를 공급한다는 것을 발견하면서 주목받기 시작했

---

2   역자 주: 콩과 식물의 뿌리에 공생하며 질소를 고정하는 박테리아.

다. 주요 곡물 재배 과정에서 이 과정을 모방하기 위한 연구가 유전 공학의 발전과 함께 1970년대부터 활발하게 진행되었지만, 50년이 지난 지금까지도 큰 진전은 없다. 그러나 박테리아 게놈을 분석하고 불활성 대기 중의 질소를 반응성 있는 수용성 암모니아로 바꾸는 유전자를 찾아내는 데에는 성공했다.

우리가 기대하는 세 번째 기술은 완벽하게 통제된 핵융합 기술이다. 이 기술도 오랜 시간 완성되지 못했다. 수십억 년 동안 별이 방출하는 엄청난 양의 에너지를 재현하는 이 기술은 핵분열 기술 개발 초기부터 알려져 있었다. 핵분열 기술은 제2차 세계대전 중 짧은 기간 동안의 집중적인 연구 개발로 최초의 핵폭탄이 개발되었다. 상업적 핵발전에 핵분열 기술을 활용하는 것은 핵폭탄 개발 후 10년 만에 이루어졌다.

1950년대 최초의 핵 발전소 가동을 시작하면서, 연구자들은 통제된 핵융합 가능성을 탐구했다. 당시에 연구자들은 통제된 핵융합을 위한 실험 장치를 설계했으나, 60년이 지난 지금까지도 핵융합의 상용화는 이루어지지 않았다. 현재로서는 대형 핵융합 설비가 언제쯤 실질적인 상용화 단계에 도달할 수 있을지 예측하기가 어렵다.

200년이 넘은 인류의 꿈, 하이퍼루프

2013년 8월 12일, 테슬라의 CEO 일론 머스크Elon Musk는 하이퍼
루프 알파 논문을 발표했다. 그는 이 하이퍼루프 아이디어의 배경
을 설명하며 "비행기, 기차, 자동차, 배와 같은 기존 운송 수단을 보
완하는 제5의 운송 방식이다."라고 강조했다. 하이퍼루프는 빠르고
안전하며, 경제적이고 편리할 뿐만 아니라, 날씨와 지진 등에 영향
을 받지 않고, 이동 경로상의 주민들에게 불편함을 끼치지 않는다
고 말했다(그림 4.1).

머스크는 "하이퍼루프 아이디어는 로버트 고다드Robert Goddard[3]
에서 랜드연구소Rand Corporation[4]와 ET3Evacuated Tube Transport Technolo-
gies[5]에 이르기까지 여러 차례 제안되었지만, 안타깝게도 아직까지
어느 것도 실현되지 않았다."라고 지적했다. 머스크가 고다드, 랜드
연구소, ET3의 초기 아이디어를 과소평가하면서, "어느 것도 실현
되지 않았다."라고 언급한 것은 맞다. 하지만 하이퍼루프 아이디어
가 등장한 지 상당한 시간이 지났지만, 실제로 이루어진 것은 없다

---

3 역자 주 : 현대 로켓의 창시자. 미국 우주항공국(NASA)의 고다드 우주 비행센터는 그
를 기념하여 명명되었다.
4 역자 주 : 미국의 민간 연구소.
5 역자 주 : 미국의 개방형 컨소시엄.

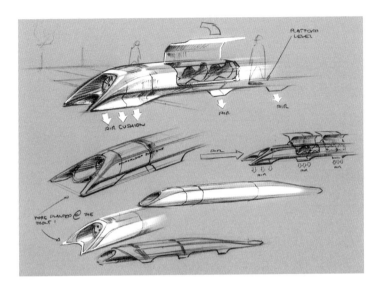

[그림 4.1] 2013년 하이퍼루프 알파 제안서에 첨부된 첫 번째 도면.

는 사실은 하이퍼루프의 상용화가 쉽지 않은 일이며 신중하게 접근
해야 한다는 것을 의미한다.

　머스크는 하이퍼루프라는 이름을 붙였지만, 필자의 생각에는 '루
프'라는 단어 자체가 적절하지 않다. 루프는 실제로 구부러진 8자
형태의 고리 모양을 의미하며, 초연결을 뜻하는 하이퍼와 함께 사
용하는 것이 명확하지 않다. 따라서 하이퍼루프라는 단어는 오해
의 소지가 있는 잘못된 표현이다. 어쨌든 하이퍼루프는 진공 수준
의 매우 낮은 압력을 유지한 직선 금속 튜브 내부에서 공기 또는 자
기력에 의해 부상하여 빠른 속도로 이동하는 방식을 의미한다. 이

운송 장치는 궤도를 따라 고정된 자기 선형 가속기에 의해 움직이며, 튜브 위에 설치된 태양 전지판으로 전원이 공급된다. 이름이 이상하지만, 이 새로운 운송 방식은 몇 가지의 독특한 요소로 구성되어 있다.

튜브는 소수의 승객을 수용할 수 있는 크기로, 지상 탑에 건설하거나(이미 건설된 철탑을 이용한다면 경제성이 극대화된다.), 지하 터널에도 설치할 수 있다. 유선형 공간pod의 크기는 승객 수에 좌우되는데, 머스크의 하이퍼루프 알파의 경우 최대 탑승 인원이 28명이지만, 디자인에 따라 최대 100~400명까지 수용할 수 있는 경우도 있다. 최대 승객 인원은 좌석 배치에 따라 변할 수 있다.

하이퍼루프의 최고 속도는 아음속(M<1)에서 음속 수준에 이른다. 이러한 음속 수준의 속도를 유지하려면 튜브 내부를 진공상태로 만들어야 하지만, 진공상태를 생성하고 유지하는 것은 어렵다. 따라서 매우 낮은 기압에서 운행하는 것을 목표로 한다. 그러나 이것도 쉽지 않다. 일반적으로 하이퍼루프 알파의 튜브 내부 압력은 100Pa(해수면 압력의 1,000분의 1 미만)로 유지된다. 이동 장치는 에어 쿠션이나 자기력에 의해 부상하며, 선형 모터로 전력이 공급된다.

사실, 하이퍼루프 개념은 꽤 오래 전부터 존재했으며(사실 하이퍼루프에 대한 기본 개념은 200년 전부터 있었다.) 그 자체로 특별한 것은 아니다. 그동안 수많은 특허가 출원되었고, 다양한 제안서가 작성되었으며, 일부 시제품과 모형이 제작되기도 했다. 그러나 진공 튜브(또는 저압 튜브)를 기반으로 한 초고속 교통 프로젝트는 그 어느 것도 완전히 완료되어 실제 운행되지 않았으며, 모든 기본 요소를 포함한 테스트 운행조차도 이루어지지 않았다.

튜브는 역사가 오래된 부품이며, 튜브 내부의 압력을 낮춰 이동하는 아이디어는 200년 전부터 존재했다. 놀랍게도, 이 혁명적인 제5의 교통수단에 대한 아이디어는 리버풀-맨체스터 철도Liverpool Manchester Railway[6]보다 더 오래된 것이다.

영국의 시계 제작자이자 발명가인 조지 메드허스트George Medhurst는 튜브를 타고 빠르게 이동하는 수단을 최초로 고안했다. 1810년에 메드허스트는 『편지와 상품을 공기 중으로 확실하고 신속하게 전달하는 새로운 방법A New Method of Conveying Letters and Goods with Great Certainty and Rapidity by Air』이라는 소책자를 발행했다. 그는 증기 엔진을 이용해 강철 튜브의 공기압력을 낮추고, 이를 통해 편지를 신속하게 운송할 수 있다고 제안했다. 또한, 압력을 조금 높이더라도 비슷한 원리를 이용하여 운하나 웨건(짐마차)의 속도를 최소 10배 이상

---

6 역자 주: 1830년 설립된 세계 최초의 도시 간 철도이다.

높일 수 있다고 주장했다.

메드허스트는 이 아이디어를 1812년과 1827년에 다음과 같이 발전시켰다.

'공기의 힘과 속도를 이용한, 30피트 직경 철로에서의 신속한 화물 및 승객 수송 계획의 실용성, 효과 및 장점'

'전국에 적용되고 확장될 수 있는 새로운 내륙 운송 시스템: 말이나 가축의 도움 없이, 현재 물류비의 4분의 1을 비용으로, 시속 60마일의 속도로, 모든 종류의 화물과 승객을 운송하는 시스템.'

메드허스트의 책자들은 크게 알려지지 않았지만, 1825년 영국 국민들은 런던과 에든버러 사이의 약 600km 거리를 고속 진공 튜브를 통해 5분 만에 이동하는 대담한 제안을 알게 되었다. 이후 새로 설립된 런던-에든버러 진공 터널 회사London and Edinburgh Vacuum Tunnel Company의 소유주들은 공동 주식 프로젝트에 대한 그들의 계획서를 에든버러 스타에 발표했다. 이 주식회사는 런던과 애든버러 사이에 금속 튜브를 건설하고 승객과 화물을 운송하기 위해 설립되었으며, 자본금 2천만 파운드 규모에 주당 100파운드로 계획되었다.

금속 튜브의 진공상태를 유지하기 위해 2마일마다 보일러(기관)가

[그림 4.2] 진공 튜브 열차의 선로 유적이다. 진공 튜브 속에 피스톤을 설치하고 공기압력 차이를 이용해 추진력을 얻었다.

설치될 계획이었다(그림 4.2). 금속 튜브 내부에는 피스톤이 설치되며, 이 피스톤은 객차와 연결된다. 열차가 출발할 때 피스톤 뒤쪽 밀봉을 일시적으로 열어 공기압 차이를 발생시키고, 이로 인해 피스톤이 추진력을 얻는다. 이 튜브 열차는 지름이 단 4피트(1.2m)뿐이어서 화물만을 운송할 수 있었다. 대신 승객들은 튜브 상단에 설치된 레일을 따라 움직이는 철도 객차를 이용하게 되며, 이 객차는 강력한 자석으로 튜브 내부의 운송 장치에 연결되어 5분 안에 800km를 이동하게 된다!

오피니언 리더들에게 과학적 지식을 확산시키기 위해 설립된 잡지인 『런던 기계 명부London Mechanics Register』는 '대중의 자금 투자를 이

끌어내기 위한 터무니없는 계획이라면서' 진공 튜브의 계획을 비판
했다. 이는 정확한 말이었다. 당시 영국은 산업화 과정에서 극단적
인 주장, 금융 사기, 기술적 기적에 대한 예언이 판을 치고 있었다.
대표적인 풍자 만화가들은 진공상태에서의 여행이라는 과장된 약
속을 풍자만화의 주제로 삼았다. 윌리엄 히스William Heath는 초상화
와 군대 관련 그림을 주로 그리던 중, 1820년대부터 정치와 인간의
어리석음을 풍자하는 만화를 주로 그렸다.

  1829년 런던의 토마스 맥린 출판사는 히스의 그림 「지성의 행진
곡March of Intellect」을 출판했다(그림 4.3). 이 그림만 보면 세상은 환상
적인 발명으로 가득 찬 것처럼 보인다. 번잡스럽게 보이는 그림 속
에는 미래지향적인 장치들이 가득하다. 케이프타운에서 벵골까지
걸쳐 있는 현수교, VELOCITY라는 4륜 증기 동력 말, 4개의 풍선
이 장착된 비행기구, 영국에서 호주까지 죄수를 호송하기 위한 날
개 달린 기구 등이 그려져 있다. 이 그림의 하이라이트는 중앙에
위치한 그랜드 진공 튜브 사의 금속 튜브이다. 이 금속 튜브는 런던
의 그리니치 힐에서 인도의 벵갈까지 승객을 운송하는 것으로 묘
사된다.

  히스가 이 그림을 그릴 당시 사람들은 진공에 대해 이해하고 있었
으며, 진공 튜브가 초고속을 이루기에 최적인 것을 알고 있었다. 그
러나 문제는 진공 튜브의 소재였다. 1820년대에 주철cast iron은 풍부

[그림 4.3] 윌리엄 히스(1794~1840년)의 1829년 컬러 판화이다. 런던과 에든버러 사이를 진공 튜브를 이용하여 사람들을 운송하려는 허황되고 불가능한 프로젝트를 풍자한 그림이다.

했지만, 진공 튜브를 만들기 위한 고장력 강철[7]은 대량생산이 힘들었다. 따라서 수백 킬로미터에 이르는 튜브 내부를 진공에 가까운 매우 낮은 압력으로 유지할 수 없었으며, 진공 튜브 내부에서 사람들을 안전하게 운송하기 위한 장치를 만들 수도 없었다. 이로 인해 런던에서 스코틀랜드까지 5분 만에 도착하는 아이디어는 점차 사그라졌지만, 이후 수십 년 동안 다양한 실험적인 제안들이 제시되

---

7 베세머(Bessemer)의 컨버터 발명으로 1856년이 되어서야 대량생산이 가능해졌다.

었다. 그중 하나는 기압 차를 이용해 추진력을 얻는 대기 철도atmo-spheric railway였다.

대기 철도는 기존 증기기관차 대신 공기압을 사용했다. 레일 사이에 피스톤이 있는 밀폐된 파이프가 놓여 있었다. 선로를 따라 위치한 증기기관들은 피스톤 앞의 파이프에서 공기를 펌프하여 진공 상태를 만들면, 피스톤 뒤편의 고기압이 차량을 밀어내는 방식이었다. 열차는 파이프 상단의 슬롯을 통해 돌출된 금속판에 의해 피스톤에 연결되었다. 이 열차의 설계는 기존 증기기관 열차에 비해 소음, 연기, 불꽃이 없고 경사진 곳을 잘 오를 수 있는 장점이 있었다.

1825년에는 국립공기압철도협회National Pneumatic Railway Association 가 이 사업을 추진하게 되었다. 1839년 제이콥 사무다Jacob Samuda 와 조지프 사무다Joseph Samuda는 진공 50% 상태에서 최고 속도 시속 48km에 이르는 시험 운행을 짧은 트랙에서 성공했고, 1840년대 초에는 최초의 상업 노선인 달키Dalkey 철도가 아일랜드에서 잠시 운행되었다. 이 시도는 당시 영국의 유명 엔지니어 아이샘바드 브루넬 Isambard K. Brunel에게 깊은 감명을 주었고, 그 결과 브루넬은 엑서터 Exeter와 플리머스Plymouth를 잇는 사우스 데본South Devon 철도의 52 마일 구간에 대기 철도를 설치하기로 결정했다. 당시 영국 최고의 기관차 설계자인 로버트 스티븐슨Robert Stephenson은 이러한 시도를

'거대한 사기'라고 경고하기도 했다. 그럼에도 불구하고 1844년 공사가 시작되었고, 브루넬은 크로이던Croydon 철도의 짧은 구간에 대기 철도를 설치했다.

시스템의 지속적인 고장으로 인해 1847년까지 기존 증기기관차가 운행을 계속하다가 1848년 9월에는 대기 철도가 시작한 지 1년도 채 되지 않아 큰 금전적 손실을 남기고 운행이 종료되었다. 브루넬은 대기 철도의 성공을 주장했지만, 해결해야 할 문제들이 많았다. 가장 어려운 부분은 파이프의 이동 슬롯이었다. 피스톤 앞쪽의 진공을 유지하기 위해 파이프의 밀봉 상태를 유지해야 했지만, 황토로 처리된 가죽 덮개의 밀봉 상태는 늘 문제였다.

대기 철도는 브루넬 외에도 1847~1860년 파리 근교, 1864년 런던 크리스털 팰리스(550m), 1870~1873년 뉴욕 브로드웨이(95m) 등의 건설 시도가 있었다. 그러나 더 효율적이고 강력한 증기기관차와 19세기 말에 개발된 전기 견인차의 등장으로 인해 대기 열차의 경쟁력은 사라졌다.

대기 열차의 실패 이후 주목할 만한 발전은 자기부상열차이다. 1902년 알버트 알버트슨Albert C. Albertson과 1905년 알프레드 제흐덴Alfred Zehden은 자기부상열차 기술 구성 요소 관련 최초의 특허를 받았다. 이후에는 세 명의 발명가들이 자기부상열차 운송 개념을 발전시키는 데 기여했다. 미국 로켓 추진의 창시자로 알려진 물

리학자 로버트 고다드는 자기부상열차를 최초로 고안했다. 1950
년 우스터Worcester 공과대학 1학년 시절에, 고다드는 뉴욕에서 보스
턴까지 10분 만에 이동할 수 있는 직류 자석 추진력을 이용한 공
중 부양 열차 아이디어를 과제로 제출했다. 1904년 12월 20일에
동료 학생들에게 프로젝트를 발표한 후, 1906년 1월에는 이 아이디
어를 「고속 베팅High-Speed Bet」이라는 단편 소설로 써서 『사이언티픽
아메리칸』 잡지에 제출했다. 발간되는 데 상당한 시간이 걸렸지만,
1909년 11월 20일 호에 고다드의 원고가 3분의 1 페이지 분량으
로 축약되어 발간됨으로써 자기부상열차 아이디어가 최초로 공개
되었다. 한편 프랑스 전기 기술자 에밀 바첼레Émile Bachelet는 1880
년대 초 미국으로 이주한 후, 1910년 4월 2일에 자기부상열차 관
련 특허를 신청했다.

대중의 관심은 고다드의 제안보다는 바첼레의 특허에 초점이 맞
춰졌다. 바첼레는 1912년 3월 19일에 '부양 전송 장치'에 관한 미국
특허를 받았다. 이후에는 강력한 자석과 알루미늄 기반 튜브 형태
의 강철 열차로 구성된 작동하는 소형 모형을 선보여 언론과 전문가
들의 찬사를 받았다(그림 4.4).

러시아 톰스크Tomsk 공과대학 물리학과 학과장인 보리스 페트로
비치 와인버그Boris Petrovich Weinberg는 제1차 세계대전 이전에 자기
부상 기술을 개발한 세 번째 발명가 중 하나였다. 그는 1911~1913

[그림 4.4] 에밀 바첼레와 자기부상식 철도의 작동 모델이다.

년 동안 10kg 모형 열차와 20m 길이의 구리로 된 진공 고리 터널
을 제작하여, 파이프 상단의 연속된 원통 코일에 모형 열차를 매달
아 시속 6km로 움직이도록 설계했다. 그는 이러한 모형을 기반으
로 실제 크기의 열차 프로젝트를 제안하였다. 프로젝트의 핵심은
산소가 공급되는 원통 모양(직경 0.9m, 길이 2.5m)의 강철 실린더 열
차를 시속 800~1,000km로 운행하는 것이었다. 와인버그는 1914

년에 러시아에서 『마찰 없는 운동Motion without Friction』이라는 책을 출간하였다. 이후 그가 군사적 목적으로 미국에 파견되면서 와인버그의 제안이 미국에도 알려지게 된다. 와인버그의 아이디어는 1917년 『일렉트로니컬 익스피리멘터Electrical Experimenter』 저널에 '미래 전기 철도의 시속 500마일 여행'과 1919년 『파퓰러 사이언스Popular Science』 저널에 '진공을 통해 뉴욕에서 샌프란시스코까지 반나절 만에 도달하는 전자기적 방법'이라는 기사를 통해 널리 알려졌다.

1920년 로버트 발라드 데이비Robert Ballard Davy는 진공 철도에 대한 미국 특허를 취득했다. 데이비의 특허에 따르면 '튜브 중간마다 역이 있고, 정거장 사이의 튜브는 부분적인 진공상태를 유지해 공기 저항을 줄이고 열차의 고속 추진력을 얻는다.' 이 특허에 새로운 내용은 거의 없어서 데이비는 몇 가지를 보완했다. 예를 들어, '진공상태를 최대한 유지하면서 튜브에 진입하고 빠져나오기 위한 새로운 정거장의 배치'와 '정거장의 슬라이딩 및 힌지 도어에 대한 새로운 잠금 구조'를 추가했다.

이러한 시도 중에서 어떤 것도 실질적인 결과를 내지는 못했지만, 고다드의 제안은 제2차 세계대전 이후에 다시 관심을 받았다. 1945년 8월 19일(그가 사망하기 3개월 전), 고다드는 진공관 수송 시스템에 대한 미국 특허를 3페이지에 걸친 상세한 삽화와 함께 출원했다. 결국 1950년 6월 20일에 고다드의 아내 에스더와 구겐하임 재단이 공동으로 특허를 부여받았다. 그러나 1950년대 미국에서는 철도 수송이 이미 감소하는 추세였다. 자동차가 대부분의 운송을 담당하고, 비행기 여행이 증가하고 있었다. 미국의 철도 승객 수는 1920년에 정점을 찍은 뒤 하락 중이었다. 1950년대와 1960년대에는 자기부상과 관련된 몇 가지의 특허가 출원되었다. 이 중에서 1972년 랜드 사의 로버트 솔터Robert Salter가 제안한 초고속 교통 시스템 개념인 튜브크래프트tubecraft는 진공 튜브 내부의 트랙을 따라 전자파에 의해 구동되는 방식이었다.

놀랍게도 솔터는 대륙 횡단 노선(뉴욕~로스앤젤레스)이 '시속 수천 마일' 수준의 속도가 가능하다고 주장했는데, 이 속도는 1969년 당시 최고의 초음속 비행기인 콩코드보다 훨씬 빠른 수준이었다. 이 노선은 거의 직선에 가까운 지하 터널로 건설되며, 전체 시스템 비용에 비해 저렴한 비용으로 건설 가능하다고 주장했다. 1978년 솔터는 플레인트랜Plaintran이라는 개념을 제안하고 "터널을 통해 대륙을 연결함으로써 세계적 네트워크로 확장될 수 있다."라고 했으며, 더욱이 "안전하고, 편리하고, 저비용이고, 효율적이며, 공해가 없는" 운송 수단이 될 것이라고 주장했다. 이는 발명가가 자신의 프로젝트에 지나치게 몰입하여 실질적인 비판이나 평가를 가볍게 무시하는 전형적인 사례이다.

1970년대와 1980년대에 유럽과 일본은 최신 고속철도를 확장하는 동안, 미국은 고속철도가 아니라 기존 철도망조차 쇠락하고 있었다. 1964년에 일본은 신칸센을 운영하기 시작했고, 프랑스는 1981년 리용-파리 구간의 고속철도 테제베TGV를 운영했다. 동시에 일본과 독일을 비롯한 여러 나라가 자기부상열차의 시험 노선을 건설했다. 독일의 암스랜드Emsland 트랙(1984~2012년)은 치명적인 사고로 폐쇄되었지만, 일본의 자기부상열차는 2015년에 시속 603km의 신기록을 달성했다.

첫 번째 상업용 자기부상열차는 중국에서 건설되었다. 2004년 푸둥공항-상하이 자기부상열차는 독일의 설계를 기반으로 건설되었다. 일본의 자기부상열차 리니모 노선은 2005년 건설되었고, 2016~2017년 한국과 중국에서 3개의 노선이 추가로 건설되었는데, 기존 노선에 비해 짧고 느린 노선이었다. 일본의 첫 장거리 자기부상열차인 주오 신칸센 노선(도쿄-오사카)은 현재 건설 중이며, 지속적인 연기로 인해 2020년대 후반에 완공될 예정이다.

북미와 유럽에서 자기부상열차를 이용한 국내 또는 국제노선 건설에 대한 대담한 계획들이 있었지만, 실행되지는 않았다. 자기부상열차의 오랜 역사를 제대로 알지 못하는 미디어와 예찬론자들에게 테슬라의 하이퍼루프 알파 계획은 독창적이고 혁명적인 것으로 여겨졌다. 하이퍼루프 아이디어는 많은 대중들의 지지를 받았고, 기술적 평가와 실험적 디자인에 이어 아이디어를 상업화하기 위한 새로운 회사 설립까지 이뤄졌다.

리처드 브랜슨Richard Branson의 회사인 버진 하이퍼루프 원Virgin Hyperloop One은 야심찬 계획을 세웠다. 이 회사는 미국 네바다주에 500m 길이의 소형 테스트 궤도를 운영하고 있으며, 2020년에는 2명의 승객이 탑승한 운반체가 시속 175km를 달성했는데, 현재의 고속열차 속도를 감안하면 크게 인상적이진 않다. 이 회사는 11개의 실현 가능한 노선을 발표했는데, 그중 하나는 와이오밍의 샤이엔Cheyenne(샤이엔의 인구는 6만 명 수준이다.)과 휴스턴을 연결하는 1,800km 노선이다. 이 회사가 발표한 9개의 유럽 노선 중에는 해저터널을 통해 코르시카섬과 사르디니아섬을 연결하는 노선, 스페인과 모로코를 연결하는 노선이 포함되어 있다. 또한, 인도(푸네-뭄바이), 사우디아라비아(리야드-제다), 아랍에미리트 노선 등이 계획되어 있다.

프랑스의 하이퍼루프 TT 사는 320m 길이의 테스트 트랙을 운영하고 있다. 이 회사 역시 실현 가능성이 낮아 보이는 노선에 대한 계획을 발표했다. 이 회사의 계획은 주로 작은 도시를 연결하는 단거리 노선으로 구성되어 있는데, 예를 들면 슬로바키아의 브라티슬라바Bratislava와 모라비아의 브르노Brno 노선, 인도의 비자야와다Vijaywada와 아마라바티Amarvati 노선 등이 포함되어 있다.

이 회사의 상업용 하이퍼루프 완공 시점은 원래 2017년이었지만

2020년까지 연기되었고, 그 기간 동안에 현실적인 시제품의 시연은 이루어지지 않았다. 두 도시를 연결하는 신뢰할 수 있고 안전하며 수익성 있는 상업적 노선에 대해서는 말할 것도 없다. 철탑이건 터널이건 간에, 2022년까지 현실에서 가동되는 하이퍼루프는 존재하지 않았고, 가장 빠른 완공 예상 시기는 2020년대 후반으로 미뤄졌다.

하이퍼루프는 바퀴 없이 공기 또는 자기 부양을 통해 이동하며, 기존 선로 기반의 고속열차보다 훨씬 빠른 속도, 에너지 효율성이 높고, 건설 비용이 낮은 장점을 강조해 왔다. 그러나 그 실현 가능성은 여전히 불확실하다. 이는 상업용 노선이 없어 장점을 입증할 수 없기 때문이다. 하이퍼루프는 아직도 희망 사항에 불과하다. 자기 부상열차의 아이디어 문제라기보다는 그것을 실용화하는 기술이 부족한 것이 원인이다. 과거 19세기와 20세기의 엔지니어들은 진공 튜브와 운반체 제작, 진공상태 유지 그리고 운반체를 안전하게 구동할 수 있는 신소재와 기술이 부족했다. 이 문제들은 현재도 여전히 해결되지 않았다.

진공 튜브 프로젝트의 어려움을 가장 잘 이해하는 물리학자와 엔지니어들은 음속에 가까운 속도로 사람들을 수송하는 진공 튜브가 기존 레일 기반 고속 열차의 10분의 1만큼이라도 보급되려면, 반드시 해결해야 할 수많은 근본적인 문제들이 있다고 지적하였다.

하지만 머스크는 노선 선정과 시스템의 실제 비용 등 하이퍼루프의 문제점을 대수롭지 않게 여겼다. 예를 들어 수백 킬로미터에 이르는 철탑 튜브가 "농민들이 항상 접하는 나무나 전봇대와 거의 같다."라고 말하는 것은 실제 운반체의 크기와 튜브 건설 및 유지 보수 문제를 노골적으로 잘못 전달한 것이다. 고속도로 건설과 고압 송전로 건설의 어려움을 고려하면, 튜브 노선 선택과 허가 과정은 매우 까다롭고 복잡할 것이다.

그러나 2017년 7월, 머스크는 갑작스럽게 트위터에 "보링Boring 사가 뉴욕-필라델피아-볼티모어-워싱턴 D.C. 라인에 지하 하이퍼루프 건설에 대해 구두로 정부 승인을 받았다."라는 유명한 글을 게시했다. 하지만 수십억 달러 규모의 프로젝트가 여러 지역을 관통할 경우, 연방, 주, 지방정부의 동의와 협조가 필요하며 관련 규제와 요건을 준수하면서 준비, 평가, 협상 단계를 거쳐 승인되는 복잡한 과정을 알고 있는 사람이라면 머스크의 2017년 트윗이 얼마나 터무니없는지 알 수 있다. 사실 이 트윗은 워싱턴 D.C.의 누군가가 경험 없는 회사에 시속 1,000km의 기차를 위한 600km 터널 건설에 '구두 승인'을 한 것을 시사한다.

게다가 미국은 뉴욕-워싱턴 D.C.의 노후화된 철도 노선을 업그레이드할 능력도 없다. 그리고 미국의 최신 '고속' 열차인 아셀라Acela는 기존 철로를 이용하는데, 최고 속도가 시속 125km에 불과하다.

미국보다 훨씬 인구가 밀집된 유럽도 시속 200~300km로 달리는 고속철도 노선을 수천 킬로미터나 건설했고, 인구가 더 많이 밀집한 중국은 이미 수만 킬로미터의 고속철도 노선을 건설했다. 기존 고속철도 노선 건설 프로젝트의 초기 추정 비용과 최종 초과분에 대한 비용을 조금이라도 알고 있다면, 진공 튜브 건설의 비용 추정치는 정말 불확실한 추정에 불과하다는 것을 알 수 있다.

실제로 첨단 재료와 추진 및 제어 시스템은 지속적으로 발전하고 있다. 그러나 하이퍼루프의 건설 비용이 급격하게 저렴해져서 단기간 내에 일상적이고 경쟁력 있는 운송 수단이 될 것으로 보이진 않는다. 밀폐된 운송체 내에서 소음을 내며 금속 파이프를 이동하는 문제(창문에 아름다운 풍경 이미지를 보여 준다고 해결될 것 같지는 않다.)부터 튜브 내부와 운송체의 압력 차를 관리하는 공학적 문제까지, 해결해야 할 과제가 상당하다. 하이퍼루프가 완전한 진공상태가 아닌 약 100Pa 정도의 매우 낮은 압력을 유지하더라도 성층권 상층부(해발 50km)의 압력을 유지하는 것이 필요하다. 제트여객기조차 하이퍼루프보다 약 200배 이상의 압력을 가진 공기층을 통해 비행하게 된다.

치명적인 감압은 제트기 비행에서 최악의 시나리오 중 하나이다. 그리고 어쩌면 극단적인 압력 차이라는 관점에서 사람이 탑승한 운반체가 있는 진공관은 훨씬 더 치명적일 것이다. 철탑 위의 강철 튜브는 내부와 외부 벽 사이에 1,000배 이상의 압력 차이를 견딜 수 있도록 설계되어야 한다. 또한, 튜브는 내부에서 빠르게 이동하는 운반체로 인한 압력을 견디면서 수백 킬로미터의 트랙을 안정적으로 유지해야 한다. 게다가 튜브에는 열팽창 문제가 있다. 그것은 상부와 하부 간의 열팽창 차이를 견뎌야 하는데, 이는 더운 지역에서 중요한 고려사항이다. 일반적인 온도 편차가 50°C(-10~+40°C)인 시스템에서도 수많은 팽창 조인트가 필요하며, 이들 각각의 조인트는 진공상태를 유지하는 데 필수적이다.

지하에 튜브를 건설하면 위에서 언급한 문제점은 해결될 수 있지만, 지하 튜브 건설은 다른 문제들을 일으킨다. 지진이 잦은 지역을 통과하는 수백 킬로미터의 노선을 건설할 경우에는 공학적 해결책이 필수이다. 현대 공학의 발전으로 터널 건설이 대부분 기계화되었으나, 그 비용은 여전히 많이 든다. 세계에서 가장 긴 57km 길이의 스위스 고트하르트 베이스 터널은 약 105억 달러(1km당 거의 2억 달러)가 들었고, 완공하는 데 약 17년이 소요되었다. 당연하게도, 광범위한 진공 터널은 테러 공격의 쉬운 목표가 될 수 있으며, 작은 폭발조차도 재앙을 초래할 수 있다.

2022년에는 전 세계 교통 전문가들의 하이퍼루프에 대한 의견을 광범위하게 조사하였다. 대부분의 교통 전문가들은 하이퍼루프 인프라 건설 및 운영 과정에서 비용이 너무 많이 들 뿐만 아니라 안전과 운영상의 복잡성이 과소평가 되었다는 점을 들어 반대 의견을 피력하였다.

하이퍼루프에 대한 비판적인 의견과 2013년 이후의 발전을 고려하면, 다음과 같은 결론을 내릴 수 있다. 제5의 교통수단(하이퍼루프)의 실현을 기다리는 것보다 건강을 유지하고 장수하기 위해서는 식단을 조절하고 운동하는 것이 바람직하다. 메드허스트, 고다드, 바첼렛, 솔터가 1810년 이후로 장밋빛 약속의 실패에 따른 교훈이 최근의 하이퍼루프 개발에 적용된다면, 결론은 '오래 살아야 한다.'라는 것이다. 상상한 것보다 모든 것이 계획한 대로 잘 진행되더라도, 도시 간 이동을 하이퍼루프를 이용해 몇 분 만에 가능하게 하는데는 상당한 시간이 걸릴 것으로 보인다. 200년이 넘는 역사 동안 인류는 이 꿈을 추구해 왔지만, 여전히 이 꿈이 실현되기를 기다리고 있다.

지구와 인류를 위한 발명, 질소고정 작물

현재 인류가 누리는 행복의 많은 부분은 1867~1914년에 이루어진 눈부신 과학과 공학 발전에 의한 것이지만, 대부분의 사람들은 이 사실을 제대로 알지 못한다. 이 시기에는 내연기관, 전기 발전, 전등 및 모터 발명, 철강 생산, 알루미늄 제련, 전화기 도입, 플라스틱과 전자 기기 발명, 무선통신의 급속한 확산 등이 이루어졌다. 또한, 전염병 확산에 대한 인식이 향상되었을 뿐만 아니라, 성장에 꼭 필요한 영양 요구 사항(특히 단백질 섭취의 중요성)과 풍부하며 저렴한 식량 공급에 필수적인 식물 영양소의 필요성에 대한 인식도 높아졌다.

식물 영양소 공급의 중요성은 당시 인류가 전례 없는 사회적·경제적 변화를 겪고 있던 산업화 과정 때문에 매우 중요했다. 급격한 인구 증가, 대규모 도시인구 이동, 가처분소득의 증가, 여성 고용의 증가 등으로 인해 식량 수요가 증가하고 식습관이 변화하였는데, 이러한 변화는 이 시기의 핵심 요소였다.

도시인구와 소득의 증가로 인해 식물성 식품의 1인당 소비뿐만 아니라 예전에는 제한적이었던 동물성 단백질(육류, 계란, 유제품)의 소비도 늘어났다. 동물성 단백질 수요의 증가로 인해 수확의 상당 부분을 동물 사료로 전환해야 했으며, 농작물 재배가 확대되면서 많은 소와 말 등의 축사를 유지해야 했다. 19세기 말에는 미국 농지의 5분의 1 정도가 말과 노새를 위한 사료 재배에 사용되었다.

그 당시, 전례 없는 농지 확장(북미 대평원, 캐나다 대초원, 러시아, 남미, 호주 등에서 대규모 초원이 농지로 전환됨)이 한계에 도달하여 농지 확장의 여지가 줄어들었으며, 단위 면적당 곡물 수확량은 여전히 낮았다(미국과 러시아 밀의 경우 1헥타르당 1톤, 유럽 지역 밀의 경우 1헥타르당 1.5

톤). 수요 증가에 대응할 수 있는 효과적인 대책이 없다는 위기의식 때문에 신속한 해결책이 필요하다는 인식이 커졌다. 다행히 식물학, 생화학 그리고 농학의 발전 덕분에 이 문제를 해결할 방법을 조금씩 파악하게 되었다.

1898년 9월, 화학자이자 물리학자인 윌리엄 크룩스William Crookes 는 브리스틀에서 열린 영국과학협회British Science Association의 연례 회의에서 밀에 관한 연설을 통해 이 문제의 해결책을 제시했다. 그의 연설에서 "모든 문명국가는 식량 부족의 치명적인 위험에 처해 있다."라는 유명한 말을 남겼으며, 수요 증가로 인해 1930년경 전 세계적으로 밀 공급 부족 사태가 발생할 것이라고 예상했다. 그는 이를 해결하기 위해 요구되는 방안도 제시하면서, 식량문제 해결을 위해서는 농작물 시비량을 늘리고 곡물 수확량을 늘리기 위한 필수영양소인 질소의 사용량을 늘리는 것이 필요하다고 주장했다.

크룩스는 동물 분뇨와 식물성 거름만으로는 미래의 비료 수요를 충족시키기 어렵다는 것을 정확히 인지하고 있었다. 또한, 당시 유일한 무기질비료인 아타카마사막에서 채굴되는 칠레 질산염만으로는 비료 수요를 감당할 수 없다고 판단했다. 따라서 대기 중 80%를 차지하는 풍부한 질소N_2를 식물이 흡수하기 용이한 암모니아NH_3와 같은 반응성 화합물로 변환하여 작물에 충분한 영양소를 공급하는 것이 필요했다.

이 점에 대해 크룩스는 다음과 같이 말했다.

질소고정은 문명화된 인류의 발전에 필수적인 요소로, 지금까지
의 기술 진보는 주로 인류의 편안함과 편리함을 향상시켰습니다.
새로운 기술은 삶의 편리함을 높이거나, 인류의 부를 증진하거나,
시간과 건강, 걱정을 줄이는 역할을 해 왔습니다. 질소고정은 머
지않은 미래에 직면할 문제입니다… (중략) 실험실은 기아를 풍요
로 바꿀 힘이 있습니다.

크룩스가 질소고정의 중요성을 언급한 지 불과 십여 년 만에 이에
대한 해결책이 발견되었다. 1909년 칼스루에Karlsruhe 대학교 화학과
교수였던 프리츠 하버Fritz Haber가 암모니아합성에 성공했다(그림 4.5).
하버는 공기에서 질소를 추출하고 코크스[8]와 수증기를 반응시켜 수
소를 추출한 다음, 고압에서 금속 촉매를 사용하여 두 원소를 결합
하는 방식으로 암모니아합성을 이뤄냈다. 그의 연구는 당시 산업용
화학 분야의 세계적 기업인 바스프BASF의 지원을 받았다. BASF의
촉망받는 엔지니어였던 카를 보슈Carl Bosch는 하버의 실험실 모델을

---

8 역자 주 : 석탄으로 만든 연료이다.

[그림 4.5] 프리츠 하버(1868~1934년)는 암모니아합성을 최초로 입증했다. 카를 보슈(1874~1940년)는 암모니아합성을 실용화하였다.

기반으로 암모니아합성을 실용화하는 데 성공했다(그림 4.5).

1913년 9월부터 암모니아합성을 시작한 BASF는 제1차 세계대전 중에 암모니아를 탄약 원료로 사용할 수밖에 없었고, 1918년에야 비료 생산이 재개되었다. 그러나 합성 암모니아(요소, 질산암모늄, 황산염)에서 추출한 화합물이 대규모 농작물에 사용된 것은 제2차 세계대전이 끝난 이후였다. 비료 강화는 1960년대부터 본격적으로 시작된 녹색혁명의 핵심 요소였다. 인류는 새로운 품종, 질소비료의 확산, 농약 등을 활용하여 역대 최고의 곡물 수확량을 거두었

다. 1970년에는 합성 질소비료의 전 세계 사용량이 1950년과 대비
하여 8배 이상 증가했다. 20세기 말에는 합성 질소비료의 사용량이
연간 8천만 톤 이상으로 증가했으며, 최근에는 연간 약 1억 2천만
톤의 질소비료가 사용되고 있다.

질소고정의 이점은 분명하다. 전 세계 인구의 40% 이상(중국은
50% 포함)이 하버-보슈 공정을 통한 합성 질소 덕분에 재배된 농작
물로부터 직접적이고 간접적인 영양 공급을 받고 있다. 이는 작물
을 섭취해 영양분을 직접 얻거나, 작물을 먹은 가축의 고기를 통해
간접적으로 영양분을 섭취하는 형태이다. 그러나 대부분의 발명
품처럼 이 탁월한 기술에도 단점이 존재한다. 가장 큰 문제는 작물
에 사용된 질소의 절반 이상이 작물에 남지 않고 다양한 경로(휘발,
침출, 침식, 아산화질소N_{20} 배출)로 빠져나간다는 것이다. 이러한 손실
로 인해 작물에 실질적으로 사용되는 질소의 비율은 살포량 대비
50% 미만이며, 중국의 집약적 벼농사에서는 이 비율이 약 3분의 1
에 불과하다.[9]

2010년대 전 세계의 연평균 질소비료 사용량은 약 1억 1천만 톤
으로, 이 중에 절반 이상의 질소 원소(주로 질산염과 암모니아 형태의 반

---

9 역자 주 : 결국 대부분의 질소비료가 환경오염의 원인이 된다는 뜻이다.

응성 화합물)가 환경오염의 원인이 되고 있다. 게다가 이러한 부작용은 헥타르당 연평균 100kg 이상의 비료를 사용하는 북반구 농업 지역에 집중되어 있다. 옥수수와 쌀 같은 집약적으로 재배되는 농작물의 경우, 헥타르당 연평균 질소비료 사용량은 200kg을 초과했다. 질소비료는 농작물 재배 비용의 약 5분의 1을 차지하여 경제적인 부담도 크고, 심각한 환경문제를 야기한다.

연안 해역에 대규모 데드존dead zone[10]이 생기는 것처럼 심각하고 통제하기 어려운 환경문제는 없다. 하천으로 침출된 질소는 연못과 호수로 흘러들어 결국 연안 해역에 도달하게 되어 바다의 부영양화에 따른 조류(藻類)의 급증을 초래한다. 조류가 죽어 바닥에 가라앉으면 분해 과정에서 용존산소가 소모되고 물은 무산소 상태가 되어 어류와 해양 무척추동물이 질식하게 된다. 이러한 데드존은 현재 멕시코만과 많은 유럽 및 동아시아 해안선에서 발견된다. 또한, 비료에서 방출되어 대기에서 질산염으로 전환되는 질소산화물과 이산화질소는 산성비의 원인이 된다.

최근 더 큰 관심을 받고 있는 화학비료의 부작용은 질산염의 박테리아 분해에 의한 아산화질소의 생성이다. 장기간(100년) 동안 미

---

10 역자 주 : 용존산소가 적어 해양 생물이 생존하기 어려운 지역이다.

치는 영향을 분석하면 아산화질소는 주요 온실가스인 이산화탄소
보다 지구온난화에 미치는 잠재력이 300배 가까이 높다. 그러나 아
산화질소의 상대적인 배출량이 적어, 인공적인 온실가스 배출량 중
약 6%만 차지한다.

대량의 합성 질소비료를 장기간 사용하면 토양의 유기 탄소(이전
에는 분뇨와 작물 잔류물 재활용을 통해 얻었음.) 감소와 토양 생물 다양성
저하가 발생하여, 토양 비옥도가 떨어진다. 그래서 현대 농업의 핵
심 목표 중 하나는 수확량을 유지하면서 비료 사용량을 최소화하
는 것이다. 그러나 주식 곡물과 달리 콩과 작물은 비료를 거의 사용
하지 않거나 최소한으로 사용해도 좋은 수확량을 얻을 수 있다. 더
욱이 수확 후 토양에 잔류 질소가 남아 토지를 비옥하게 유지한다.
콩과 작물의 이런 이점은 고대부터 알려져 있었다. 농부들은 곡물
수확량을 높이기 위해 콩과 작물을 다른 작물과 혼합하여 재배하
거나 콩과 작물을 윤작하는 방법을 사용하기도 하였다.

하지만 당시 농부들은 콩과 작물이 왜 곡물 수확량에 좋은 영향
을 미치는지 이유를 알지는 못했다. 1838년 프랑스의 화학자 장 밥
티스트 부싱고Jean-Baptiste Boussingault는 실험을 통해 이 사실을 입증
했다. 그는 무균 모래에서 완두콩을 재배하는 실험을 통해 콩과 작
물이 실제로 토양에 질소를 공급한다는 사실을 입증했다. 이 사실
을 설명하는 유일한 가설은 콩과 작물이 불활성 대기 질소를 사용

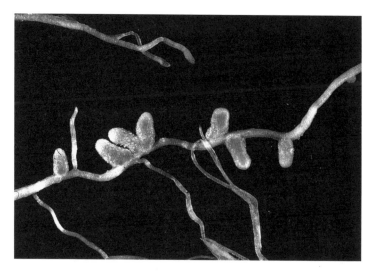

[그림 4.6] 콩과 작물의 뿌리 결절에 있는 질소고정 박테리아.

하여 반응성 화합물을 생성할 수 있다는 것이었지만, 당시에는 구체적인 메커니즘은 알 수 없었다.

그리고 50년 후인 1888년, 독일의 두 화학자 헤르만 헬리겔Hermann Hellriegel과 헤르만 윌파스Hermann Wilfarth는 콩과 작물이 야생 작물이나 밀, 쌀, 보리, 귀리 등과 본질적으로 다르다는 사실을 발견했다. 콩과 작물은 대기 중 질소를 직접 흡수하는 것이 아니라, 뿌리 결절에 존재하는 박테리아와의 공생을 통해 질소를 얻는 것이었다 (그림 4.6). 이후 미생물학자들은 콩과 작물의 뿌리 결절에 서식하는 박테리아(리조비움)와 함께 토양이나 물속에 서식하는 또 다른 질소고정 박테리아를 발견하였다.

하버-보슈 공정을 이용한 대규모의 암모니아 제조 공장에서는 400°C 이상의 고온과 해수면 대기압의 200~400배에 이르는 고압이 필요하지만, 리조비움 같은 질소고정 박테리아는 상온과 일상적인 기압에서 작업을 수행한다. 이는 질소고정 효소 덕분인데, 이 효소는 수소와 질소가 반응하여 암모니아를 생성할 수 있게 하는 두 가지 단백질(FeMo 단백질, Fe 단백질)로 이루어져 있다. 하지만 이러한 생체 질소고정 과정은 에너지 비용이 높으며, 질소고정 효소는 산소에 매우 민감하다.[11]

리조비움의 질소고정 발견은 흥미로운 가능성을 제시한다. 즉, 다른 곡물도 콩이나 작물과 같이 뿌리에 붙어 있는 질소고정 박테리아와 공생하여 식물 성장에 필요한 질소를 고정할 수 있는지에 대한 가능성이 제기되었다. 1917년에는 이미 일리노이대학교 농업 실험실의 연구원 토마스 버릴Thomas Burrill과 로이 한센Roy Hansen은 '콩과 식물 박테리아와 비콩과 식물 간의 공생이 가능한가?'라는 제목의 보고서를 발표했다. 그러나 이후 수십 년 동안 후속 연구가 이루어지지 않아 이 보고서는 단지 아이디어로만 남아 있었다. 그러나 식물과 박테리아의 생리학 및 유전학이 지속적으로 발전함에 따라,

---

11 역자 주: 질소화 효소는 공기 중의 산소에 극도로 불안정하여, 그 활성이 산소에 의해 저해된다.

이 가능성은 가까운 미래에 실현될 수도 있다. 1970년에는 중질소 heavy nitrogen을 이용한 고수확 작물 개발의 공로를 인정받아 노벨 평화상을 수상한 미국의 농학자 노먼 볼라우그는 누구보다 질소고정 작물의 가능성에 대해 희망적이었다.

그는 노벨상 수락 연설의 마지막 부분에서, 그가 꿈에서 보았던, 희망으로 가득 찬 공상 과학 소설을 이야기했다.

미래의 밭에서는 화학비료가 아니라 질소고정 박테리아로부터 헥타르당 100kg의 질소를 공급받으며, 밀, 쌀, 옥수수, 수수, 기장과 같은 작물이 풍요롭게 자랄 것입니다. 이 돌연변이 박테리아들은 1990년대 콩과 작물의 뿌리에서 얻은 리조비움 균주를 이용한 대규모 돌연변이 육종 프로그램에 의해 개발되었습니다. 과학적 발전은 전 세계 수억 명의 영세한 농부들을 위한 농업 생산에 혁명을 일으켰습니다. 그들은 이제 작물에 필요한 비료 대부분을 공기에서 질소를 가져와 곡물의 뿌리에서 무료로 고정하고 곡물로 변환하는 이 작고 경이로운 미생물로부터 직접 공급받게 됩니다.

질소고정 박테리아와의 공생이 가져다주는 이점은 명확하다. 합성 질소비료 구입 및 살포의 필요성이 감소하면서 곡물 재배의 수

익성이 향상된다. 합성비료의 유출로 인한 수질오염과 토질 산성화
가 줄어들며 온실가스 배출량도 감소한다. 또한, 담압soil compaction[12]
이 줄어들고, 유기물 및 질소 함량이 증가하여 토양의 비옥성이 향
상된다. 콩과 작물의 질소 고정체를 다른 곡물로 확장하는 연구는
1970년대에 본격적으로 시작되었고, 그 이후로도 지속적으로 추진
되어 왔다.

국제미작연구소International Rice Research Institute에서는 쌀의 질소 자
급diazotroph의 가능성을 평가하는 프로젝트를 수행했다. 미국, 캐나
다, 영국, 인도에서는 다양한 곡물 작물을 대상으로 한 유사한 프로
젝트들이 정부, 대학, 재단 등에서 진행되었다. 1980년대 중반에 질
소고정을 위한 주요 학회에서는 질소고정이 '작물 생산을 개선하기
위해 실용적으로 적용하기에는 아직까지 미흡하다.'라는 결론을 내
렸다. 하지만 동시에 유전공학의 발전이 이루어지면 가까운 미래에
성공적인 품종개량의 가능성이 있다고도 전망했다. 1996년에는 바
실러스 튜링겐시스Bacillus thuringiensis[13]를 도입하여 해충 저항력을 강
화한 최초의 옥수수와 대두 품종이 미국에서 출시되었다. 유전자
변형 카놀라는 1995년에 출시되었으며, 현재 미국에서는 유전자

---

12 역자 주 : 담압이 높으면 토양의 질이 떨어진다.

13 역자 주 : 결정 형태의 살충 단백질을 생산하는 세균이다.

변형 파파야, 감자, 사탕무, 사과 등이 재배되고 있다.

일반 곡물에 질소고정을 도입하기 위한 세 가지 전략 중 첫 번째 방법은 다음과 같다. 우선 가장 확실한 방법은 콩과 작물의 염기 서열을 복제하고, 일반 곡물이 박테리아와 유익한 상호작용을 하는 방법을 찾아내는 것이다. 즉, 작물에 질소를 공급할 뿌리 결절이 발달하도록 유도하는 것이다. 식물학자들은 결절성 식물과 유전적으로 유사한 비결절성 비작물 종에 질소고정을 도입(시작)하는 것이 최선의 접근법이라고 생각한다. 어쨌든 이 방법은 "진화론을 고려하지 않고 생물학에 대해 아무것도 말할 수 없다."라는 도브잔스키Dobzhansky의 유명한 격언을 다시 한번 떠올리게 만든다.

그리고 지난 1억 년 이상 이어온 고등식물의 진화 과정에서 콩과 작물 외에는 어떤 주요 식물도 리조비움과 공생하면서 질소를 고정하는 능력을 갖추지 못했다. 질소가 모든 식물 종의 성장에 있어 중요한 요소지만, 콩과 작물만이 이러한 능력을 갖추었다는 것은[14] 진화 과정에서 이러한 제약을 극복할 수 있는 식물이 소수에 불과하다는 점에서 더욱 주목할 만하다.

이러한 문제 외에도 다른 실질적인 문제가 있다. 콩과 작물은 생

---

14 리조비움 외에 유일하게 주목할 만한 질소고정 사상 박테리아(filamentous bacteria)는 약 200종의 비식량 식물 종에 영향을 미친다.

산하는 에너지의 10~20%를 뿌리 결절로 보내는 것으로 알려져 있다. 하지만 질소 공급으로 인해 광합성 능력이 향상되었기 때문에 상대적으로 높은 에너지 비용이 수확량 손실로 이어지지는 않는다. 그러나 일반 곡물의 경우에는 이 과정에서 수확량 손실이 발생할 수도 있다. 따라서 많은 인구를 부양하기 위해 단위당 높은 수확량이 필요한 아시아 지역에서는 질소고정 곡물을 받아들이기가 어려울 수도 있다.

질소고정 작물의 개발을 위한 두 번째 방법은 곡물 식물의 뿌리 영역에 존재할 수 있는 박테리아의 활동을 강화하는 것이다. 작물에게 질소를 더 많이 제공하거나 식물 조직에 질소 자급 영양체를 도입하기 위해서는 씨앗을 전처리하거나 엽면 스프레이foliar spray를 이용한다. 이 방법은 열대지방에서 자라는 식물과 관련된 박테리아가 발견되면서 가능성이 대두되었다.

식물과 공생하지 않고 독자적으로 살아가는 질소고정 박테리아는 토양과 물에서 발견되었다. 토양에서는 슈드모나스Pseudomonas와 아조스피릴룸Azospirillum이, 물에서는 시아노박테리아cyanobacteria(노스톡Nostoc, 아나베나Anabaena 등)가 발견되었다. 이들은 식물의 뿌리나 다른 기관과 상관없이 번성하며 작물에 소량의 질소를 공급한다.

그러나 1960년대 후반에 브라질의 미생물학자 요한나 뒤버라이너Johanna Döbereiner는 몇몇 박테리아(아세토박터Acetobacter, 아조스피릴룸

[그림 4.7] 요한나 뒤버라이너(1924~2000년), 브라질의 미생물학자이다. 옥수수와 사탕수수의 질소고정 연구의 선구자다.

Azospirillum, 허바스피릴룸Herbaspirillum)가 열대 풀의 뿌리에서 공생하는 것을 발견했다(그림 4.7). 이 박테리아들은 리조비움처럼 식물 뿌리 결절에 눈에 띄게 조직적으로 공생하지는 않지만, 식물 뿌리 근처에 서식하면서 식물에서 빠져나오는 양분을 흡수하고 고정된 질소를 간접적으로 전달한다. 아조스피릴룸의 질소고정은 쌀과 옥수수의 질소 공급에 상당한 기여를 하는 것으로 밝혀졌다.

뒤버라이너의 발견으로 인해 농작물의 뿌리 근처에 서식하는 박테리아의 활용 가능성이 주목을 받았다. 하지만 이를 실현하기 위해서는 농작물과 박테리아의 공생 조건과 고정 질소의 양이 적은 환경에서 기대할 수 있는 최대 흡수량에 관한 연구가 필요하지만, 사실 이 연구가 성공한다고 해도 큰 효과를 기대하기는 어렵다.

1988년에는 뒤버라이너와 블라디미르 카발칸테Vladimir Cavalcante 가 브라질 사탕수수 조직 내부에 서식하는 글루코노아세토박터 디아조트로피쿠스Gluconoacetobacter diazotrophicus[15] 질소고정을 발견하면서 희망이 보이기 시작했다. 후속 연구에서는 허바스피릴룸, 아조스피릴룸, 아조아쿠스Azoarcus 종도 질소고정에 관여하는 것으로 밝혀짐에 따라 내생균endophyte[16]과 비내생균의 질소고정 기여도를 구분하기는 여전히 어려운 과제다.

데이비드 덴트David Dent와 에드워드 코킹Edward Cocking이 설립한 영국 회사인 아조틱 테크놀로지스Azotic Technologies는 현재 글루코노아세토박터 디아조트로피쿠스를 이용한 특허 요법을 제공하고 있다. 이 회사의 초기 제품은 액상 종자 접종제였으며 현재는 엽면 처리 제품도 제공한다. 이 회사의 특허 기법은 식물의 세포에 자체 질소고정 능력을 제공하며 영국, 미국, 캐나다, 독일, 벨기에, 프랑스의

---

15 역자 주 : 아세토박테리아과 세균.
16 역자 주 : 식물 조직 내에서 식물의 외형적 변형을 유발하거나 건강을 해치지 않고 공존하는 균을 내생균이라고 한다. 세균, 곰팡이 등 다양한 미생물이 식물체 안에서 내생균으로 살아가고 있다.

옥수수와 밀, 베트남, 태국, 필리핀의 벼에서 효능이 입증되었다고 주장한다.

단, 미국에서는 옥수수를 대상으로 질소비료 수준을 줄이지 않은 상태에서 아조틱의 기법을 적용하였다. 실험 결과 평균 5~13%의 수확량이 증가했으며, 많게는 20%까지 수확량이 증가한 것으로 나타났다. 아시아에서는 벼를 대상으로 비슷한 실험을 실시하였는데 평균 17~20%의 수확량 증가를 보였다.

이 회사는 웹사이트에서 자신들의 바이오 비료 기술을 사용하면, 작물의 질소 요구량에 최대 절반을 공급할 수 있다고 주장한다. 미국과 캐나다에서는 이 기술이 엔비타Envita라는 이름으로 판매되고 있으며, 헥타르당 옥수수 수확량을 최소 160kg 증가시킬 수 있는 안전한 방법으로 홍보하고 있다. 그러나 2020~2021년 켄터키, 일리노이, 오하이오, 미네소타에서 PFRPractical Farm Research이 실시한 엔비타 실험 결과는 부정적이었다. 엔비타로 인한 수확량 향상은 미미했다. 심지어 엔비타를 살포한 실험군보다 엔비타를 사용하지 않은 대조군의 수확량이 약간 더 많은 경우도 있었다.

아이오와주에서 진행한 엽면 처리 실험에서도 5차례의 시험 모두 엔비타가 옥수수 수확량에 큰 영향을 주지 않았다(처리하지 않은 구획의 수확량이 약간 더 높음). 한 번의 시험에서는 상당한 수확량 증가가 있었지만, 다른 시험에서는 수확량이 크게 감소하기도 했다.

전반적으로 실험 결과는 실망스럽고, 아조틱사의 광고와 큰 차이를 보였다.

질소고정 작물을 개발하는 세 번째 방법은 가장 급진적이고 야심 차다. 이 방법은 질소고정nitrogen-fixing, nif 유전자를 식물에 직접 주입하여, 미생물이 없어도 질소를 고정할 수 있는 새로운 작물을 설계하는 것이다. 이 과정은 불활성 대기 중 질소를 암모니아로 전환하는데 필수적인 촉매인 질소화 효소의 복잡성(철과 희귀한 몰리브덴이 필요함)과 산소에 대한 효소의 민감성이라는 두 가지 장애물로 인해 어렵다.

캐나다의 유전자 연구팀은 밀과 호밀의 교잡종인 트리티케일triticale을 집중하여 연구하였는데, 이는 트리티케일 연구가 밀에 비해 더 효율적이기 때문이다. 연구팀은 나노 운반체(세포 침투 펩타이드)를 사용하여 전체 nif 유전자 클러스터를 미토콘드리아로 이동시키는 데 초점을 맞추고 있다. MIT의 미국 연구팀은 식물 유전학 실험에 자주 사용되는 담배 식물을 활용하여 근경화성 박테리아로부터 nif 유전자를 옮기는 연구를 진행하고 있다. 이 연구는 수많은 유전자가 이 과정에 관여할 뿐 아니라 유전자 발현 과정을 수행하는 세포 구성 요소가 박테리아와 식물에서 서로 다르다는 점 때문에 매우 어렵다. 2018년에는 nif 유전자를 숙주 세포에서 큰 단백질로 발현될 수 있는 더 적은 수의 '거대' 유전자로 조립한 후, 특수 효소로 절단하여 개별 nif 구성 요소를 추출하는 새로운 연구가 보고되었다.

그러나 질소를 고정하는 유전자 변형 작물 개발이 모든 문제의 해결책이 아니다. 유전자 변형 작물은 또 다른 문제를 야기할 수 있다는 것을 염두에 둬야 한다. 북미와 남미의 생산자와 소비자들에게는 유전자 변형 작물이 환영받았지만, 거의 모든 EU 국가와 일본에서는 외면당했다. 중국과 인도에서는 유전자 변형 면화는 재배하지만, 유전자 변형 곡물이나 동물 사료 작물은 허용하지 않는다. 유전자 변형 작물에 대한 사람들의 두려움은 여전히 크며, 쉽게 사라지지 않을 것이다. 게다가, 유전자 변형 작물은 식품의 유전자 변형에 반대하는 친환경 및 유기농 로비 단체의 반대에 부딪히기도 한다.

동물 사료용 곡물인 옥수수의 유전자를 변형하는 것과 인간이 섭취하는 주요 곡물인 밀의 유전자를 변형하는 것은 전혀 다른 문제다. 유전자 변형 밀 품종이 개발되고 실험되었지만, 북미, 유럽, 아시아, 호주에서 상업적으로 생산되는 유전자 변형 밀 품종은 존재하지 않는다. 또한, 미국, 캐나다, 호주와 같은 주요 곡물 수출국들은 대부분의 국가들이 유전자 변형 곡물 수입을 금지하기 때문에, 유전자 변형 곡물 재배를 꺼린다.

2020년 10월, 아르헨티나 농업부는 가뭄에 잘 견디는 형질전환

밀 품종인 바이오세레스 HB4를 이례적으로 식용 승인했다. 이것이 새로운 트렌드의 시작인지, 아니면 사소한 예외로 그칠지 아직 아무도 모른다. 리조비움의 질소고정이 밝혀진 지 130여 년이 지났고, 버릴과 한센이 질소 자급 영양체와 주요 곡물 간의 공생에 대해 연구한 지도 100여 년이 지났다. 또한, 볼라우그가 노벨상을 받은 지도 50년이 지났다. 최근 유전공학의 발전은 놀랍지만, 질소고정 작물과 관련한 발전은 여전히 더딘 상황이다.

　1970년대에는 질소고정과 관련된 연구의 돌파구가 마련되었고, 1990년대에는 이에 대해 매우 낙관적이었다. 유전공학이 눈부시게 발전하고 있는 2020년대에는 이 기술의 완성이 가능할까? 언론에서는 주목할 만한 연구 성과에 대한 뉴스 보도가 나올 때마다 곡물의 질소고정이라는 성배에 '더 가까이' 다가간 것처럼 보도하지만, '더 가까이'라는 표현은 여전히 모호하다. '상당한 진전'이라고 보도된 연구가 5년 후에는 아무런 영향을 미치지 못하기도 한다. 어떤 경우에는 타임라인이 너무 모호하다. 맞춤형 박테리아를 개발하는 보스턴의 긴코 바이오웍스Gingko Bioworks와 선도적인 농업 기업 립스 바이 바이엘Leaps by Bayer의 합작사인 조인 바이오Joyn Bio는 다음과 같이 말한다. "첫 번째 제품은 옥수수, 밀, 쌀 등의 곡물이 공기에서 질소를 전환할 수 있도록 하는 미생물이다." 하지만 자세한 내용을 보기 위해 아래로 스크롤 하면 "첫 번째 제품은… (중략) 을 가능하게 하는 공학적 미생물이 될 것이다."[17]라고만 밝히고 있다.

케임브리지대학교 작물과학센터의 자일스 올드로이드Giles Oldroyd 는 질소고정 곡물을 개발하는 데 얼마나 걸릴지에 대한 질문에 대해 다음과 같이 솔직하게 답했다. "정답은 없습니다. 우리는 미지의 영역에서 일하고 있습니다." 수십 년간의 농학, 식물학, 유전공학 발전 덕분에 미지의 영역이 많이 줄어들었지만, 질소고정 작물이 가야 할 길은 아직도 멀다. 질소비료 사용을 크게 줄이면서도 수확량을 유지하고 환경오염을 최소화하는 차세대 밀이나 쌀이 언제쯤 가능할지 현재로서는 정확하게 예상하기 어렵다.

무한한 청정에너지, 통제된 핵융합

크기와 에너지 방출 면에서 태양계 중심의 태양은 특별한 것이 아니다. 우리은하에는 약 1,000억 개의 별 중에서 태양과 비슷한 크기의 별이 수백만 개 존재한다. 천문학자들은 태양의 고유한 노란색 때문에 빛의 스펙트럼을 기준으로 별을 분류하는 도표의 중간에 태

---

17 역자 주: 타임라인을 명확히 밝히지 않는다는 의미로 필자가 강조함.

양을 놓는다. 태양은 크기 면에서 G2 V등급의 매우 흔한 왜성dwarf 이며, 태양계 밖 가장 가까운 별인 프록시마 켄타우리Proxima Centauri 와 비슷하다.

태양은 약 45억 년 전에 생성되었다. 초창기 태양은 현재보다 거의 3분의 1 정도 적은 에너지를 방출했다. 이렇게 평범한 태양이지만 에너지 생산량은 놀랍다. 태양에너지의 방출량은 3.89×10^{26}와트(joules/sec)인 반면, 전 세계의 총 1차 에너지 소비량(모든 연료와 수력, 원자력, 풍력 및 태양열 전기 포함)은 1.8×10^{13}와트이다. 이는 태양에너지의 수십조분의 1에 불과한 수준이다. 과거 과학자들은 태양의 엄청난 에너지 방출 원리에 의문을 가졌으나, 19세기에 개발된 분석 도구를 통해 설명할 수 있게 되었다. 연소는 태양의 에너지 방출과 비교되기도 하지만, 효율이라는 측면에서 비교할 수 없다. 탄소 1g을 태우면 30줄, 수소 1g을 태우면 113줄이 방출되는 수준이다.

독일의 의사이자 물리학자로 열역학 창시자인 로버트 메이어Robert Mayer는 1848년에 발표한 논문에서 태양열이 태양에 떨어지는 운석의 에너지에서 발생한다고 잘못된 결론을 내렸다. 1854년에 독일 물리학자 헤르만 헬름홀츠Hermann Helmholtz는 태양이 중력 운동을 열로 변환하여 에너지를 생성한다고 주장했다. 중력의 영향으로 태양 외층이 안쪽으로 천천히 수축하면서 태양을 밝고 뜨겁게 만들 수 있다고 생각했다. 태양의 지름(1,393,000km)에 비해 연간 40m의 수축 현상은 관측하기 어렵지만, 당시 태양이 방출하는 에너지를 생성하는 데 충분할 뿐 아니라 3천만 년(=10^{15}초) 이상 에너지를 생산할 수 있다고 주장했다.

하지만 다윈의 진화론 연구에 따르면, 생물의 진화에는 3천만 년보다 훨씬 긴 시간이 필요하였다. 이는 헬름홀츠의 이론이 수정되어야 함을 의미했다. 그러나 당시 많은 물리학자들은 다윈의 진화론을 부정했으며, 당연히 진화론에 걸리는 긴 시간에 대해 납득할 수 없었다. 하지만 결국에는 물리학자들의 설명이 잘못된 것으로 밝혀졌다. 1896년 앙리 베크렐Henri Becquerel의 방사능 연구로 태양의 나이가 약 50억 년임이 밝혀지면서, 헬름홀츠의 중력 가설은 오류였음이 확실해졌다. 이에 따라 50억 년 동안 태양이 지속적으로 에너지를 방출할 수 있는 원리에 대한 연구가 시작되었다.

1920년대에 영국 천체물리학자 아서 에딩턴Arthur Eddington은 별의 에너지가 핵융합과 양성자-전자 소멸에서 기인한다는 가설을 제시하고, 별의 내부가 이러한 반응을 일으킬 수 있을 만큼 뜨거운 환경을 제공한다고 주장했다. 천체물리학자 아서 에딩턴Arthur Eddington은 별의 에너지가 핵융합과 양성자-전자 소멸에서 기인한다는 가설을 제시하고, 별의 내부가 이러한 반응을 일으킬 수 있을 만큼 뜨거운 환경을 제공한다고 주장했다. 결국 1930년대에 핵물리학의 발전 덕분에 핵반응이 태양복사를 유발한다는 사실이 확실해졌으며,

1930년대 말에는 핵융합 과정에 대해서도 이해하게 되었다.

1937년, 카를 프리드리히 폰 바이츠새커Carl Friedrich von Weizsäcker 는 양성자 두 개가 융합하여 중수소heavy hydrogen[18]를 형성하는 것으로 핵융합이 시작된다는 가설을 수립하였고, 찰스 크리치필드 Charles Critchfield와 한스 베테Hans Bethe는 이 과정을 정량적으로 증명하였다. 이 반응은 양전자[19]와 중성미자[20]를 생성하며, 중수소는 다른 양성자와 융합하여 헬륨의 동위원소[21]를 생성하고 첫 번째 반응보다 훨씬 많은 에너지를 방출한다.

베테는 또한, 탄소와 수소가 융합하여 질소와 감마선 동위원소를 생성하는 것으로 시작하여, 질소와 수소의 동위원소가 탄소와 헬륨을 생성하는 것으로 끝나는 두 번째 핵융합반응 모델을 제시하였고, 이에 대해 1967년에 노벨 물리학상을 받았다(그림 4.8). 이

---

18 역자 주: 질량수가 2인 수소의 동위원소. 수소를 포함하고 있는 화학반응과 생화학 반응을 조사하는 동위원소 추적자로 널리 쓰며 수소폭탄이나 원자로에도 이용한다.

19 역자 주: 전자의 반대 입자로 전자와 같은 질량을 가지며 양전기를 지니는 소립자. 에너지가 큰 감마선이 물질과 접촉할 때나, 인공방사능의 성질을 가진 원자핵 가운데에서 발견된다. 1932년 앤더슨(Anderson, C. D.)이 우주선을 연구하는 도중에 발견하였다.

20 역자 주: 중성자가 양성자와 전자로 붕괴될 때에 생기는 소립자. 전하를 가지고 있지 않고 질량이 극히 작다.

21 역자 주: 원자번호는 같으나 질량수가 서로 다른 원소. 양성자의 수는 같으나 중성자의 수가 다르다.

[그림 4.8] 한스 베테(1906~2005년)는 태양 핵융합반응 연구에 대한 공로로 노벨 물리학상을 받았다.

반응에서 탄소는 촉매 역할만 하며, 4개의 양성자와 2개의 전자가 결합해 하나의 헬륨 핵을 형성한다. 1938년 베테는 "탄소-질소 순환이 태양에서 에너지를 생산한다."라는 사실을 발견했다. 양성자-양성자 사이클에서 수소가 헬륨으로 융합되는 것은 절대 온도가 1,300만 도에 도달할 때만 발생하며, 1,600만 도 이상에서는 재생 탄소-질소 사이클이 핵융합을 주도한다.

태양 중심부의 반응은 지구 표면보다 약 2,500억 배 더 높은 압력에서 진행되며, 매초 430만 톤의 물질을 소비하고 3.89×10^{26}줄의 에너지를 방출한다. 이 에너지 흐름은 빠르게 열로 변환되어 외부로 전달되며, 태양의 가시광선 방출 층 1제곱미터당 약 64MW를 방출한다. 이 에너지가 지구궤도에 도달하기 전에 우주에서 흡수되는 양은 매우 적다. 따라서, 지구 대기 상층에서 사용할 수 있는 태양복사 에너지 기준량인 태양상수solar constant[22]는 태양과 지구의 평균 거리를 이용해 구할 수 있다(1,370W/m²). 이러한 설명이 필요한 이유는 인류가 태양의 핵융합을 재현할 수만 있다면, 핵융합의 잠재력이 커서 인류가 직면한 많은 문제를 해결할 수 있기 때문이다.

핵융합을 일시적이고 즉각적인 에너지를 방출원으로 복제하는 것, 즉 핵융합의 폭발력을 활용하는 연구는 1938년 베테의 연구 이후로 불과 14년 만에 성과를 거두었다. 로버트 오펜하이머를 필두로 어니스트 로렌스Ernest Lawrence, 글렌 시보그Glenn Seaborg, 필립 아벨슨 Philip Abelson 등 미국의 저명한 물리학자들과 유럽에서 건너온 학자들 (엔리코 페르미Enrico Fermi, 레오 실라르드, 존 폰 노이만John von Neumann, and, 에드워드 텔러Edward Teller)은 중원소 핵분열을 이용한 세계 최초의 핵무기 설계 및 제작 프로젝트에 참여했다. 맨해튼 프로젝트는 1942

---

22 역자 주: 지구상에서, 태양광에 수직으로 놓인 단위 면적에 입사하는 태양에너지의 양이다. 지구와 태양 사이의 거리는 계절에 따라 변화하므로, 그 평균 거리에서의 값을 취한다.

년 본격적으로 시작되었다. 베테는 이론 부서의 책임자가 되었으며, 1945년 7월에 최초의 핵무기 실험이 성공리에 끝났다. 그리고 1945년 8월에는 히로시마와 나가사키에 핵폭탄이 투하되었다. 이때부터 텔러와 페르미는 이미 핵폭탄을 넘어서 통제된 핵융합반응의 가능성에 대해 고려하고 있었다. 1952년에는 텔러가 미국 최초의 수소폭탄(실제로는 74톤의 고정식 장치) 개발과 실험을 이끌었다(그림 4.9).

1955년 11월, 소련의 물리학자들은 수소폭탄(TNT 160만 톤에 해당) 실험에 성공했다. 이후 미국과 소련은 더 강력한 무기 개발에 열을 올렸다. 1954년 미국은 TNT 1,500만 톤에 해당하는 폭탄 설계를 시험한 후 추가적인 무기 개발을 중단했으나, 소련은 1961년 10월에 TNT 5,800만 톤 용량의 핵폭탄을 실험했다. 베테의 연구로부터 20년이 채 지나지 않아 수백만 명이 사는 도시를 순식간에 파괴할 수 있는 무서운 무기가 개발되었지만, 한편으로는 태양의 핵융합을 재현하는 것도 가능해졌다.

앞서 살펴본 바와 같이 미국의 핵분열 상업화는 이전에 개발된 군사용 무기와 잠수함 동력용으로 설계된 가압수형원자로를 기반으로 했다. 그러나 군사용 수소폭탄 기술을 상업화하는 것은 어려웠다. 이는 산업용 열이나 전기를 생성하도록 용도 변경이 불가능했기 때문이다. 이를 위해 핵융합을 시작할 수 있을 만큼 플라즈마를 오래 가둘 수 있는 장치가 필요했다. 제어된 핵융합을 달성하기 위한

[그림 4.9] 에드워드 텔러(1908~2003년)와 미국 최초의 수소폭탄 실험.

상대적으로 쉬운 방법은 수소의 동위원소인 중수소와 삼중수소[23]를 결합해 헬륨 동위원소를 형성하는 것이다.

핵융합에 필요한 온도에서 수소 동위원소는 플라즈마 형태로 존재한다. 플라즈마는 핵에서 전자가 제거되어 이온화된 기체를 형성하는 과열된 물질 상태를 의미한다. 중수소와 삼중수소의 핵을 융합하려면 100,000eV(일렉트론-볼트) 수준의 막대한 운동 에너지가 필요하다. 1eV를 볼츠만 상수를 이용해 절대 온도로 표현하면 11,606K이므로 100,000eV는 1억 천만 K(켈빈) 수준이다.

먼저, 두 개의 중수소 원자가 트리톤(3중 양자)[24]과 양성자를 방출한다($^2H + ^2H \rightarrow ^2H + ^1H$). 그다음, 다른 중수소와 삼중수소가 서로 높은 운동 에너지로 융합하여 헬륨-4(에너지 알파 입자)와 훨씬 더 에너지가 높은 중성자를 생성한다($^2H + ^3H \rightarrow ^4He + ^1n$). 헬륨은 핵융합에서 생성되는 전체 에너지의 20%를 전달하며, 헬륨이 충분한 에너지를 공급하면 플라즈마는 외부 에너지 입력 없이도 유지될 수

---

23 역자 주: 수소의 동위원소인 삼중수소의 원자핵. 한 개의 양성자와 두 개의 중성자가 결합한 것으로, 결합 에너지는 8,482MeV이고, 반감기는 12.3년으로 붕괴하여 ^3He으로 된다.

24 역자 주: 수소 동위원소의 하나. 원자핵의 인공 파괴로 만든 질량수 3인 인공방사성 원소로, 베타붕괴(β崩壞)를 하며, 반감기는 12.3년이다. 원자핵은 한 개의 양성자와 두 개의 중성자로 이루어져 있으며, 핵융합반응을 일으키기 쉽다.

있을 만큼 충분히 뜨거워진다.

이를 자체 가열에 따른 연소 플라즈마 단계라고 한다. 핵융합으로 생성된 에너지의 80%를 차지하는 중성자가 플라즈마에서 빠져나간 후 다른 곳에서 흡수되면 이 열을 이용하여 화력발전소와 동일한 방식으로 증기 터보 발전기를 사용함으로써 전기를 생성할 수 있다.

핵융합에 필요한 원료인 중수소와 리튬은 쉽게 얻을 수 있다. 중수소는 바닷물을 전기분해 해서 얻을 수 있고($1m^3$의 바닷물에 33g의 중수소가 존재함), 리튬은 매장량이 풍부하다. 리튬은 현재 배터리용 수요가 많긴 하지만, 현재 수준의 수요를 가정할 때 현 매장량으로 약 1천 년 동안 사용할 수 있다. 2020년 기준, 전 세계의 리튬 매장량은 약 9천만 톤이며 앞으로 더 늘어날 가능성이 크다.

그러나 삼중수소는 매우 희귀한 동위원소이기 때문에 핵융합을 위해서는 자체적으로 삼중수소를 생성해야 한다. 자연 상태에서 삼중수소는 우주선cosmic ray[25]과 질소 분자의 충돌을 통해 생성된다. 인공적으로 삼중수소를 생성하기 위해서는 밀폐된 플라즈마를 둘러싼 핵융합로 내벽에 설치된 블랑켓blanket 장치 안쪽에 들어 있는 리튬과 중성자를 충돌시켜 삼중수소를 생성한 다음 회수하는 방식

---

25 역자 주: 우주에서 끊임없이 지구로 내려오는 매우 높은 에너지의 입자선을 통틀어 이르는 말이다.

을 사용한다.

핵융합을 위한 핵의 고에너지 충돌을 제어하려면 다음과 같은 세 가지의 조건이 충족되어야 한다. 매우 높은 온도를 유지할 수 있어야 하고, 핵 충돌의 가능성을 높일 수 있을 만큼 높은 플라즈마 밀도를 유지해야 하며, 지속적인 열 발생에 필요한 플라즈마를 오래 유지해야 한다.

이 세 가지 조건은 통제된 핵융합 실현에 큰 장애물이 되었지만, 초기 핵융합 연구에서 물리학자들은 이를 빠르게 극복할 수 있다고 생각했다. 1955년 제네바에서 열린 제1회 '원자력의 평화적 이용에 관한 국제회의'에서 의장을 맡은 인도의 핵물리학자 호미 바바Homi Bhabha는 개회 연설에서 "앞으로 20년 이내에 핵융합 에너지를 제어할 방법이 개발될 것"이라고 말했다. 바바의 이 발언 이후로 많은 과장된 기대가 쏟아졌고, 1955년부터 1975년까지 20년 동안 주목할 만한 연구가 있었다. 이 중 하나는 1951년 소련의 쿠르차토프Kurchatov 연구소에서 통제된 핵융합에 대한 연구가 본격적으로 시작된 것이다.

많은 소련 물리학자들은 자력을 이용해 플라즈마를 가두는 것이 최선의 방법이라고 믿었다. 이를 위해 복잡한 설계가 다양한 관점에서 이루어졌는데, 그중에서 가장 효과적인 것은 강력한 자석을 사용하여 플라즈마가 관형 진공 챔버 내에서 계속 흐르는 도넛형 장치였다.

1946년에는 영국의 블랙맨Blackman과 톰슨Thomson이 도넛형 장치의 특허를 취득했고 1950년대에는 초 이고르 탐Igor Tamm과 안드레이 사하로프Andrei Sakharov가 실제로 장치를 구현했다. 이후 1950년대 후반에 첫 실험이 이루어졌다. 이 실험용 자기 열핵반응로는 토카막tokamak으로 널리 알려졌는데, 이는 자기 코일 도넛형 챔버를 뜻하는 러시아어의 첫 글자를 따서 만들어진 약어이다.[26]

1950년대의 또 다른 주요 설계로는 라이먼 스피처Lyman Spitzer의 스텔라레이터(외부 코일을 사용하여 플라즈마를 제어하기 위해 트위스트 자기장을 생성)와 Z-핀치(자기장에 의한 플라즈마 압축)가 있었다. 그러나 1950~1960년대의 고온 달성을 위한 기술 개발은 더딘 편이었다. 1975년에 소련은 토카막의 플라즈마 온도를 1keV(약 1,160만 °K)로 만들 수 있었고, 3년 후에는 8keV(약 9,280만 °K)에 도달할 수 있었다. 이후 핵융합 연구는 산업화로 나아가기 시작했다.

미국의 경우에는 정부 연구소(로스앨러모스, 로렌스 리버모어, 오크리지, 로렌스 버클리, 샌디아, 사바나)와 대학(MIT, 컬럼비아, 프린스턴, 캘리포니아 대학, 텍사스) 그리고 민간 기업들이 참여했지만, 미국 핵융합

—

26 toroidal'naya kamera s magnitnymi katushkami.

연구 자금 규모는 전 세계의 6분의 1에 불과했다. 연구 자금 면에서 EU는 전 세계 핵융합 연구의 약 40%를 차지했으며, 일본은 약 20%를 차지했다. 1970년 이후로 약 60개의 대규모 핵융합 시설 개념 설계가 진행되었고, 미국, 러시아, 일본, EU에서 100개 이상의 실험 시설이 건설되었다.

　핵융합에 대한 각국의 노력은 언론의 지속적인 관심을 받았다. 언론은 일반적으로 높은 관심을 보이지 않다가 새로운 기술적 진보가 발표될 때마다 큰 관심을 기울였다. 핵융합의 잠재력을 고려하면 충분히 이해할 수 있는 반응이다. 핵융합은 무한하고 지속 가능한 탄소 배출이 없는 청정 에너지원으로, 언제 어디서나 사용할 수 있다. 핵융합은 종종 태양에너지를 병에 담아 우리가 원하는 대로 사용할 수 있는 에너지원으로 묘사되기도 한다.

　최근 온실가스 배출에 대한 관심이 높아지면서 핵융합의 이점인 이산화탄소나 메탄가스$_{CH_4}$를 배출하지 않는다는 점이 강조되었다. 그러나 대중매체는 실험적으로 통제된 핵융합 발전에 대한 발표를 두 가지 방식으로 잘못 해석해 왔다. 첫째, 언론은 모든 성과를 돌파구로 분류하면서 이러한 '돌파구'가 열과 전기를 생산하기 위해 상업적으로 활용될 수 없다는 점을 의도적으로 간과하였다. 지금까지의 돌파구는 핵융합 이론의 실현 가능성을 입증하는 데 초점을 맞추어야 한다.

핵융합에 관한 수많은 보고서가 있으며, 조금만 검색하면 쉽게 찾을 수 있다. 이 중에서 지난 40년 동안의 보고서 중 일부를 나열하면 다음과 같다.

1978년『사이언스』핵융합 돌파구 보고서, 미디어 이벤트가 되다!

1985년『사이언스 다이제스트』핵융합에 더 가까워진 돌파구!

1989년『사이언스』핵융합 돌파구?

2012년『더힐(미국 의회 잡지)』미국 에너지와 산업의 새로운 시대를 여는 핵융합 돌파구!

2015년『사이언스』비밀 핵융합 회사, 원자로 돌파구 주장!

2021년『클라리온 뉴스』핵융합 시대가 다가왔다!

2021년『MIT 지속 가능성 사무소』병 속의 태양!

이 가운데 '병 속의 태양' 기사에서는 MIT와 MIT의 벤처기업인 커먼웰스 퓨전 시스템 연구진이 만든 세계에서 가장 강력한 고온 전도성 자석에 대해 보도했다. 이러한 종류의 보도는 대개 최신 성과를 언급하는 것뿐만 아니라 희망을 부풀린다. 뉴스는 '희망'이라는 프레임에서, 이러한 발전이 '무탄소 발전의 길을 열어 줄 돌파구'로서 '작동할 수 있는 핵융합로에 한 걸음 더 가까워지며, 머지않은 미래에 글로벌 에너지 시스템을 혁신하고 기후 변화를 완화하기 위한 새로운 기술이 등장할 수 있다는 희망의 근거'를 제공해야 한다.

2021년에는 미국의 로렌스 리버모어 국립 연구소Lawrence Livermore National Laboratory에서 핵융합 기록이 경신되었다. 거대한 레이저의 빛이 작은 표적에 집중되어 10경조 와트 이상의 핵융합 전력을 생성하는 소형 핫스폿을 만들었다. 하지만 이 현상의 지속 시간은 100조분의 1초에 불과하고 출력 에너지도 입력된 레이저 에너지에 불과했다. 2021년 8월의 실험에서는 이전(2018년)의 기록적인 수율보다 25배 증가한 수치를 보여 줬으며, 연구원들은 '핵융합 점화의 문턱'에 도달했다고 평가했다. 이 연구에서는 관성을 이용하여 플라즈마를 가두는 방법[27]을 채택했는데, 자기를 이용하여 플라즈마를 가두는 방법의 대안을 제시하는 것처럼 보였으나 이후 개발은 지지부진하다.

언론의 프레임 씌우기와 지나치게 낙관적인 홍보는 잠시 제쳐두자. 과연 우리는 핵융합에 얼마나 가까이 와 있을까? 이 질문에 대한 답을 찾기 위해서는 열 출력 비율(Q)을 주목할 필요가 있다. 열 출력 비율은 플라즈마를 높은 온도로 가열하고 유용한 수준의 핵융합반응을 시작하기 위해 핵융합 장치에 투입되는 전력 대비 핵융

---

27 중수소와 삼중수소로 채워진 캡슐에 레이저, X-선 또는 입자 빔을 조사하여 연료를 압축하고 점화 온도까지 가열함.

합으로 생성되는 열에너지의 비율이다. 현재 핵융합 기술이 Q 값에 얼마나 근접했는지를 살펴보면 답을 얻을 수 있다. 핵융합 발전의 역사는 Q 계수의 증가로 알아볼 수 있다.

당연히도, Q 값이 1보다 커야 손익분기점을 넘어갈 수 있지만, 지금까지 기록된 가장 높은 Q 값은 0.67로 영국의 토카막 JET가 달성했다. 현재 프랑스에서 건설 중인 초대형 토카막인 국제핵융합실험로International Thermonuclear Experimental Reactor, ITER는 손익분기점을 뛰어넘을 것으로 예상된다. ITER의 기원은 1985년 제네바 정상 회담에 이르러 올라가며, 2006년에 건설 협정이 체결되고 2010년에 프랑스 남부의 카다라쉬Cadarache에서 건설이 시작되었다. 이 프로젝트에는 EU, 스위스, 일본, 러시아, 미국, 중국, 인도, 한국을 포함한 35개국이 참여하고 있다(그림 4.10).

ITER는 토카막 구조를 기반으로 하며, 중앙 솔레노이드 코일과 대형 도넛 모양의 자석, 폴로이달poloidal 자석으로 구성되어 있다. 도넛 모양의 자석은 도넛 안쪽 원통을 따라 설치되며, 폴로이달 자석은 도넛 원통을 둘러싸는 모양으로 설치된다. 이 핵융합로의 기본 사양은 반경 6.2m, 부피 830m^3의 진공 용기 플라즈마이며, 플라즈마를 가두기 위한 자기장은 5.3T(테슬라)이고, 정격 핵융합 출력은 500MW(열)이다.

수소 플라즈마를 약 1억 5천만 도까지 가열하기 위해 50MW가

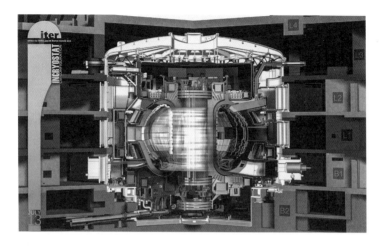

[그림 4.10] 완공 예정일은 계속 바뀌고 있지만 완공된다면 ITER 토카막은 세계에서 가장 큰 핵융합 장치가 될 것이다.

필요하므로, 이 핵융합로의 열 출력은 Q ≥ 10에 해당한다. 또한, 세

계 최초로 연소 플라즈마(플라즈마가 스스로 가열되면서 핵융합을 일으키

는 현상)를 구현할 수 있으며, 이는 연속적으로 작동하는 핵융합로에

필수적인 기능이다. ITER는 400~600초의 펄스_{pulse}[28] 동안 연소

플라즈마를 생성할 계획이며, 이는 핵융합 발전소 건설 가능성을

입증하기에 충분한 시간이다. 그러나 ITER는 순 에너지 생성 가능

성을 입증하고 상업적인 핵융합 설계 검증을 위한 실험 장치일 뿐,

---

28 역자 주: 매우 짧은 시간 동안에 큰 진폭을 내는 전압이나 전류 또는 파동. 1회의 경우
  를 임펄스, 일정한 주기를 두고 되풀이되는 경우를 펄스로 구별하기도 한다.

실제 에너지 생성 장치의 프로토타입은 아니다.

원래 ITER의 가동은 2016년에 시작될 예정이었으나, 2012년 첫 플라즈마 생성 시기가 2020년으로 연기되었다가, 2016년 6월 첫 플라즈마 발생 시기를 2025년 12월(삼중수소를 사용한 첫 운전은 2032년 예정)로 다시 연기하였다.

실제로 ITER가 완전하게 작동한다 하더라도, 연속 핵융합 상태에 도달하거나 전기 발전을 위한 방출 열 포집에는 활용되지 않을 것이다. ITER은 시설의 총전력 소비량을 기준으로 하지 않고, 열에너지 출력을 플라즈마 가열에 사용된 입력 에너지(50MW)로 나누어 비율을 계산할 때만, 펄스 순 에너지(Q > 1)를 생성하는 것으로 나타난다. 실제 ITER의 총전력 수요는 약 300MW로 이를 포함하면 순 에너지 생성은 크게 줄어든다. 필요한 에너지 대부분은 초전도 자석을 -269°C로 냉각하고 15MA(메가암페어) 플라즈마 전류를 생성하는 데 필요한 극저온 플랜트에 필요한 전력으로 사용된다.

제어 핵융합으로 방출되는 열은 전기 생산을 위한 것이다. 기존의 열교환 시스템은 핵융합로에서 나오는 열을 이용하여 물을 가열해 발전에 사용할 증기를 만들어 낸다. 기존 열교환 시스템은 개발된 지는 140년이 지난 기술이다. 최신 터빈의 경우 사용되는 열에너지의 40% 이상을 전기에너지로 전환할 정도로 효율이 향상되었다.

그러므로, 완벽하게 작동하는 ITER이 발전소로 가동되면 40%의 효율로 500MW의 열에너지를 200MW의 전기로 변환할 것이지만, 총전력 투입량이 300MW이므로 100MW의 순 전력 손실(300MW-200MW)이 발생한다. 결국 상업용 핵융합 발전소가 경쟁력을 갖추기 위해서는 지금보다 훨씬 높은 Q로 작동해야 한다.

그렇다면 언제쯤 핵융합 발전소가 경쟁력을 갖추게 될까? ITER가 20년간 운영된 후 핵융합 실증 발전소인 DEMO 건설에 착수할 예정이지만, ITER의 지연으로 실증 발전소의 예상 날짜도 늦어지고 있다. 원래 2021년 ITER 일정에 따르면, 2040년대 초에 DEMO가 가동될 예정이었지만, 2017년에는 2054년이 가장 낙관적인 날짜로 발표되었다. 인도와 한국은 2037년에 DEMO 건설을 시작할 예정이며, 러시아와 미국은 2050년 또는 그 직후까지 데모-FNS를 가동한다는 목표를 세우고 있다. 이러한 핵융합 기술이 계획대로 발전할 경우, 2060년까지 전 세계의 에너지 수요에 약 1%를 핵융합으로 공급할 수 있다고 한 소식통은 주장한다.

기술적 불확실성과 자금 조달의 어려움을 고려하면, ITER이 성공적으로 완수되더라도 핵융합의 상용화에는 추가로 30~35년이 필요할 것으로 보는 것이 일반적인 관측이다. 핵융합 상용화에 필요한 시간이 30년가량이라는 예측은 1950년대 이후로 일관되게 유지되고 있다. 지난 70년 동안 전 세계는 제어 핵융합 개발에 최소 600

억 달러(2020년 기준)를 투자했지만, 핵융합은 여전히 30년이 더 지나야 도달할 수 있는 신기루로 남아 있다.

핵융합 개발 계획이 또다시 먼 미래로 미루어지는 새로운 발표를 볼 때마다 MIT 물리학과의 데이비드 로즈David Rose 교수의 말이 떠오른다. 그는 핵융합 발전의 상용화가 Q>1에 도달하는 것보다 더 어려울 수 있다고 말했다.

핵융합의 주요 과제는 격납 용기와 연료 조합 문제 그리고 에너지 손실의 문제이다. 중수소-삼중수소 핵융합으로 생성된 중성자는 고체 격납 용기를 손상시킬 수 있다. 폐기물의 단위 질량 당 방사능 수준은 핵분열 원자로에서 발생하는 것보다 훨씬 작지만, 폐기물의 총질량은 몇 배나 더 커서 영구적인 외부 폐기가 필요하다. 또한, 핵분열 원자로의 경우와 달리, 이러한 물질적 피해와 폐기물의 상당 부분은 핵융합 과정이 입력 대비 충분한 전력을 생산하지 않기 때문에 발생한다.

핵융합 과정의 에너지 소모는 액체 헬륨 냉장고, 물 및 진공 펌프, 삼중수소 처리 및 기타 플랜트 요구 사항을 실행하고 자기를 이용해 플라즈마를 가두어야 하기 때문이다. 300MW 정격의 소형 핵융합 플랜트에서 (40% 효율로) 120MW의 전기를 생산하면 지속적인 현장 요구 사항을 거의 충족할 수 없다. 따라서 전력 손실이 전체 정격 출력에서 훨씬 작은 비중이 되는 큰 규모의 핵융합에서만 경제성을 확보할 수 있다.

핵융합 개발에 얼마나 많은 비용이 들지 정확히 알 수는 없다. ITER의 초기 비용 추정치는 50억 유로였으나, 2016년 ITER의 책임자는 프로젝트가 10년이 늦어지고 예산이 최소 40억 유로가 초과했다고 인정했다. 이후 보고서에서는 전체 총액이 150억 유로에 달한다고 밝혔다. 2018년 미국 에너지부는 ITER의 비용 추정치를 거의 3배로 늘려 650억 달러로 추산했다. ITER의 수뇌부는 이 주장을 일축했지만, 2021년까지 코로나19와 관련된 추가 지연과 비용 초과를 인정했다. 개발 과정에서의 학습 곡선을 고려하더라도, 2040년 이후 최소 3기가 건설 예정인 실증 핵융합 원자로의 개발 비용은 낙관적으로 보더라도 한 기당 최소 200억 달러이다.

실증 플랜트가 약속대로 작동한다고 하더라도, 2,000억 달러는 그리스의 연간 GDP와 거의 같으며, 바이든 대통령이 2021년 인프라 계획에서 책정한 국가의 R&D 역량 강화 예산보다는 적다. 그리고 가장 현실적인 관점에서 보면, 미국이 아프가니스탄에서 20년에 걸친 전쟁에 지출한 자금의 10분의 1에 불과하기도 하다.

핵융합의 지연, 기술적 문제, 비용 등은 핵융합 열광자들에게 큰 영향을 주지 않았다. 코로나19가 지속되던 두 번째 해에는 매우 낙관적인 주장들도 등장했다. 2021년 9월, 미국 에너지부의 과학부 차관은 "우리 모두 핵융합 시대가 다가오고 있다는 사실을 받아들여야 합니다. 순 에너지 방출(Q>1) 핵융합을 위한 목표 시한은 4년입니다(30년이 아니다!)."라고 말했다.

2021년 10월, 뉴요커는 '무한한 청정에너지가 마침내 다가오고 있는가?'라는 부제로 '녹색 꿈'에 대한 긴 기사를 실었다. 2022년 초, 로렌스 리버모어 국립연구소의 물리학자들이 이끄는 과학자 그룹은 관성 핵융합 폭발을 사용하여 실험실에서 플라즈마가 짧은 시간 동안 연소하는 플라즈마 상태를 생성했으며, 이전의 모든 실험과 달리 플라즈마가 거의 자체 가열되었다고 발표했다. 이는 레이저를 이용한 핵융합을 현실에 더 가깝게 만드는 중요한 발전이지만, 아직 상용화까지는 먼 길을 가야 한다.

통제된 핵융합을 위한 인류의 노력을 설명하기 위해서는 1989년으로 돌아가야 한다. 그해 초, 기자 회견과 전기분석화학 저널에 실린 논문을 통해 제어 열핵 발전이 사람들의 관심을 끌었다. 유타 대학의 물리학자 스탠리 폰스Stanley Pons와 마틴 플라이쉬만Martin Fleis-chmann은 상온 시험관에서 중수소핵을 융합하는 데 성공했다고 주장했다. 리튬 염 용액을 전기분해를 하면 너무 많은 중수소 원자가 팔라듐 전극으로 흡수되어 핵의 일부가 융합하는 것처럼 보이게 되는데, 이 과정에서 순 에너지가 생기고 중성자와 감마선이 방출된다. 이 특이한 현상은 지구가 아닌 별과 같은 조건에서만 얻을 수 있는 결과였으며, 언론은 상온에서의 핵융합 현상을 '냉융합cold fusion'

이라고 명명했다.

냉융합에 대한 언론의 관심은 매우 높았고, 후속 실험이 적극적으로 진행되었다. 그러나 1년도 지나지 않아 전문가 패널은 냉융합에 대한 추가 연구 자금을 지원하지 말 것을 권고했다. 현재 냉융합은 저에너지 핵반응low-energy nuclear reaction, LENR으로 알려져 있으며, 최근(2019년) 여러 기관의 평가를 요약하면 다음과 같다. "지금까지의 노력에도 불구하고 냉융합 효과에 대한 증거를 찾지 못했으며, 미개척 영역에서 수행해야 할 흥미로운 과제가 많이 남아 있다."라고 인정하였다.

이는 현대 과학의 수많은 미개척 분야에도 적용되는 말이다. 그러나 2021년 10월 고등 연구 프로젝트 기관의 회의에서는 "저에너지 핵반응은 가능한 현상이며, 실제로 핵반응을 수반한다."라는 결론을 내리고 실험 결과가 "실질적인 가능성을 시사한다."라는 낙관적 전망을 내놓았다.

열핵융합 지지자들은 매년 수많은 새로운 논문을 발표하였다. 이들은 열핵융합이 병적 과학pathological science이 아니며, 중수와 팔라듐 전극의 단순한 시스템만으로 인류에게 무한한 에너지원을 제공하며 결국 입증될 것이라고 주장하고 있다. 그러나 30년이 넘는 세월이 흐른 지금까지도 확실한 증거는 발견되지 않았다. 만약 증거가 발견된다 해도, 핵융합 상용화가 실질적으로 가능한 단계에 이르려면 지금까지의 회의론을 무색하게 할 수 있을 것이다. 열핵 융합이든 냉융합이든, 우리는 여전히 이 기술의 완성을 간절히 기다리고 있다.

5장

발명과 혁신의
현실적 전망

기술적 낙관과 과장
그리고 현실

이 책의 목표는 소박하다. 성공은 발명을 향한 끊임없는 탐구의 결과물 가운데 하나라는 것, 초창기의 성공은 얼마든지 실패로 끝날 수 있다는 것, 시장 지배를 위한 대담한 계획은 미실현 상태로 남아 있을 수 있으며, 여러 세대에 걸친 노력에도 불구하고 상용화의 근처도 도달하지 못할 수 있다는 것 등을 알려 주고자 한다.

최근에는 발명이 다르다는 주장이 있으나, 앞으로도 과거의 실수가 반복될 가능성은 여전히 크다. 이 장에서는 여러 베스트셀러에서 다뤘던 눈부신 발명의 발전에 대한 비전을 사실을 근거로 재평가하고자 한다. 즉, 전례 없는 혁신 시대의 최근 발전과 그로 인한 과장된 주장을 분석해 보고자 한다. 기술 발전에 대한 신중한 접근은 현대 기술을 공부하는 학생들에게 매우 중요하다. 그리고 이러한 신중한 태도에서 얻을 수 있는 교훈도 중요하다.

첫 번째, 주요 기술 발전에는 부작용이 따르며, 바람직하지 않은 결과는 즉시 드러날 수 있고 시간이 지난 후에야 드러날 수도 있다는 것이다. 예를 들어, 유연휘발유의 경우에는 출시 초기부터 위험성이 드러났지만, CFC의 경우에는 도입된 지 수십 년이 지난 후에야 부작용이 알려졌다.

두 번째, 상업적 우위를 확보하려는 서두름이나 당장 편리한 차선의 기술을 사용하는 것은 장기적인 성공에 도움이 되지 않을 수 있다. 이는 원자력발전소를 '해변에 배치'하여 상업용 전력 생산을 신속하게 시작하려는 역사에서 입증되었다.[1]

세 번째, 특정 발명의 초기 개발 및 상업화 과정에서는 그 발명의 최종적인 수용성과 사회적 적합성 그리고 상업적인 성공 여부를 판단하기 어렵다. 발명이 출시된 후에도 오랫동안 시험 단계에 머무는 경우, 판단은 더욱 어려워진다. 이는 비행선과 초음속 비행기 사례에서 확인할 수 있다.

네 번째, 수십 년의 노력과 풍부한 자금 지원에도 불구하고 성공

---

[1] 역자 주: 냉각수를 쉽게 구할 수 있다는 것 때문이다. 하지만 후쿠시마 원전 사태에서 원전의 해변 배치에 위험성이 드러났다.

을 보장할 수 없을 정도로 어려운 문제는 회의적인 시각으로 보는 것이 바람직하다. 이는 통제된 핵융합이 좋은 예이다.

하지만 현실을 인정하고 과거의 실패와 교훈에서 배우려는 의지는 현대사회에서 점차 사라져 가는 추세다. 정확한 과학적 이해를 갖추지 못한 대중은 혁신에 대한 열정으로 가득한 보고서와 과장된 새로운 발명에 대한 주장에 매일 노출되고 있다. 더욱 심각한 것은 뉴스 미디어가 종종 현대사회를 '변화'시킬 '파괴적'인 전환이 곧 도래할 것처럼, 거짓된 희망을 계속해서 제시한다는 점이다. 유감스럽게도, 우리는 지금 탈진실$_{post-factual}$[2] 사회에 살고 있다고 해도 과언이 아니다.

획기적이지 않은 발명들

획기적인 발명에 대한 잘못된 정보(발명의 개발 속도와 사회에 미치는 영향)가 얼마나 흔한지 생각해 보면, 이를 체계적으로 하나씩 살펴보는 것은 길고 지루할 것이다. 대신 이 책에서는 화성 식민지 건설,

---

2 역자 주: 진실에서 벗어난다는 뜻으로, 객관적인 사실이나 진실보다는 개인의 신념이나 감정이 여론 형성에 더 큰 영향을 미치는 현상을 이르는 말이다.

뇌 과학 등 몇몇 분야의 오류를 검토한 다음, 신약 개발, 항공, 인공 지능 등 구체적인 사례를 통해 획기적이지 않은 발명에 대해 알아보려 한다.

2017년 보도된 뉴스 기사에 따르면, 화성 식민화의 첫 번째 임무는 2022년에 시작될 예정이라고 했다. 그리고 화성 식민지 건설을 위한 준비 단계로, 화성을 '테라포밍terraforming(대기를 만들어 사람이 살 수 있는 세계로 바꾸기 위한 작업)'하기 위한 프로젝트가 이어질 것이라고 전했다.

이는 공상 과학 소설에 나오는 오래된 이야기로서 전혀 독창적이지 않다. 많은 공상 과학 소설가들이 화성 식민지 이야기를 창작했지만, 1950년에 출판된 레이 브래드버리Ray Bradbury의 『화성 연대기Martian Chronicles』만큼 상상력이 풍부한 소설도 흔하지 않다. 그의 소설은 실제 과학 및 기술 발전에 대한 예측과 묘사는 부적격하지만, 마치 그의 허황된 계획에 따라 실제로 진행될 일인 것처럼 매스컴에서 수년간 진지하게 반복하여 보도되었다.

화성 식민지만큼이나 허황된 계획으로는 인간의 두뇌와 기계를 결합하는 연구가 있다. 뇌-컴퓨터 인터페이스brain-computer interface, BCI는 지난 20년 동안 수많은 연구가 진행되어 온 주제이다. BCI를 위해서는 침습적invasive 센서나 비침습적non-invasive 센서를 뇌에 부착해야 하는데, 비침습적 센서는 침습적 센서만큼 강력하거나 정밀하지 않아, 결국에는 뇌에 직접 초소형 전자장치를 이식하는 침습적 센서를 사용해야 한다. 침습적 센서는 윤리적, 물리적으로 많은 위험과 단점이 있지만, 언론 보도는 이런 사실을 애써 외면하였다.

이것은 필자의 생각이 아닌, 2010년부터 2017년까지 발행된 약 4천 개의 BCI 뉴스 항목을 자세하게 조사한 결과이다. 결론은 분명하다. 언론 보도는 지나치게 우호적일 뿐만 아니라, BCI의 잠재력을 과장하여 비현실적인 추측('성경에 나오는 기적', '잠재적 용도는 무궁무진하다.' 등)에 치우쳐 있었다. 게다가 전체 뉴스 보도의 4분의 1가량은 '브라질 동부 해안 해변에 누워 화성 표면을 돌아다니는 로봇 장치를 조종한다.'거나, '수십 년 안에 영생을 달성한다.'라는 등의 극단적이고 가능성이 낮은 주장을 하면서도 내재된 위험과 윤리적 문제에 대해서는 다루지 않았다.

화성 식민지나 BCI와 같은 과장된 주장들과 비교했을 때, 미디어에서 상대적으로 간과되는 몇 가지 현실적인 과학적 성과들은 이해하기 쉽다. 자율 주행 자동차가 그런 예시 중 하나이다. 2010년대에는 완전 자율 주행과 관련된 예측이 지속적으로 소개되었다. 그리고 2020년에는 완전 자율 주행 기술의 확산으로 출퇴근 시간에 사람들이 책을 읽거나 잠을 잘 수 있을 것이라는 전망이 있었다. 또한, 2025년까지 모든 내연기관 자동차를 전기차로 교체하는 계획도 있었으며, 심지어 이 계획은 거의 실현이 가능하다고 보도되기도 하였다. 하지만 현실을 살펴보면, 2022년 기준으로 완전 자율 주행 자동차는 아직 등장하지 않았다. 전 세계 14억 대의 자동차 중에 2% 미만이 전기 자동차일 뿐이다. 게다가 자동차에 필요한 전기는 대부분 화석연료를 사용해 생산되기 때문에 '친환경적'이라고 할 수 없다. 2022년 기준으로 전체 전기의 약 60%는 석탄과 천연가스로 생성된다.

인공지능은 이미 세계 최고의 체스 챔피언과 바둑 기사를 이기는 수준에 도달하였다. 지금쯤이면 IBM의 왓슨 인공지능이 모든 의료 진단을 담당해야 할 것이라 여겨졌지만, 현실은 그렇지 않았다. 2022년 1월, IBM은 왓슨을 매각하고 의료 서비스 사업에서 철수한다고 발표했다. 분명한 것은 의사들이 여전히 필요하다는 점이다.

전자 의료는 쉽게 해결할 수 없는 문제다. 가장 간단한 것 중의 하나인 수기 차트를 전자 건강 기록electronic health records, EHR으로 바꾸기도 쉽지 않다. 2018년에 스탠퍼드 의대 연구진이 실시한 설문 조사에 따르면, 응답한 의사의 74%는 EHR 시스템 사용으로 업무량이 증가했다고 답하였고, 69%가 EHR 시스템 사용으로 인해 환자 진료에 시간을 빼앗겼다고 답했다. 게다가 EHR의 개인 정보는 해커들에게 취약하다. 병원을 대상으로 한 해커들의 지속적인 공격은 개인 정보를 빼내고 돈을 갈취하는 것이 얼마나 쉬운지 보여 준다. 이처럼 잘못 설계된 인터페이스는 끊임없는 문제를 유발한다. 또한, 의사가 환자와 증상에 대해 이야기하는 대신에 화면만 바라본다면, 과연 환자가 만족할까?

이러한 사례는 또 있다. 현실감이 넘치는 3D 가상공간에서 아바타로 메타버스에서의 삶을 즐길 수 있다는 환상도 존재한다. 이러한 환상은 페이스북에서 두드러진다. 2021년 페이스북은 앞으로 많은 사람들이 메타버스의 가상 현실에서 생활을 선호할 것이라고 믿고, 메타버스에 주력하기로 결정하고 회사 이름을 메타Meta로 변경했다.

또 다른 사례는 유전자를 자르는 '가위'의 의미를 가진 크리스퍼CRISPR 기술이다. 크리스퍼는 DNA 염기 서열을 변경하고 유전자 기능을 수정하여 유전자를 편집하는 새롭고 효과적인 유전공학적 기법이다. 선정적인 뉴스 기사들은 크리스퍼가 유전자 재설계의 미래를 가속화 할 것이라고 주장했다. 그러나 중국의 유전공학자들이 아기를 유전적으로 설계하려 한 시도는 중국 당국에 의해 금지당했다.

또 하나의 사례는 프랭클린 템플턴Franklin Templeton의 2022년 광고를 예로 들 수 있다. 이 회사는 광고에서 "나만의 옷을 만드는 것이 자동차를 직접 인쇄하는 것만큼 간단하다면 어떨까요?"라고 홍보했다. 하지만 '자동차를 직접 프린터로 인쇄하는' 것은 아직 현실에서는 먼 이야기다. 2022년 기준으로 전 세계 주요 자동차 업체들조차 생산 라인에 필요한 재료와 반도체를 확보하는 데 어려움을 겪고 있는 상황에서, 템플턴은 '집에서 모든 것을 인쇄하면 된다.'라고 마치 아주 간단한 일처럼 언급한다.

이러한 사례는 더 많지만, 더 이상 언급하는 것은 무의미하다. 대신에 최근 주목받는 실질적인 발명들인 신약 개발, 장거리 항공, 인공지능에 대해 설명하려 한다.

과학 연구에서 연구비를 지원받는 과정은 매우 치열하다. 이 과정에서 대학이나 기관은 보도 자료를 통해 연구 결과나 예비 연구 결과를 발표할 때 의심스러운 주장을 내세우는 경우가 많다. 2014년 『영국의학저널British Medical Journal』에 게재된 약 500건의 생의학 및 건강 관련 과학 보도 자료를 대상으로 한 연구에 따르면, 연구 발표의 40%는 과장이 포함되어 있고, 그중에 3분의 1은 과장된 인과관계가 포함된 것으로 밝혀졌다. 게다가 본래의 보도 자료를 기반으로 한 후속 뉴스 기사 중 약 60%에도 과장된 내용이 그대로 포함된 것으로 나타났다. 더 놀라운 것은, 근거 없는 주장조차 사실인 것처럼 호도되어, 이를 방지할 의무가 있는 관계 당국에 의해 사용 승인까지 받았다는 것이다.

바이오젠Biogen의 알츠하이머 치료제인 아두카두맙aducanumab(제품

명 애드유헬름Aduhelm)은 미국식품의약국FDA이 잘못된 약물 승인을 한 예이다. 2020년 11월, FDA의 말초 및 중추신경계 약물 자문위원회에 바이오젠이 제출한 연구 결과를 알츠하이머병 치료 효과의 주요 증거로 채택하는 것이 타당한지 설문했다. 11명의 위원 가운데 '찬성'을 표한 사람은 단 한 사람도 없었다. 10명이 반대표를 던졌고, 1명은 '불확실'하다고 답했다. 하지만 7개월 후 FDA는 연간 치료비가 56,000달러에 달하는 이 약물을 승인했다.

위원회는 이 치료제가 (잘 알려졌지만 아직은 확실하지 않은) 아밀로이드 연쇄 반응 가설amyloid cascade hypothesis[3]에 기반을 두고 있다는 사실과 여러 가지의 이유로 이 약물에 부정적인 입장을 취했었다. 이 가설은 1984년에 공식화되었으나, 최근의 항 아밀로이드 요법과 관련된 임상 시험은 대부분 실패했다.

미국의 신약 개발 속도는 최근에 빨라지고 있지만, 신약 승인율은 급격한 증가 추세를 보이지 않는다. 1950~1980년 동안 FDA는 매년 15~20개의 신물질 신약을 허가했다. FDA에 승인된 새로운 화합물 신약 수는 1980년대에 20개를 넘어서고, 1996년에는 53개를

---

3 아밀로이드 연쇄 반응 가설은 베타β 아밀로이드가 뇌의 전두엽 피질과 해마에 아말로이드 판 형태로 뭉치고 축적되어 신경독성을 유발하고 신경 퇴행을 발생시키므로 이 아말로이드를 없애고 제거하는 표적 치료를 통해 알츠하이머를 치료할 수 있다는 가설이다.

기록한 후 2002년에는 17개로 떨어졌다가 다시 상승하여 2018년
에는 59개로 신기록을 세웠다.

특히 2006년 이후의 증가세는 환영할 만하다. 그 이유는 바이오
신약biological license application, BLA의 승인 건수가 포함되었기 때문이
다. 주요 신약으로 분류되는 새로운 화합물 신약new molecular entities,
NME과는 달리, BLA는 미생물(박테리아, 효모), 식물, 동물 세포의 세
포 배양 과정에서 정제된 단백질로서 질병 치료에 효과가 있는 것으
로 입증된 물질을 의미한다. 이러한 물질들은 류마티스 관절염, 판
상 건선부터 일부 암까지 다양한 질병을 치료하는 데 효과적인 것
으로 입증되었다.

BLA로 승인된 최초의 의약품은 당뇨병 치료를 위한 재조합
DNA 의약품인 휴물린Humulin이다. 1982년 휴물린의 BLA 승인이
이루어진 이후, 2020년까지 세 가지 범주에 속하는 170개 이상의
BLA가 출시되었다.

우선 첫 번째 범주는 단일클론항체monoclonal antibody로, 면역 체계
의 외부 세포에 대한 공격을 복원, 강화 또는 모방하도록 설계된 분
자이다. 초창기에는 급성 이식 거부반응을 치료하기 위해 승인되었
으나, 현재는 항암 및 항염증에 가장 일반적인 요법으로 사용되고
있다. 2020년에 FDA는 코로나19 치료를 위해 두 가지 화합물을 승
인했다.

두 번째 BLA는 지방산이나 당 분해 효소가 부족한 환자의 치료를 위한 효소의 대체 또는 조절의 범주이다. 마지막 세 번째 범주는 세포 표면 수용체로서 최신 항암 치료에 사용된다. 2013년까지는 BLA의 승인 건수는 매년 2~6건 정도였으나, 그 이후로는 매년 10건을 약간 상회하는 추세다. 이는 환영할 만한 증가세이지만, 지속적이고 가속화된 증가의 징후는 보이지 않는다.

의학은 연구 집약적인 분야이며, 언론에서 지나치게 좋은 소식too-good-to-be-true으로 자주 보도된다. 의약 분야에서 실용적인 성과가 나올 수 있으며 상업화가 가까워졌다는 식으로 과학 연구를 과장하여 보도하는 관행은 흔한 일이다.

지난 수십 년 동안 항공 산업은 이러한 추세를 잘 보여 주는 또 다른 사례이다. 2017년 보잉과 젯블루JetBlue는 '미국 항공 여행의 혁신'을 주장한 주넘 에어로Zunum Aero에 자금을 지원했다. 주넘 에어로사는 2022년까지 지역 공항에서 출발하는 소형(9~12인승) 단거리 전기 비행기를 대량으로 공급할 계획이었지만, 2019년에 사라졌다.

또 다른 사례도 있다. 이비에이션Eviation 사는 2019년 6월 파리 에어쇼에서 독특한 디자인의 9인승 출퇴근용 전기 비행기인 엘리스Alice를 소개했다. 이 회사의 CEO는 앨리스를 "미래의 비행기가 아니라 현재 작동하는 비행기이다."라고 주장했다. 하지만 이것은 사실이 아니었다. 2020년에 앨리스의 시험비행은 이루어지지 않았고, 2021년에는 모터가 동체 뒤쪽으로 재배치되었다. 이후 첫 시험비행은 2021년 말로 미루어졌고, 정식 인도는 2024년으로 재조정되었다.[4]

비슷한 사례로는 브라질의 다국적 항공기 제작사인 엠브라에르 Embraer가 있다. 탄소 중립 추세에 뒤처지고 싶지 않았던 이 회사의 부사장은 2021년 11월 8일에 4가지 콘셉트의 9~50인승 항공기를 개발 중이라고 발표했다. 뉴스에서는 '엠브라에르, 4가지 새로운 지속 가능한 항공기 디자인으로 구성된 함대를 출시하다.'라는 제목으로 보도하였다.

하지만 이 회사가 지금까지 한 일은 2030년대에 생산 예정인 전기 및 수소 전기 추진 방식에 대한 모호한 설명과 함께 하이브리드-전기 프로펠러 항공기 4대의 사진을 공개한 것이 전부였고, '탄소 중립을 향한 경쟁에서 고려할 만한 힘'을 보여 준 일은 없었다. 물론 엠브라에르가 몇 가지 개념적인 디자인을 보여줌으로써 탄소 중립을 향한 트렌드를 따르고 있다는 것은 부정할 수 없다. 하지만

---

4 역자 주: 앨리스는 이후 2022년 9월 27일 미국 워싱턴주 그랜트 카운티 국제공항에서 첫 시험비행을 하였다. 이날 첫 비행에서 고도 1,066m 상공을 8분가량 비행한 뒤 착륙하였다. 이비에이션 사는 30분 충전으로 1시간 동안 815km를 날 수 있고, 최고 속도는 시속 462km에 달한다고 밝혔다.

뉴스 보도는 이를 '함대를 출시하는 것'으로 과장한다는 것이 문제이다.

한편 캘리포니아에 있는 제로 아비아Zero Avia와 유니버설 하이드로젠Universal Hydrogen은 지금까지의 전기 비행기 설계는 성공하기 어렵다고 전망하며, 수소를 대안으로 제시했다. 제로 아비아는 2023년까지 20인승 항공기를 운항할 수 있는 우수한 수소 추진력 엔진을 개발하겠다고 선언했다.[5] 유니버설 하이드로젠은 2022년 9월까지 친환경 수소 연료 전지로 구동되는 40인승 비행기를 개발할 계획이다.[6]

이 비행기의 연료는 독자적으로 연구한 '경량 모듈형 캡슐'을 사용할 예정이며 이후 미대륙과 대서양을 횡단하는 비행기까지 개발할 계획이다. 후자의 경우에는 승객 수용 인원은 에어버스Airbus 321과 동일하지만 수소 캡슐을 싣기 위해 동체 후미 공간이 9m 더 길어진다.[7] 동체를 '적당히 늘리고', '가벼운' 수소 캡슐을 여러 개 싣고, 뉴욕에서 파리까지 비행할 수 있는 간단한 방법인데, 왜

---

5 역자 주: 제로 아비아는 2023년 1월 19일에 'ZA600' 수소 전기 엔진을 항공기 왼쪽에 달고 시험비행을 하였다.

6 역자 주: 유니버설 하이드로젠은 40인승 지역 항공기인 라이트닝 맥클린을 2023년 3월 2일에 시험비행을 하였다.

7 이는 동체의 뒤쪽 공간의 약 3분의 1을 차지할 것이다.

수십 년 전에 에어버스나 보잉은 이런 아이디어를 고려하지 못했을까? 그 이유는 분명하다. 친환경 수소 비행기의 상용화는 아득히 멀어 보인다.

현대 기술 발전 가운데 AI만큼 제대로 다루어지지 않는 분야도 없다. 2021년 10월에 발간된 『IEEE 스펙트럼: AI 특별호IEEE Spectrum: special issue on AI』에서는 AI가 직면한 과제와 그동안의 실패를 잘 요약하고 있다. 우선, 이 기술의 기능과 목표는 개발자들조차 종종 오해하곤 한다. 이는 필자의 개인적인 의견이 아닌 캘리포니아 대학교 버클리의 세계적인 AI 연구자인 마이클 조던Michael Jordan이 내린 결론이다. 조던에 따르면, AI는 낮은 수준의 패턴 인식 기술에서 인간 수준의 능력을 발휘하는 등의 발전을 했지만, 추론, 현실 세계에 대한 복잡한 이해, 사회적 상호작용에서 인간의 두뇌를 대체할 만큼 충분히 발전하지는 못했다고 말한다.[8]

지금까지 AI가 효과적이었던 분야는 인간이 도달할 수 없는 규모와 속도로 정보를 캡처하고, 저장한 다음, 추출하여 분석해 패턴이나 경로를 발견하는 기술이다. IBM의 블루Blue가 체스 챔피언을 이기거나, 수십만 장의 실제 엑스레이 이미지로 학습된 프로그램이 유

---

8 역자 주: 최근 ChatGPT는 인간의 추론 기능을 AI가 어느 정도 대체할 수 있음을 보였다.

방 조직의 암 병변을 식별한 것도 바로 이러한 방식이다. 조던은 AI
에 대하여 다음과 같이 말했다.

사람들은 기술 트렌드에 대한 논의에서 AI의 의미에 대해 혼란스
러워하고 있다. 컴퓨터가 지능을 가지고 있으며 스스로 책임감을
가지며 발전하고 인간과 경쟁한다고 생각한다. 사람들은 마치 AI
가 이미 그런 능력을 갖추고 있는 것처럼 생각한다.

인공 신경망artificial neural network, ANN[9]은 인간의 뇌와 유사한 수많
은 조밀한 상호 연결된 단순 처리 노드node[10]로 구성되며, 컴퓨터
가 훈련 예제를 분석하여 작업을 학습하는 과정인 머신 러닝에 사
용된다. 그러나 이 과정은 복잡할 뿐만 아니라 때때로 치명적인 실
패로 인해 어려움을 겪어 왔다. 인공 신경망은 특정 작업에는 능숙
하지만[11] 일반적인 지능이 부족하여 '판단력'을 과신하거나 과소평
가하기 쉬워 현실에서 범용적으로 적용하기 어렵다. 게다가 현실

---

9   역자 주: 인간이나 동물의 두뇌를 구성하는 생물학적 신경 네트워크를 모사하여 동일한
      방식으로 문제를 해결하는 수학적 방법이다.
10 역자 주: 노드는 인공뉴런을 의미한다. 노드는 인간 신경계(neural network)의 뉴런
      을 모방하여 입력 신호를 받아 결괏값을 전달한다.
11 역자 주: 예를 들어 이미지 분류에는 능숙하다.

은 훈련 알고리즘보다 훨씬 더 복잡할 수 있어 신경망은 편향되기 쉽고, 치명적인 망각에 빠지기도 한다. 또한, 불확실성을 정량화하는 데 취약하며, 상식이 부족하다. 가장 놀라운 것은 AI가 고등학교 학생들이 풀 수 있는 수학 문제조차 제대로 풀지 못한다는 점이다.[12]

이미지 인식이나 물체 조작 등과 같은 작업에서 매우 높은 수준의 정확도를 달성하려면, AI 시스템을 훈련해야 한다. 이는 에너지 집약적인 과정인데, 매우 높은 정확도를 목표로 하는 경우에는 더욱 그렇다. 다음은 AI 개발을 주도하고 그 성과와 과제를 현실적으로 바라보는 주요 과학자들의 평가다.

- 오늘날 AI가 두 살짜리 아이의 지능 수준에도 근접했다고 생각하지 않습니다. (밀라-퀘벡 AI 연구소, 요슈아 벤지오Yoshua Bengio)
- 머신 러닝은 관찰과 세상과의 상호작용을 통해 세상이 어떻게 작동하는지 배우는 원리가 빠져 있다. (뉴욕대학교, 얀 레쿤Yann Lecun)
- 모든 인공지능에는 개념 증명proof-of-concept과 실제 적용 간의 격차가 존재합니다. (Landing AI, 앤드류 응Andrew Ng)

---

12 역자 주: 이러한 약점도 최근에는 ChatGPT가 많이 극복했다.

위와 같은 평가를 보면 결론은 명확하다. AI의 발전 과정은 여러 세대에 걸쳐 검증되어야 하는, 엄청나게 복잡하고 다면적인 과정이다. AI는 비교적 간단한 작업에서 인상적인 성과를 내며, 동시에 컴퓨터의 프로그래밍 능력을 훨씬 뛰어넘는 거대한 지능에 대한 도전적인 영역과 공존한다.

그런데도 헨리 키신저Henry Kissinger, 에릭 슈미트Eric Schmidt, 다니엘 후텐로처Daniel Huttenlocher는 『인공지능의 시대Age of AI』에서 AI 때문에 세상이 통제할 수 없는 아마겟돈과 같은 '새로운 시대'가 도래할 것이라고 주장한다. 지금까지 이 분야에서 많은 성공을 거둔 것처럼, AI는 예측하기 어렵고 통제할 수 없을 것이라고 말한다. 이러한 사고방식에 따르면, AI와 함께 살아가는 것은 시련이 될지 모르지만, 한편으로는 AI가 우리의 능력을 확장하고 최적화하는데 도움이 되며, 딥러닝 신경망을 통해 전례 없는 풍요로운 축복의 시대를 열 것으로 전망된다. 붕괴하는 문명과 매력적인 미래 사이를 오가는, 통제할 수 없는 복잡성과 불확실한 결과는 분명 토론하기 어려운 문제이다.

이 시점에서 필자는 진보와 혁신 속도에 대한 질문을 좀 더 직접적으로 다루고자 한다. 이 질문에 대답하기 위해서는 검증할 수 있는 사실로 결론을 뒷받침해야 하는데, 다행히 이것은 특별히 어려운 일은 아니다. 1960년 이후 컴퓨팅 용량 및 속도의 발전과 현대 경제의 다른 주요 부문의 발전을 비교할 수 있는 많은 정보가 존재하며, 결론은 분명하다. 개인용 컴퓨터와 휴대전화부터 통신, 지구 관측 위성, 데이터 및 이미지 처리에 이르기까지 다양한 장치와 디자인에 적용되는 반도체 전자장치의 발전과 그 응용 분야에서 급속한 기하급수적인 성장은 놀랍다. 하지만 식량 생산부터 장거리 운송에 이르기까지 다른 부문들과 비교했을 때, 그 어느 때보다 빠른 혁신에 대한 증거는 찾아볼 수 없다.

더 빠른 혁신이라는 신화

혁신의 속도와 성장률에 대해 많은 사람들이 기하급수적으로 증가하는 변수의 의미에 대해 잘못된 인식을 가지고 있다. '기하급수적 성장'이라고 해서 증가하는 모든 변수가 빠르게 성장한다는 의미는 아니다. 선형적으로 증가하는 변수는 같은 기간 동안 같은 양만큼 증가하지만, 기하급수적으로 증가하는 변수는 같은 기간 동안 같은 비율로 증가하며, 그 비율이 매우 낮을 경우 실질적인 차이를 확인하는데 오랜 시간이 걸린다. 다음은 시간 경과에 따른 차이를 보여 주는 실제 예시다.

아프리카의 인구는 2000년부터 2020년까지 연평균 약 2.5%의

(비교적 빠른) 기하급수적 성장을 보였다.[13] 이러한 인구 성장에도 불구하고 전 세계 영양실조 아동의 대부분은 아프리카에 거주하고 있다. 같은 기간 동안 아프리카의 젖소 한 마리당 평균 우유 생산량은 불과 연평균 0.8%만 증가했다. 그리고 곡물의 수확량은 더 빠르게 증가했지만, 평균 증가율은 1.3%로 아프리카 대륙 인구 증가율의 절반에 불과했다. 인구가 가장 빠르게 성장하고 가장 가난한 대륙인 아프리카는 한 세대 동안 인구 증가에 맞는 발전을 이루지 못했다. 현실에서 몇몇 빠른 기하급수적 성장률과 대부분의 인간 활동 및 성취에 영향을 미치는 영역의 미미한 기하급수적 성장률을 대조할 필요가 있다.

반도체 전자공학의 급격한 발전은 발명 속도와 혁신 범위에 대한 현대적인 사고에 영향을 주었다. 1940년대 후반에는 트랜지스터가 발명되고, 1960년대 초반에는 집적회로가 등장하였다. 10년 후에는 마이크로프로세서가 도입되어 산업 생산, 운송, 서비스, 가정 및 통신 분야에 대량으로 보급되었다. 반도체의 빠른 발전은 실리콘 웨이퍼에 더 많은 트랜지스터를 집적할 수 있는 능력에서 비롯되었다. 고든 무어Gordon Moore는 처음에 18개월마다 반도체 집적 능력이 2배

13　아프리카의 인구는 2000년 8억 1,100만 명에서 2020년에는 13억 4,000만 명으로 65% 증가했다.

로 증가한다는 법칙을 공식화하여 발표했고[14], 이후 주기를 2년으로 조정했다. 그 결과, 2020년에는 1971년에 출시된 최초의 마이크로프로세서인 인텔 4004보다 10,000,000배 이상 더 많은 트랜지스터를 탑재한 반도체가 생산되었다.

이러한 혁신이 있었기에 결제 시스템(페이팔), 전자상거래 회사(알리바바, 아마존), 소셜 미디어(페이스북_현재 메타, 인스타그램, 트위터) 등 전자 데이터 처리를 기반으로 하는 비즈니스들이 빠르게 성장할 수 있는 기반을 마련했다.

불과 몇십 년 만에, 1950년대의 거대한 크기를 가진 30cm의 흑백 브라운관 TV에서 수백만 가지 색상을 표시할 수 있는 200cm가 넘는 얇은 벽걸이형 TV로 발전하였다. 또한, 부피가 큰 유선전화기에서 손바닥 크기의 가벼운 휴대형 스마트폰(전화, 통신뿐만 아니라 영화를 보거나 게임도 할 수 있음.)으로 발전한 것은 차이를 비교조차 할 수 없는 비약적인 발전이다.

최초의 마이크로칩이 등장하기 2년 전인 1969년 8월, 달 착륙용 아폴로 11호 컴퓨터는 32kg이나 나갔으며 탑재된 RAM은 4KB에 불과했다. 2022년 기준, 이 책을 쓰는 데 사용된 노트북은 2.2kg

---

14 역자 주: 무어의 법칙.

에 불과하지만 8GB의 RAM을 가지고 있다. 몇십 년 사이에 수천만 배 이상에 메모리 집적도가 향상된 것이다. 이러한 놀라운 발전이 비교적 짧은 기간에 일어났기 때문에, 우리는 조금씩 점진적으로 발전하는 우리 삶의 기본 요소보다 컴퓨터의 발전에 훨씬 더 깊은 인상을 받게 된다.

반도체 전자산업의 기하급수적인 성장은 다른 영역에서도 유사한 성장이 발생할 수 있는 토대가 될 것으로 보인다. 디지털화와 AI의 발전은 이미 태양전지, 배터리, 전기 자동차, 심지어 스마트 농업과 같은 분야까지 널리 퍼져 있다. 놀라운 발명품의 물결에 대한 언론의 끊임없는 보도뿐만 아니라, 다음과 같은 책들도 쏟아지고 있다.

예를 들어, 『지수의 시대The Exponential Era』라는 책에서는 기하급수적으로 성장하는 기술과 조직, 기하급수적 성장을 위한 전략, 기하급수적 성장을 달성하기 위한 7가지 필수 요소 등에 관한 내용을 담고 있다. 그리고 심지어 『기하급수적 시대The Exponential Age』에 관한 책도 있는데, 이 책은 가속화된 기술이 비즈니스, 정치, 사회를 어떻게 변화시키고 있는가에 관하여 이야기한다.

이 시점에서 우리는 편안히 앉아 휴식을 취하면서 비행기 조종석에서 들려오는 경고를 따르면 된다. 질병과 불행이 없고 물질적 풍요가 넘치는 새로운 시대가 열리게 된다. 기하급수적 성장을 통해 가속, 파괴, 변형, 상승 과정을 거치면서 모든 것이 저절로 해결될 것이기 때문이다. 인류의 밝은 미래에 관한 의심을 없애기 위해 필자는 다음 네 명의 유명 작가를 인용하고자 한다. 조엘 모키르Joel Mokyr, 유발 하라리Yuval Harari, 아짐 아자르Azeem Azhar, 레이 커즈와일Ray Kurzweil은 이처럼 빠른 성장이 결국 인류에게 무한한 능력과 부의 과잉을 가져올 것이라고 주장한다.

미국의 경제사학자 조엘 모키르는 4명 가운데 가장 절제된 목소리를 내고 있다. 그는 '발명의 종말'을 믿는 사람들이 여전히 있다는 것을 인정하지만, 이는 역사나 과학을 진지하게 공부하는 사람이라면 누구나 쉽게 반박할 수 있다고 말한다. 다만, 논쟁의 여지가 있는 것은 발명의 종말이 아니라 현재와 미래 발명의 속도이다. 모키르는 (이미 첫 장에서 언급했듯이) 미래의 발전 속도가 '더 빨라진다.'라는 주장을 지지한다.

그러므로 그는 일반적인 병원균에 약물 내성을 일으키지 않는 새로운 항생제, 공생 박테리아와 함께 살아가며 풍부한 고정 질소를 생산하도록 프로그래밍이 된 식물, '체중 증가를 결정하는 대사 인자'의 조작을 통한 비만을 제거할 수 있는 기술 등이 등장할 것이라고 예측한다. 인류의 문제에 대해 절제된 태도를 견지하면서도, 대담하고 창의적인 해결책이 등장할 것이라고 그는 예견한다.

이와는 대조적으로 유발 하라리는 『호모 데우스Homo Deus』를 통해 데이터 주의dataism[15]의 발달로 모든 것을 알고 설명할 수 있는 무한한 발명의 미래를 상상했다.

"데이터 주의는 우주가 데이터 흐름으로 구성되어 있으며, 어떤 현상이나 개체의 가치는 데이터 처리에 대한 기여도에 따라 결정된다고 믿는다." 따라서 필연적으로 "우리는 인간종 전체를 하나의 데이터 처리 시스템으로 해석할 수 있으며, 개별 인간은 그 칩 역할을 한다."라고 하라리는 말한다. 더 나아가 데이터 주의는 "음악학에서 경제학, 생물학에 이르기까지 모든 과학 분야를 통합하는 하나의 중요한 이론, 즉 수 세기 동안 우리가 찾지 못했던 과학적 성배를 제공할 것"이라고 주장한다.

하지만 하라리의 맹목적인 데이터 주의에 대해 데이비드 베를린스키David Berlinski는 다음과 같이 통렬하게 반박했다. "데이터 주의는 주로 유발 하라리의 큰 속임수를 표현하는 데 사용됩니다… (중략) 데이터 주의는 성배가 아닙니다… (중략) 그것은 아무것도 통합하는 것이 아닙니다… (중략) 인간은 신처럼 되려는 것이 아닙니다. 유발 하라리는 잘못된 정보를 가지고 있습니다." 사실, 정말 그렇다.

---

15 역자 주: 데이터에 대한 맹목적인 믿음이 종교화되는 현상이다.

기업가이자 투자자이며 뉴스레터인 익스포텐셜 뷰Exponential View 를 만든 아짐 아자르는 『기하급수적: 가속화되는 기술이 우리를 어 떻게 뒤처지게 하는가, 어떻게 해야 하는가?Exponential: How Accelerating Technology Is Leaving Us Behind and What to Do About It』라는 책을 통해, "새로 운 기술이 점점 더 빠른 속도로 발명되고 확장되는 동시에 가격은 빠르게 하락"하는 것을 보면서 기술의 발전에 대해 더욱 열광했다.

그는 컴퓨팅, AI, 생명공학뿐만 아니라 재생 가능한 전기와 에너 지 저장 장치도 급속하게 발전하는 기술에 포함시키고, 풍요로운 세상이 눈앞에 다가왔다고 다음과 같이 말하였다. "우리는 풍요의 시대에 접어들고 있습니다. 인류 역사상 처음으로 에너지, 식량, 컴 퓨팅 등의 생산 비용이 엄청나게 저렴해지는 시대가 도래할 것입니 다." 이 말은 필자가 초등학생 때 공산주의 건설이 가져올 지상낙원 을 약속했던 말을 떠올리게 한다.[16]

종교적이거나 이념적인 신념을 가진 신봉자나 기술 낙관주의자들 과 논쟁하기를 원치 않지만, 유발 하라리와 아자르는 변호할 구석이 라도 있다. 적어도 유발 하라리와 아자르는 풍요로운(본질적으로 무료 로 제공되는!) 현실 세계가 도래하는 확실한 시점까지 제시하지는 않

---

16 역자 주: 필자는 어린 시절을 체코 공산 치하에서 보냈다.

앉으며 혁신의 속도를 제시하지도 않았다. 반면 기하급수적으로 가속화되는 혁신을 가장 적극적으로 지지하는 레이 커즈와일은 어떤 면에서 보면 용감하다.

미국의 발명가이자 미래학자 그리고 구글의 엔지니어링 디렉터인 커즈와일은 다음과 같이 확신했다. 그에 따르면, 2045년에는 기계의 지능이 인간의 지능을 능가하는 해가 될 것이며, 이 두 개체가 합쳐져 인간은 불멸의 존재가 될 것이라고 하였다. 또한, 더욱 빠른 기하급수적 성장은 결국 특이점singularity에 도달하게 되고 지식이 사방으로 확장되어 빛의 속도로 우주를 가득 채우게 되고 우주 식민지화도 이루어질 것이라고 말했다.

하지만 커즈와일의 예측과 달리 실제 상황은 다를 수 있다. 실제로 마이크로프로세서 제조와 이를 기반으로 하는 서비스 산업은 이미 완만한 성장 단계에 접어들었다.

짧은 파장의 빛으로 얇은 선폭의 회로 패턴을 만들게 되면서 마이크로칩에 더 얇은 트랜지스터를 더 많이 집적할 수 있게 되었다. 초창기에는 80마이크로미터 선폭의 트랜지스터가 주를 이루었지만 현재 7나노미터 선폭의 반도체가 일반화되었다(이는 초기 트랜지스터 선폭의 0.0000875 수준에 불과하다). 2021년 IBM은 이르면 2024년에 2나노미터 칩을 세계 최초로 생산하겠다고 발표했다. 50년 동안 이어져 온 반도체 선폭 축소 과정의 물리적 한계가 분명히 가까워지고 있다.

1993년 펜티엄 프로세서와 2013년 AMD 608 프로세서를 비교
하면, 트랜지스터 수가 310만 개에서 1억 5,190만 개로 증가하여,
무어의 법칙을 약간 초과하였음을 알 수 있다.[17] 하지만 반도체 집
적도의 발전 속도는 점차 느려지고 있다. 2008년 제온$_{Zeon}$[18]에는
19억 개의 트랜지스터가 탑재되었고 2018년 그래프코어 사의 최
신 프로세서 GC2에는 236억 개의 트랜지스터가 탑재되었다. 만
약, 2년마다 2배씩 증가했다면 GC2에는 600억 개 이상의 트랜지
스터가 탑재했어야 한다. 프로세서 성능의 성장률 추이를 살펴보
면, 1986~2003년 동안에는 연간 52%가 성장했으나 2003~2011
년 동안에는 연간 23%로 줄어들었고, 2015~2018년 동안에는 4%
미만으로 둔화되었다. 모든 경우와 마찬가지로 반도체 산업의 성장
곡선도 S-커브가 형성되고 있으며 기하급수적 성장은 이제 과거의
일이다.

더 중요한 것은, 1970년 이후 전자 산업의 눈부신 발전 속도에 상
응하는 우리 삶의 질 향상은 없었다는 것이다. 현대 문명의 기본적

---

17 무어의 법칙에 따라 2년마다 2배씩 증가하면 9,920만 개로 증가하게 됨.
18 역자 주: 인텔의 CPU 모델.

인 경제활동**19**이나 건강과 삶의 질**20**에 영향을 주는 중요한 요소들의 발전은 전자산업의 기하급수적인 성장에 비하면 상대적으로 미미하며, 이에 대한 예시는 무수히 많다.

인스타그램은 출시 당일 2만 5천 명의 사용자를 끌어모았고 10주 만에 1천만 명의 가입자를 확보했다. 이는 분명히 기하급수적 성장의 결과이다. 그러나 결국 한계가 존재한다. 우리가 외계 문명과 소통하지 않는 이상, 인스타그램 사용자 수의 최대치는 지구 인구로 한정될 것이다. 직원 수가 13명에 불과했던 인스타그램이 10억 달러가 넘는 금액에 페이스북에 매각되었다는 사실은 기하급수적인 성장의 좋은 예일까, 아니면 현대사회의 비합리적인 우선순위를 보여 주는 완벽한 예일까? 우유나 빵, 토마토를 생산하는 기업의 가치를 확인해 보고 인스타그램의 가치와 비교해 보자. 식량 공급 없이는 살 수 없지만, 인스타그램이나 틱톡TikTok이 없어진다고 해도 인류의 생존이 위협받지는 않는다.

인스타그램의 상승세와 세계적 영양실조 인구 비율의 증가세 가운데 무엇이 더 중요할까? 영양실조 인구 비율은 지난 세대 동안 선

---

19 농작물 수확량, 에너지 효율성 향상, 운송 속도에서 대규모 엔지니어링 프로젝트의 설계 및 완료 능력 등.

20 신약 개발 속도, 수명 증가 등.

형에 가깝게 서서히 감소하여 2015년에는 8.3%로 최저치를 기록했지만, 이후 다시 약 10%로 증가했다. 또한, 아프리카의 경우에는 영양실조 인구 비율이 불과 3년 만에 4%가 증가하여 현재 약 20%에 달하며, 사하라 사막 이남 지역에서는 인구 4명 중 1명이, 아프리카 중심부에서는 거의 3명 중 1명이 기아를 경험하고 있다. 문제는 바로 다음 세대이다. 전 세계 인구 증가의 90% 이상이 아프리카에서 발생할 것으로 예상되는데, 아프리카는 이미 기아에 시달리고 있다. 임산부와 성장기 아동의 영양실조는 성인들의 노동 능력 저하와 함께, 모든 사람의 삶의 질 감소와 같은 평생 지속되는 부정적인 영향을 가져올 수 있다.

현재 80억 인구의 생존에 필수적인 곡물 생산량이나 현대 문명에 필수적인 성능이 기하급수적으로 발전하는 조짐은 보이지 않는다. 무어의 법칙에 따르면 마이크로프로세서의 성능은 약 2년마다 2배씩 증가하며, 초기에는 심지어 그보다 빠르게 증가하기도 하였다. 지난 50년 동안 마이크로프로세서의 성능은 100억 배 이상 향상되었는데, 이는 매년 35%의 기하급수적인 증가율을 의미한다. 반면, 식량, 자재 및 에너지 생산의 연간 증가율은 대부분 연간 1~2% 정도에 그쳤다. 식량 생산량은 지난 50년 동안 1.65배 증가하는 데 그쳤다. 만약 식량 증가율이 연간 2%씩 증가했다면 50년 동안 2.7배는 증가했을 것이다.

최근 조사한 농작물 수확량의 주목할 만한 결과는 다음과 같다. 2000~2020년에 아시아 쌀 수확량은 매년 1%씩 증가했지만, 사하라 사막 이남 아프리카의 주식인 수수의 수확량은 매년 약 0.8% 증가에 그쳤다. 2020년 호주 밀과 유럽 감자의 평균 수확량은 20년 전에 비해 1% 증가하는데 이는 연간 성장률 0.1% 미만을 의미한다. 안타깝게도 목축업도 곡물과 비슷한 낮은 성장률을 나타낸다. 아프리카의 빠른 인구 증가에 비해 아프리카 대륙의 소 한 마리당 우유 생산량이 거의 증가하지 않았다는 사실은 이미 앞에서 지적한 바 있다.

낮은 성장률은 경제 발전이 필요한 몇몇 가난한 국가의 성장 과정에서 나타나는 특징이다. 1960년 이후 사하라 사막 이남 아프리카의 1인당 평균 국내총생산은 불변 화폐로 환산할 때 연간 0.7% 성장하는 데 그쳤다. 브라질에서는 1960년 이후 30여 년 동안 경제성장률이 2% 미만이었다. 예외가 있다면 중국이다. 중국은 1991~2019년까지 경제성장률이 5%를 상회했다. 성장률이 낮은 국가의 경우, 기술 발전, 생산 능력 및 효율성의 성장도 미미했다. 지난 100년 동안 전 세계 전기의 대부분은 증기터빈에 의해 생산되었다. 증기터빈의 효율은 매년 1.5% 정도 개선되었다. 철강 생산의 효율성이 올라가고 있지만, 지난 70년 동안 철강 생산에 사용되는 에너지의 연간 감소율은 평균 2% 미만에 불과했다. 실패한 콩코드를 예외로 치면, 제트기의 평균 비행 속도는 1958년 이후로 전혀 증가하지 않았다.

지난 10년 동안 배터리 기술 혁신에 관한 뉴스가 많이 쏟아졌지만, 실제로 지난 50년 동안 휴대용 에너지 저장 장치의 성능에서의 급격한 성장은 없었다. 1900년 당시 최고의 배터리는 킬로그램당 25와트시watt-hour, wh의 에너지 밀도를 가졌지만, 2022년에 리튬 이온 배터리의 에너지 밀도는 1900년대의 밀도에 비해 12배 더 높아졌는데, 이는 연평균 2%의 성장을 의미한다. 배터리 분야의 성능 향상도 타 산업 기술 및 장치의 성능 향상과 매우 유사하며 무어의 법칙보다 훨씬 낮은 수준이다. 또한, 2022년에는 에너지 밀도의 10배에 달하는 배터리(3,000Wh/kg에 근접)가 개발된다고 하더라도 석유 1kg에 저장된 에너지의 약 4분의 1 정도만 저장할 수 있을 뿐이다. 따라서 배터리로 구동되는 제트여객기는 당분간 현실적으로 불가능하다.

다른 기술의 발전이 더디게 진행되는 반면, 태양광 발전은 급속한 혁신의 사례로 여겨지고 있다. 태양광 전지의 비용이 놀랍게도 크게 감소함에 따라, 태양광 발전은 기적에 가까운 획기적인 발전 방식이 되었다는 주장이 많다. 특히 태양광 발전의 경제성이 대폭 향상되었다는 의견이 다수 있다. 태양광pv 셀 가격이 지속적이고 빠르게 하락하고 있다는 다양한 뉴스 보도를 확인하다 보면 다음과 같

은 사실을 발견할 수 있다. 만약 태양광 발전의 실제 비용을 결정하
는 유일한 요인이 PV 셀 가격이라면, 태양광 발전은 너무나 저렴하
여 거의 공짜에 가깝다. 이는 1950년대 중반에 원자력발전을 옹호
하던 사람들이 주장하던 원자력발전 단가와 비슷한 수준이다.

　하지만 현실은 그렇지 않다. 미국의 주거용 태양광 발전 시스템에
대한 조사 데이터에 따르면 태양광 모듈 비용은 전체 투자 비용의
약 15%에 불과한 것으로 나타났다. 나머지 85%의 비용은 구조 및
전기 부품(패널은 지붕의 지지대나 땅에 설치해야 한다.), 인버터(직류를 교
류로 바꾸기 위한 부품), 인건비 및 기타 소프트 비용 등이 차지한다.[21]
다만 태양광 설치 비용(1와트당 비용)은 2010~2015년 사이에 55%,
2015~2020년 사이에 20%가 감소하는 등 뚜렷하게 감소하는 추세
를 보인다. 하지만 지금까지 언급한 이러한 비용에는 전체 전력 생
산에서 간헐적 발전원(태양광 및 풍력)의 비중이 증가함에 따라 추가
로 지출해야 하는 비용은 포함되지 않는다.

　태양광 발전은 추가 시설 투자가 필요하다. 태양광 발전 전력 부
족과 날씨로 인한 전기 공급 중단을 방지하려면 예비 전력 공급 시
설이 필요하다. 즉 태양광 및 풍력 공급에 의존하는 지역에 장거리

---

21 추가로 강철과 알루미늄부터 송전선, 허가, 검사 및 판매세에 이르기까지 비용이 공
　　짜가 아니다.

고압 송전 링크를 구축하여 안정적으로 전기를 공급해야 한다. 이런 점까지 고려하면 태양광 발전의 전체 전기 시스템의 비용은 감소하지 않는다. 대규모 전력망의 안정적 운용에 필요한 장거리 고압 송전선 건설은 미국과 유럽 모두에서 지연되고 있다. 게다가 태양광 패널의 실제 비용에는 해체 및 폐기 또는 재활용 비용도 고려되어야 한다. 재생에너지 발전 비용이 급락하고 있다면, 풍력과 태양광 등의 신재생에너지 비중이 가장 높은 덴마크, 아일랜드, 독일 같은 EU 3개국의 전기 요금이 유럽 대륙에서 가장 높은 이유는 무엇일까? 2020년 기준, EU의 평균 전기 요금은 0.21유로/kWh지만, 아일랜드는 22%, 덴마크는 31%, 독일은 41%로 각각 더 높은 요금을 나타냈다.

거대한 변화 앞에서 기본적인 물리적 상식은 무시되기도 하며, 오히려 혁신에 의해 정복되어야 할 과제로 인식되곤 한다. 그러나 근본적인 인간 활동에 있어, 어느 때보다 빠른 발명의 조짐이 나타나지 않는다. 1840년부터 2010년까지 미국 산업 전반의 혁신을 연구한 결과, 이러한 결론을 뒷받침한다. 미국 경제학자 브라이언 켈리 Bryan Kelly 등은 특허 문서의 텍스트 분석을 통해 혁신에 대한 새로운 지표를 개발했다. 그는 주요 산업의 장기적인 변화를 추적하는 지표를 만들기 위해 기술적 돌파구를 만든 획기적 특허를 이용하여 혁신을 정의했다.

켈리의 연구는 혁신의 진화를 분석함으로써 현대사회를 구축한 근본적인 혁신의 시점에 대한 정량적 지표를 제시했다. 가구, 섬유 및 의류 산업, 운송 장비, 기계 제조, 금속 제조, 목재, 제지 및 인쇄, 건설 분야의 획기적인 특허는 모두 1900년도 이전에 정점을 찍었다. 광업 및 채굴, 석탄 및 석유 산업, 광물 가공, 전기 장비 생산, 플라스틱 및 고무 제품은 1950년 이전에 혁신의 정점을 찍었으며, 1970년 이후에 정점을 찍은 산업 분야는 농업 및 식품(유전자 변형 생물체가 주도하는 혁신), 의료 장비(MRI 및 CT 스캐너에서 로봇 수술 도구 등), 컴퓨터 및 전자 제품뿐이었다.

켈리의 연구 결과는 기술 혁신의 속도가 지속적으로 증가하고 있다는 주장을 뒷받침하지 않을 뿐 아니라, 최근 발명의 엄청난 영향력에 대한 주장을 역사적 관점에서 재고하게 한다. 이 현실을 이해하는 데 가장 효과적인 방법은 컴퓨터와 전자공학의 눈부신 발전이 없었다고 상황을 상상해 보는 것이다.

즉, 마이크로프로세서가 없고 유비쿼터스 컴퓨팅과 소셜 미디어가 없는 세상을 상상해 보는 것이다. 이는 1970년대 초의 상황으로 돌아가는 것과 같다. 인텔의 첫 마이크로칩은 1971년에 설계되었고, 최초의 16비트 마이크로프로세서인 8086은 1978년에 출시되었다. 마이크로소프트Microsoft는 1975년에 설립되었지만, 최초의 대량생산 개인용 컴퓨터인 IBM PC는 1981년에 출시되었다.

반도체와 PC가 없었던 1970년대 초에는 수확량이 많은 새로운 밀과 벼 품종, 효율적인 가스터빈(발전소와 제트기에 활용됨), 대형 컨테이너선, 거대 도시, 통신 및 기상 위성, 항생제와 백신 등이 등장했다. 적어도 풍부한 에너지를 이용하고 삶의 질을 높인 풍요로운 문명은 1971년 이후에 발전한 전자공학 덕택은 아니라는 것이다. 전자공학의 발전은 환영할 만한 일이며 도움이 되고 가치 있는 일이지만, 근본적인 것은 아니다.

그렇다면 반대로 생각해 보자. 대규모 전력 발전, 고수익 농업, 동력 기관(엔진, 터빈, 전기모터), 저렴한 철강, 질소비료, 알루미늄에서 플라스틱에 이르는 다양한 재료의 대량생산 등이 없다고 상상해 보자. 오늘날의 전자 기반 세계가 어떻게 될까? 현대 문명의 기본 구성 요소들은 대부분 반도체에 대한 광범위한 의존을 전제로 하지 않는다. 이는 전자 기술 없이도 발전이 이루어졌기 때문이다. 전자 기술의 확산 덕분에 프로세스 자동화, 관리, 모니터링 및 개선이 용이해졌지만, 20세기 후반 전자 기술이 등장하기 전에도 이러한 기본 요소들은 이미 존재했다.

실제로 현대 문명의 물질적 기반은 제1차 세계대전이 시작되기 50년 전인 1880년대의 10년 동안 만들어졌다. 이 시기에 현대 문명에 없어서는 안 될 많은 공정, 변환기, 재료가 발명되고 상업화되며 다수의 특허가 나왔다. 이 10년 동안 전례 없는 혁신이 발생했다. 자전거, 금전 등록기, 자판기, 펀치 카드, 기계식 계산기, 볼펜, 회전문, 발한 억제제, 코카콜라, 월스트리트 저널 등이 1880년대에 등장하였다.

　무엇보다도 근본적이고 지속적인 중요성이 있는 1880년대의 발명품은 발전, 배전 및 변전 시스템이다. 이 시기에는 세계 최초의 석탄 화력 및 수력 발전소, 증기터빈(화력 발전의 주축인), 변압기, 송전(직류 및 교류), 계량기 등이 발명되었다. 이와 함께 새로운 백열전구, 전기모터, 엘리베이터, 용접, 도시 교통(노면전차) 및 최초의 주방 기기에도 전기가 사용되기 시작했다. 반도체가 널리 사용되는 오늘날의 세상은 안정적인 전기 공급에 거의 모든 것을 의존하고 있으며, 2020년까지 화력 및 수력 발전은 전 세계 전기의 70% 이상을 제공하고 있다. 반면, 풍력 및 태양광과 같은 신재생 에너지원은 10분의 1 정도만 기여를 하고 있다.

　1880년대는 독일 엔지니어가 내연기관 자동차를 발명하고, 스코틀랜드의 발명가가 공기 주입식 고무 타이어를 발명했으며, 미국의 화학자가 알루미늄 생산법을 고안하고, 미국의 건축가가 세계 최초의 다층 철골 마천루를 완성한 시기이다. 이러한 발명품들의 중요성은 굳이 강조할 필요가 없다.

　1886~1888년에는 독일의 물리학자인 하인리히 헤르츠Heinrich Hertz가 공기 중에 전자기파가 존재한다는 사실을 실험으로 증명하

여 제임스 맥스웰의 가설이 옳았음을 입증했다. 헤르츠는 또한, 전자기파가 빛처럼 반사, 굴절되며 일정한 진동을 가지는 파장의 형태로 존재함을 확인했다. 헤르츠의 실험은 현대 무선통신의 시작이었다. 사실, 휴대전화와 소셜 미디어는 맥스웰의 아이디어에서 파생된 것이라 할 수 있다. 맥스웰 가설의 발전을 구분해 보면, 헤르츠가 2차, 초기 무선방송이 3차, 진공관 기반 전자 제품이 4차, 반도체 전자 제품이 5차이다.

우리에게 진정으로 필요한 것

발명과 혁신 덕분에 현대사회가 전례 없이 높은 삶의 질(장수, 풍요, 교육, 이동성 등)을 누릴 수 있었다는 사실은 명백하다. 19세기 중반 이후, 발명이 사회에 미친 영향은 양과 질적 측면에서 모두 최고치를 기록했다. 20세기에는 전 세계 80억 명의 대부분이 항생제, 합성비료, 철강, 전기와 같은 획기적인 발명품의 혜택을 누리게 되었다.

앞으로 인류가 마주할 난제를 해결하고 새로운 도전에 대응하기 위해서는 혁신적인 발명이 필요할 것이다. 인류에게 필수적인 발명 리스트를 작성하기 위해 인터넷을 참고할 수 있지만, 인터넷은 클릭을 유도하는 낚시성 사이트, 사소한 정보 그리고 공상 과학적인 글들로 가득 차 있다. 공상 과학적 범주에는 아직 현실화되지 않은 개념인 '식용 젤리 컵'과 '자석을 이용해 공중 부양을 하는 구름 모양의 소파' 등과 같은 것들이 포함되어 있다. 또한, 조금 '진지한' 범주에서도 다른 사람의 마음을 직접 읽거나 외계인과 소통하는 것, 영원히 살아있는 것처럼 불필요하거나 공상 과학적인 아이디어들이 많이 있다. 영생의 매력에 관해서는 조나단 스위프트Jonathan Swift의 『걸리버 여행기Gulliver's Travels』에 나오는 죽지 않는 스트룰드브루그Struldbruggs[22]에 관한 설명을 읽어 보기를 바란다. 사실 영생이 반드시 좋은 것만은 아니다.

그렇다면 지구에 과도한 영향을 미치지 않으면서 삶의 질을 개선하는 바람직한 아이템들은 어떤 것들이 있을까? 이는 신체적 측면에서 건강한 삶을 영위하는 데 필요한 식량, 물, 에너지, 물질이 적절히 공급된다는 것을 의미하며, 정신적, 사회적, 경제적인 측면에서는 교육과 고용의 기회를 보장하고 양질의 의료 서비스를 제공하는 것을 의미한다. 또한, 이러한 것들이 인구가 계속 증가하는 상황에서 지구의 다른 생명체의 생존을 위한 자원을 약탈하지 않고 이

---

22 역자 주: 노인 상태에서 불사의 인간이 됨.

루어져야 한다는 것을 의미한다.

이러한 조건은 바람직한 발명품을 선정하는 데 있어 적절한 프레임워크이다. 하지만 실제 발명품이 현실화되었을 때 그 영향을 평가할 수 있는 보편적인 지표는 없다. 따라서 혁신의 필요성에 대한 명확한 순위를 매기거나, 혁신의 범주를 분류하는 것도 불가능하다. 우리는 건강, 수명, 삶의 질 향상을 측정할 때 늘어난 수명life years saved, LYS 또는 질보정생존년quality adjusted life year, QALY을 기준으로 사용한다.[23]

따라서, QALY 개념은 수명 연장과 삶의 질을 단일 지표 수치로 결합하여 결과를 비교하고 비용에 대한 분모로 사용할 수 있도록 개발되었다. QALY는 의약품 간의 우선순위를 매기는 데는 적절하지만, 의약품 개발과 다른 산업을 비교하여 혁신의 필요성에 대한 우선순위를 매기는 데 적용하기는 어렵다. 난치성 암을 치료하는 획기적 치료법을 작물 유전학, 전기 저장 또는 철강 생산의 획기적인 발전과 어떻게 비교할 수 있을까?

물론 모든 것이 삶의 질에 기여하는 것은 분명하다. 더 나은 영양, 안정적인 전기 공급, 수많은 철강 제품 없이는 QALY 향상은 불

---

23 역자 주: 새로운 의약품의 효과를 측정할 때 투입된 의료비를 LYS나 QALY로 나누어서 1년의 수명을 연장하는 데 드는 비용을 지표로 사용한다.

가능하지만, 이러한 요소들의 상대적 중요성을 판단하거나 필수성에 대한 순위를 매길 수 있는 일반적인 지표는 없다. 현대사회의 복잡성은 이를 더욱 어렵게 만든다. 개인이 가장 필요한 발명 목록을 작성할 경우에는 주관과 편견이 개입될 수 있으며, 해당 작업을 맡은 그룹은 주어진 한계 내에서 명확한 합의를 도출하기 어려울 수도 있다.

따라서 필자가 할 수 있는 최선의 방법은 이 책의 핵심 교훈을 되새기면서 우리가 당면한 발명 과제의 규모를 설명하는 것이다. 핵심 교훈은 다음과 같다. 컴퓨터부터 휴대전화까지 반도체와 전자장치의 기하급수적인 성장은 최근 발명의 트렌드를 지배하는 표준이 아니라 예외라는 것이다.

이 책에서는 두 가지 사례를 통해 우리에게 필요한 발명을 찾아내는 과정을 설명하고자 한다. 첫 번째는 암 치료의 역사이다. 지난 50년간 현대사회는 암 사망률을 낮추기 위해 아낌없는 지원을 하였다. 두 번째는 지구온난화 문제에 대한 전망이다. 주요 온실가스인 이산화탄소와 메탄을 배출하지 않는 에너지로의 전환, 즉 탈탄소화 과정에 대한 전망을 살펴보고자 한다. 물론 전 세계의 이산화탄소 배출량 감소 속도가 암 사망률 감소 속도와 비슷할 것이라고 말하려는 것은 결코 아니다. 필자는 기록된 역사를 토대로 새로운 발명 없이는 불가능한 변화의 가능성에 대해 이야기하려고

한다.

1971년 12월 23일, 미국의 닉슨 대통령은 국가 암 법안에 서명하여 암과의 전쟁이라 알려진 정부 후원 프로그램을 시작했다. '암과의 전쟁'이라는 용어는 성별과 연령에 따라 다양한 형태의 암을 포함한 100여 가지 암 질환을 공격하여 정복할 수 있다는 의미로 사용되었다. 원래 목표는 단순히 '암 발생률, 이환율morbidity rate[24] 및 사망률을 줄이기 위한 것'이었다. 이 법안은 구체적인 목표 달성의 기간을 정하지 않았으나, 닉슨 대통령이 이 법안에 서명한 것은 불과 2년 전 달 착륙의 성공과 비교하여 궁극적인 암 퇴치를 목표로 했다.

하지만 현재까지 암은 완전히 정복되지 않았다. 암과의 전쟁이 시작된 지 30여 년이 지난 2003년에 국립암연구소 소장 앤드류 폰 에센바흐Andrew von Eschenbach는 "2015년까지 암으로 인한 고통과 사망을 없애야 한다."라고 촉구했고, 오바마 대통령은 "우리 시대에 암을 치료할 수 있는 치료법을 찾아야 한다."라고 연설했다.

암 정복의 어려움을 잘 이해하고 있는 과학자들과 의사들은 이 문제가 신약 개발이나 새로운 치료 방법에만 국한되지 않는다는 것

---

24 역자 주: 전체 인구 중에서 일정 기간 동안의 환자 수.

을 인지하고 있었다. 발암, 유전성, 질병 진행에 대해 과학적으로 연구하는 것이 먼저 필요했다. 이러한 사실을 밝혀내는 데는 오랜 시간이 걸릴 수밖에 없었고, '암과의 전쟁'의 첫 25년을 되돌아보는 회고에서는 승리에 대한 찬사보다는 신중한 낙관론이 지배적이었다. 1996년까지 백혈병(특히 소아 급성 림프구 백혈병)과 림프종 치료에서 발전이 이루어졌지만, 2000년까지 암 사망률을 절반으로 줄이겠다는 미국 국립암연구소의 당초 목표는 달성할 수 없다는 것이 분명해졌다. 실제로 암 사망률은 1991년까지 계속 증가하여 인구 10만 명당 215명에 달했으며, 전이성 암 환자의 예후만이 1970년대 초에 비해 약간 개선되었을 뿐이었다.

암 사망률은 1991년 이후 하락하다가 1999년에 1975년 수준으로 하락하고, 이후 꾸준히 감소하였다. 1999년부터 2019년까지 미국의 연령 조정 암 사망률은 인구 10만 명당 201명에서 156명으로 27% 감소했으며, 여성(25%)보다 남성(31%)에서 더 뚜렷하게 감소했지만, 여전히 암은 여성(10만 명당 126명)보다 남성(10만 명당 173명)에게 더 많이 발병한다. 암 사망률은 나이가 들수록 증가한다(30대 초반의 경우 10만 명당 10명 수준이나 50대 후반의 경우 10만 명당 200명이 조금 넘는 수준). 부유한 국가들은 고령화되고 있기 때문에 암 사망률을 역사적으로 비교하기 위해서는 연구 대상의 나이를 조정한 후 비교해야 한다.

암 사망률 감소에 기여한 새로운 기초 과학적 발전과 치료법은 1970년대에 인간 암에서 가장 흔한 돌연변이 유전자인 최초의 종양 유전자(암 유발 유전자) 발견과 유방암 치료용 항 에스트로겐 약물인 타목시펜tamoxifen이 승인된 것이다. 1984년에는 더 공격적인 형태의 유방암 관련 발암 유전자가 발견되었고 인유두종 바이러스human papillomavirus, HPV와 자궁경부암 사이의 연관성이 밝혀졌다. 10년 후에는 유방암과 난소암을 퇴치하기 위한 종양 억제 유전자 복제가 이루어졌고, 1990년대 후반에는 FDA가 비호지킨 림프종(리툭시맙)과 전이성 유방암(트라스투주맙)을 치료하는 최초의 단일클론항체를 승인했다. 2006년과 2009년에는 인유두종 바이러스에 대한 최초의 백신이 출시되었으며, 2010년에는 전이성 암을 제한하기 위해 환자 자신의 면역 체계를 사용하는 최초의 인간 암 치료 백신이 출시되었다.

2010년 이후에는 흑색종, 유방암 및 다양한 종양을 치료하는 새로운 단일클론항체와 백혈병에 대한 최초의 맞춤형 치료법[25]이 등장했다. 암 치료의 발전은 광범위한 검진과 조기 진단과 함께 발전했다. 결과적으로 1970년대 중반에 비해 몇몇 암의 5년 생존율

---

25 환자의 특정 세포를 제거하고 유전적으로 변형한 다음 다시 주입하여 면역 체계를 자극하여 암세포를 공격하는 방법이다.

이 크게 향상되었다. 비호지킨 림프종의 경우에는 47%에서 74%로, 유방암의 경우에는 75%에서 91%로, 흑색종의 경우 82%에서 94%로 향상되었다. 그러나 췌장암의 5년 생존율은 3배로 증가했음에도 여전히 9%에 불과하고, 식도암의 생존율은 4배 이상 증가했지만 21%에 불과하다. 다만 갑상샘암 환자의 98%가 5년 이상 생존하는 등 주요 부위별 차이는 여전히 존재한다. 흡연율이 감소하고 있음에도 불구하고 폐암은 여전히 주요 악성종양으로 남아 있으며(여성에서도 유방암보다 약 45% 더 흔함.), 5년 생존율은 12%에서 20%로 증가했다.

암과의 전쟁은 지금도 계속되고 있다. 최근에는 캔서 문샷cancer moonshot이라는 이름으로 진행 중이다.[26] 2022년 2월, 바이든 대통령은 '암을 종식시키기 위한 캔서 문샷'을 발표하고, 백악관 웹사이트의 헤드라인에 다음과 같이 구체화했다. '바이든-해리스 행정부는 향후 25년 동안 암 사망률을 50% 이상 줄이고, 암 치료 과정을 개선한다는 목표를 설정했다.'

한편 약물 과다 복용으로 인한 미국 내 사망률 증가는 암과의 전쟁을 통해 얻은 효과를 상당 부분 상쇄할 수 있다. 2015년 미국의

---

26 역자 주: 암 정복을 달 탐사에 빗대어 지칭함.

약물 과다 복용으로 인한 사망자 수는 약 48,000명이었지만, 2021
년 4월까지 12개월 동안 약 98,000명으로 2배로 증가했으며, 전체
암으로 인한 사망자 수는 약 32만 명, 폐암으로 인한 사망자 수는
142,000명으로 집계되었다. 약물 과다 복용은 주로 40세 미만에
서 발생하고 암 사망은 주로 50세 이상에서 발생하는 것을 고려할
때, 최근 약물 관련 사망률의 증가는 최신 암 치료로 얻은 수명 연
장의 효과를 대부분 상쇄했다.

　지금까지 간략하게 살펴본 바에 따르면, 암과의 전쟁 초기의 목
표는 상당히 비현실적이었다는 것을 알 수 있다. 특정 신체 부위별
로 암 치료 결과가 완전히 다르며, 암 사망률을 줄이는 과정은 여러
세대에 걸쳐 장기간 소요되는 일이라는 것을 분명히 알 수 있다.
2016년 미국 의회가 21세기 치료법21st Century Cures Act을 통과시킨
것도 이러한 현실을 반증한다. 이 법은 암 치료법 개발을 가속화하
며, 환자에게 새로운 치료법을 더 빠르고 효율적으로 제공하는 것
을 목표로 한다. 또한, 암과의 전쟁에서 얻은 다양한 경험들은 성격
과 목표가 크게 다르더라도 다른 질병 연구에 유용하게 적용될 수
있다. 복잡하고 어려운 암처럼, 파급 효과가 큰 질병 연구에도 활용
할 수 있다.

　암과의 전쟁을 통해 인류가 얻은 교훈은 다음과 같다. 기초적인
(과학적, 기술적) 이해가 구체적인 적용에 선행되어야 한다(이는 가장 명

백하지만, 반복적으로 무시되는 현실이다). 중요한 변수가 개선되기 전에 상황이 악화될 수 있다. 기간별로 목표치를 명시하는 것은 바람직하지 않다. 10년 이내의 단기 목표조차 달성하지 못할 수 있다. 거의 변하지 않는 현실 속에서도 돌파구는 생길 수 있다. (다양한 이유로) 국내외 차이가 계속 벌어질 것이다. 초기 비용 추정치는 증가할 것이다. 새로운 현상으로 인해 어렵게 얻은 성과가 훼손될 수 있다 등이다.

이러한 교훈은 탈탄소화를 달성하는 데 대한 현실적인 평가에도 동일하게 적용된다. 전 세계적인 탈탄소화를 추진하는데 필요한 기초 과학적 이해와 이에 따른 새로운 발명의 요구는 일반적으로 인식된 것보다 훨씬 큰 규모다. 수십억 톤으로 측정되는 전 세계적 규모의 탈탄소화 과제는 첨단 암 치료법 개발과는 정반대의 스펙트럼에 있지만, 발명과 혁신이 절실하게 필요하다.

빌 게이츠는 2021년 10월에 "탄소 배출 제로를 달성하는 데 필요한 기술의 절반은 아직 존재하지 않거나 너무 비싸서 감당할 수 없다."라고 언급했다. 이러한 격차를 해소하기 위해서는 친환경 수소(현재 수소는 화석연료, 천연가스, 석탄 등으로부터 제조됨)의 생산부터 대규모 고밀도 전기 저장에 이르기까지 새로운 에너지 추출, 저장, 변환 방식을 발명하는 데 전례 없는 노력이 필요하다.

이 중에서도 대규모 고밀도 전기 저장 방법의 개발이 시급하다.

무탄소 전기(풍력, 태양광 등)와 무탄소 연료(수소, 암모니아, 포집된 이산화탄소로 만든 합성 연료)로의 에너지 전환을 위해서는 대규모 전기 저장 방법의 개발이 중요하기 때문이다. 그러나 현재 최고 사양의 리튬 이온 배터리보다 에너지 밀도가 훨씬 높은 배터리를 개발하더라도 액체 연료(휘발유, 등유, 디젤 연료) 에너지 밀도의 4분의 1에도 미치지 못한다. 게다가, 새로운 고에너지 밀도 배터리는 풍력 및 태양광 발전을 사용할 수 없을 때 대도시에 공급할 수 있는 충분한 전기를 저장하기 위해 엄청난 용량이 필요하다. 태풍이 수시로 발생하는 아시아 대도시는 거대한 저장 수요의 필요성을 잘 보여 주는 예이다.

지구온난화 문제의 악화는 이미 예견된 결론이다. 즉시 모든 온실가스 배출을 제로로 줄여도 대류권 평균 온도가 즉각적으로 안정화되거나 하락하기는 어렵다. 2030년까지 전 세계 탄소 배출량을 45% 감축, 2035년까지 미국 발전에서 탄소 배출량 제로, 2050년까지 전 세계의 탄소 순배출 제로 등 글로벌 회의와 국가 전략에서는 0이나 5로 끝나는 해에 맞추어 탈탄소화 목표를 수립해 왔다. 그러나 이는 지나치게 임의적인 목표 설정이다. 이러한 목표를 달성하려면 전 세계적으로 엄청난 기술적, 경제적 변화가 필요하지만 이에 대한 구체적인 계획은 없다.

몇 가지 사례를 통해 이러한 목표가 희망 사항에 불과함을 쉽게 확인할 수 있다. 2000년에 화석연료는 전 세계 1차 에너지의 87%를 공급했으나, 2020년에는 그 비중이 83%로 연간 0.2% 감소한 것에 불과하다. 그런데도 우리는 2050년까지 탄소 의존도를 완전히 종식해야 한다고 주장한다. 하지만 30년 안에 탄소 의존도를 83%에서 0으로 줄이려면 매년 전 세계 화석 탄소의 2.75%를 감축해야 하는데, 이는 21세기 초반 20년 동안 경험한 것보다 거의 14배나 더 빠른 속도다. 이처럼 큰 폭의 감축을 즉시 실현하고 30년 동안 유지할 수 있는 기술적 역량과 재원은 어디에 있는지 묻지 않을 수 없다.

2021년 11월 유엔기후변화협약 당사국총회Climate Change Conference, COP26에서 발표된 몇 가지 사례만 봐도 탈탄소화 목표의 실현 가능성이 얼마나 낮은지 확인할 수 있다. 가장 최근의 목표는 2030년까지 화석연료 연소로 인한 전 세계의 이산화탄소 배출량을 2010년 수준인 304억 톤 대비 50%로 감축하는 것이다. 즉, 2022년부터 2030년까지 9년 동안 약 137억 톤을 줄여야 하며, 이는 연평균 약 15억 톤씩 감축해야 함을 의미한다(그림 5.1). 모든 에너지 소비 부문이 이러한 감축량을 균등하게 분담하고 전 세계 에너지 수요가 증가하지 않는다고 가정해 보자(하지만 실제로 팬데믹 이전 10년 동안에는 에너지 수요가 매년 2%씩 증가했다.).

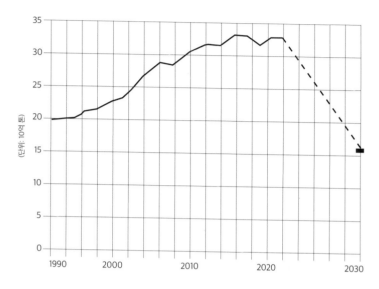

[그림 5.1] 2030년까지 글로벌 탈탄소화. 2021년 유엔기후변화협약 당사국총회(COP26)에서 2030년까지 전 세계의 이산화탄소 배출량을 2010년 수준인 304억 톤 대비 50% 감축하기로 선언하였다.

2019년 전 세계는 야금용 석탄metallurgical coal[27]를 연료로 사용하는 용광로blast furnace에서 12억 8천만 톤의 선철(주철)을 생산한 다음, 기본 가열로basic oxygen furnace를 통해 전 세계 철강의 약 72%를 생산했다.[28] 2022년 기준, 수소를 이용하여 철광석을 환원하는 상

---

27 역자 주: 양질의 코크스를 생산하는 데 사용할 수 있는 석탄 등급이다. 코크스는 1차 제강을 위한 용광로 공정에서 필수 연료이다.

28 나머지는 대부분 고철을 녹이는 전기 아크로(electric arc furnace) 방식으로 생산된다.

업용 제철소는 존재하지 않는다. 게다가 현재 거의 모든 수소는 천연가스를 통해 생산된다. 무탄소 철을 생산하기 위해서는 재생 에너지를 이용해 물을 대량으로 전기분해 하는 기술이 필요하지만, 이 기술은 아직 개발되지 않았다. 오늘날 탄소 의존도를 40%나 줄인다는 것은 2030년까지 코크스 대신 친환경 수소를 사용하여 5억 톤 이상의 철을 제련해야 한다는 것을 의미한다. 5억 톤은 중국을 제외한 전 세계 모든 용광로의 연간 생산량보다 많은 양이다. 과연 이러한 목표의 실현 가능성은 얼마나 있을까?

  2021년 기준, 전 세계에는 14억 대의 자동차(승용차, SUV 등이 약 12억 대, 버스 및 트럭이 2억 대)가 운행 중이다. 이 중 전기 자동차는 1,400만 대 미만(1% 미만)이고 99%는 가솔린 또는 디젤 연료로 구동된다. 2030년까지 전 세계 차량의 40%를 탈탄소화하려면 9년 동안 약 5억 7,000만 대의 전기(또는 수소 또는 암모니아 연료) 차량을 새로 만들어야 한다. 이는 매년 약 6,300만 대의 전기 자동차를 공급해야 한다는 뜻이다. 2019년 기준, 전 세계의 자동차 총생산량이 9,200만 대인 것을 감안하면 어마어마한 양이다. 뿐만 아니라 전기 자동차에 공급되는 모든 전기는 탄소 배출이 없는 에너지원에서 공급되어야 할 것이다. 과연 그럴 가능성은 얼마나 될까?

  탈탄소화 목표는 달성하기 어려울 것이다(세계 경제의 붕괴가 유일한 방법일 수 있다.). 탈탄소화는 재생에너지 전환 기회가 풍부한 일부 소규모 국가(노르웨이, 아이슬란드, 덴마크, 핀란드)에서는 전 세계의 평균보다 훨씬 빠를 것이지만, 인구가 많은 저소득 국가(인도, 파키스탄, 인도네시아, 나이지리아)에서는 훨씬 더 느리게 진행될 것이다. 현재는 대전환의 시작 단계에 불과하므로(2020년에는 새로운 비탄소 에너지원이 전체 수요의 7% 미만으로 공급됨) 비용 문제를 정확히 알 수 없다. 다만 일부 영역의 전환은 이미 이루어졌으며, 앞으로 상당히 저렴해질 것으로 기대할 수도 있지만, 현 단계에서는 수십억 톤의 원유와 천연가스를 대체할 친환경 수소 생산, 운송 및 저장과 같은 완전히 새로운 인프라 개발에 대한 정확한 비용 추정치를 제공할 수 있는 사람은 아무도 없다.

또 다른 문제는 탈탄소화 과정에서 발생하는 편익이 탈탄소 전환을 확대하는 과정 또는 다른 개발 과정에서 부분적으로 상쇄되는 것이다. 풍력발전이 가장 대표적인 사례이다. 대규모 풍력터빈을 건설하려면 기초용 철근 콘크리트(시멘트 및 강철), 타워용 강철, 대형 블레이드용 플라스틱, 윤활유 등이 필요하며, 터빈 부품은 대형 트럭, 선박과 예인선을 통해 육상 또는 해상 현장으로 운송되고, 해상 현장에서는 헬기를 통해 정비하는 경우가 많다. 풍력발전 시스템의 제조 및 운송 과정은 대부분 화석연료에 의존한다. 따라서 풍력발전이 석탄 화력발전의 많은 부분을 대체하게 되면, 이러한 화석 탄소 투입이 급격하게 증가할 것이다.

화석연료에 대한 의존성을 없애려면 코크스 없이 철을 제련하고
(수소에 의존하여), 탄화수소가 아닌 바이오매스에서 원료를 추출하
고, 전기 또는 수소 연료로 운송하며, 합성 윤활유만 사용하는 등
모든 생산 및 운송 공정에 비탄소 에너지가 공급되어야만 한다. 이
러한 현실을 깊이 있게 이해하지 못해도 탄소 배출을 완전히 없애기
위해서는 수십 년에 걸친 점진적인 노력이 필요하다는 것을 알 수
있다. 역설적으로, 비탄소 에너지 생산 공정을 더 빨리 채택할수록
탄소 기반의 생산 및 운송 방식에 더 많이 의존해야 한다는 것이다.
기존 탄소 기반 공정을 비탄소 공정으로 빠르게 대체하는 것은 어
렵다. 실제로, 탄소 기반 공정을 대체할 비탄소 공정조차 없는 경우
가 많다.

항공 산업은 비 탄소 대안이 존재하지 않는 또 다른 예이다. 글래
스고 기후 협약에 따르면, 2030년까지 전 세계는 2010년 수준 대
비 이산화탄소 배출량을 45% 정도 감축해야 한다. 이는 2021년 총
배출량 대비 전 세계 배출량을 약 40%나 감축하는 것을 의미한다
(2020년 팬데믹으로 인한 감소 이후 2019년 수준으로 거의 회복됨). 그렇다
면 현재 전적으로 석유에 의존하고 있는 상업용 항공기의 탄소 배
출량을 불과 9년 만에 5분의 2로 줄일 방법은 무엇일까? 현재 상용
화된 최고의 배터리는 에너지 밀도가 300Wh/kg 정도에 불과하지
만, 항공유의 에너지 밀도는 12,000Wh/kg 이상이다.

항공유와 배터리의 에너지 밀도 차이는 40배 이상이다. 2030년 이전에 항공용으로 사용할 수 있는 수준(절반 또는 3분의 1)으로 배터리의 에너지 밀도를 높이기 위해서는 기적이 필요하다. 탈탄소 비행의 또 다른 대안인 상업용 수소 동력 항공기는 아직 단 한 대도 운항하지 않고 있다. 영하 253°C까지 냉각된 액체 형태의 고에너지 밀도 연료를 공중에 저장하는데 따르는 어려움 때문에, 2040년까지 수소 동력 여객기를 볼 가능성은 매우 낮다. 현재 전 세계의 항공기는 약 25,000대이며, 2030년까지 탄소 배출을 40% 줄이려면 그때까지 약 1만 대의 전기 또는 수소 비행기가 운항하여 연간 18억 명의 승객을 수송해야 한다. 이 분야에서 전례 없는 혁신이 이루어진다 해도, 목표를 달성하기는 어려울 것이다.

발명과 혁신의 우선순위

지금까지 암 치료와 지구온난화 해결을 위해 필요한 기술들을 살펴보았다. 우리가 당면한 문제를 해결하기 위해 우리에게 가장 필요한 발명품이 무엇인지 구별하는 방법이 있다. 그것은 바로 현재 상황을 어떻게 변화시키는가에 우선순위를 두는 것이다. 현시점에서는 기존의 불평등을 크게 줄이거나 건강, 교육, 소득 격차를 좁히는 것이 중요하다. 부유한 국가에 사는 10억 명과 반복되는 질병, 조기 사망률, 최저 생계 수준에서 살아가는 30억 명 간의 차이를 줄여야 한다. 따라서 필수적인 물, 식량, 에너지, 물질적 필요를 충족하는 것이 최우선 과제가 될 것이다.

우리는 더 저렴하고 공간 집약적이며(또한 모듈식) 더 효과적인 수처리 기술이 필요하며, 거의 완전한 재활용으로 이어지는 담수화 기술도 필요하다. 10억 명에 달하는 영양실조 인구를 줄이기 위해서는 저개발 국가의 밭 농업에서 더 높은 수확량이 필요할 뿐 아니라, 영양소 공급이 확대되고 식량 배분이 공평하게 이루어져야 한다. 영양실조와 마찬가지로 아직도 10억 명에 가까운 사람들이 여전히 전기를 사용하지 못하고 있으며, 30억 명 이상(전 세계 인구의 40%)의 1인당 연간 평균 에너지 사용량은 25GJ(기가 줄) 미만인데 이는 19세기 중반의 부유한 유럽 국가와 북미와 비슷한 수준에 불과하다. 따라서 열악한 전기 공급망을 확대하고 이들의 에너지 사용량을 높여야 한다.

의심할 여지 없이, 이러한 모든 요구 사항은 새로운 발명으로 인해 혜택을 받을 수 있다. 하지만 발명 자체보다도 사회가 올바른 방향으로 발전하는 것이 중요하다. 전 세계 인구의 물과 식량 수요를 충족시키는 것은 새롭고 놀라운 발명품에만 달린 것이 아니라(모든 주요 구성 요소는 이미 상당히 발전했고 일부 지역에서는 수십 년 동안 안정적으

로 작동해 왔기 때문에) 이러한 혜택을 확산하고 비용을 절감할 수 있
는 혁신에 달려 있다. 전력망 확충과 에너지 사용의 평균 수준을 높
이는 것도 마찬가지이다. 그리고 바람직한 발명과 혁신의 목록에는
항생제 내성에서 교육 개선에 이르기까지 다양한 항목이 포함될 수
있다.

다시 말하지만, 발명품은 유용할 수 있다. 하지만 우리는 과거에
무엇을 해야 했고, 또 앞으로 무엇을 해야 하는지를 이미 알고 있다.
항생제 내성 박테리아의 확산을 제한하려면 항생제를 신중하게 처
방하고[29], 현재 인간보다 훨씬 많은 항생제가 투여되는 가축에 대
한 예방적 대량 투여를 허용해서는 안 된다.

보편적 교육의 좋은 토대는 굳이 모든 어린이에게 컴퓨터를 제공
하거나 엄청난 비용을 지출해야만 이루어지는 것은 아니다. 국제
수학 및 과학 시험 결과를 비교해 보면, 미국은 초등학교 교육에 학
생당 2.5배, 고등학교 교육에 3배나 더 많은 비용을 폴란드보다 지
출하지만 읽기, 수학, 과학 세 가지 점수에서 모두 폴란드보다 낮은
순위를 기록했다.

우리는 바람직하지 않은 현실을 어떻게 하면 기발한 발명품 없이

———

29 부유한 나라에서 흔히 볼 수 있는 것처럼 항생제를 남용하거나 많은 저소득 국가에서
흔히 볼 수 있는 것처럼 처방전 없이 판매하지 않아야 한다.

도 해결할 수 있는지 잘 알고 있다. 이미 알려져 있고 신뢰할 수 있는 방법, 기술, 절차의 확장을 통해 해결할 수 있다. 큰 틀에서 보면, 우리가 알고 있는 것을 개선하고 보편적으로 사용할 수 있도록 하는 것이 발명에 지나치게 집중하여 기적적인 돌파구를 기대하는 것보다 단기간에 더 많은 사람들에게 더 많은 혜택을 가져다줄 수 있다. 이는 새로운 발명을 추구하는 것에 반대하는 주장이 아니다. 중요한 것은 균형이다. 놀라운 발명을 통해 미래의 편익을 추구하는 것과 이미 확립된 기술을 전 세계적으로 유용하게 활용하는 것 간의 균형을 추구하는 것이 중요하다는 것을 강조하고자 한다.

물론 개인적인 취향에 따라 다를 수는 있지만, 필자는 항상 모든 일에는 우선순위가 필요하다고 생각한다. 예를 들면 수억 명의 어린이들의 생명을 위협하는 영양 결핍 문제 해결이 초음속 운송 수단을 개발보다 우선시 되어야 한다. 필자는 현실주의자이자 회의론자이다. 발명과 혁신을 위한 자원은 결코 합리적으로 배분되지 않으며, 이 책의 우선순위에 대한 주장과 발명에 대한 보수적인 견해는 공격받을 수 있다는 것을 잘 알고 있다. 인류의 불행을 완화하는 일보다 모호한 장밋빛 발명품에 대하여 지원하기가 더 쉬울 수도 있다.

어쨌든 우리는 새로운 재료, 제품, 프로세스의 발명을 계속 추구할 것이다. 이는 전례 없는 도전과 불가피한 설계 실패뿐만 아니라

인간의 선호도, 우선순위, 편견 및 특정 발명에 대한 비합리적인 집

착으로 인한 반복적인 실패도 계속 고려해야 함을 의미한다. 그런

의미에서 발명의 속도가 점점 더 빨라지고 있다는 주장에 대해 오

래된 격언을 인용하고자 한다.

태양 아래 새로운 것은 없다nihil novi sub sole.,

눈부신 발전의 역사를
되돌아볼 수 있는 책

우리는 인류 역사상 발명과 혁신이 가장 활발한 시기에 살고 있다. 매일 언론에서는 미래 혁신에 대한 환호와 기대가 넘쳐나고 있다. 미래학자 커즈와일의 주장처럼 이제 인류는 '특이점singularity'을 향해 나아가고 있는 것처럼 보인다.

이 책은 눈부신 기술 발전의 역사를 되돌아보면서 미래를 향한 교훈과 통찰을 제공한다. 최첨단 기술이 쏟아지는 현시점에서 근대 발명과 혁신의 흐름을 되돌아보고 미래를 전망하려는 바츨라프 스밀의 시도는 매우 시의적절하다.

이 책은 과거의 실패와 현재 진행 중인 기술 가운데 대표적인 사례들을 통해 기술 발전의 역사를 조망하고 있다. 20세기에 화려하게 등장한 유연휘발유, DDT, 프레온가스는 초창기에 주목받으며 인류 사회에 큰 영향을 미쳤지만 결국 실패로 끝났다. 비행선, 핵분열 기술, 초음속 비행기는 세상을 지배할 것 처럼 등장했지만 실망스러운 발명이다. 물론 핵분열에 의한 핵발전과 초음속 비행기는 여전히 기대되는 기술이며 발전이 진행 중인 기술이다. 하이퍼루프를 이용한 고속 이동, 화학비료가 필요 없는 바이오 농업 기술, 핵융합을 이용한 발전 기술, 탈탄소화 기술 등은 인류가 아직도 간절히 기다리는 기술이다.

이 책을 번역하는 몇 달 동안의 기간에도 여러 소식이 전해지고 있다. 2023년 1월 미항공우주국NASA와 세계기상기구WMO는 기쁜 소식을 전해 왔다. 2040년에 이르면 오존 구멍이 생기기 이전 수준으로 오존층이 회복될 것이라고 한다. 프레온가스로 인한 오존층 감소라는 글로벌 환경문제에 맞선 전 세계의 노력이 마침내 결실을 맺은 것이다.

반면 인류는 지구온난화 문제에 맞서기 위해 전 세계적으로 탈탄소화를 추진하고 있지만, 뚜렷한 승전보는 들려오지 않고 있으며 인류가 패배할 것이라는 전망이 지배적이다. 지구온난화는 규모와 복잡도 면에서 프레온가스 문제와는 차원이 다른 문제이기 때문이다.

바츨라프 스밀은 기본적으로 기술 발전에 의한 인류의 진보에 대해 확신하지만, 최근 기술에 대한 지나친 낙관은 경계한다. 최근 각국이 사활을 걸고 있는 반도체 산업도 마찬가지이다. 2023년 현재 최첨단 반도체 산업의 선폭 기준은 3nm이다. TSMC와 삼성전자 등 최첨단 반도체 기업들은 이 좁은 선폭의 반도체를 제조하기 사활을 걸고 있다. 3nm의 다음 세대 반도체는 1~2nm가 될 것이다. 이 단계에 들어서면 반도체 산업은 극한의 물리적 한계에 봉착할 것이다. 선폭을 줄이기 위해 투입되는 비용은 기하급수적으로 늘어나 수익을 담보하지 못하는 단계로 들어갈 가능성이 높다. 만약 지금까지의 반도체와는 완전히 다른 구조의 반도체가 등장하지 않는다면 1970년대부터 이어진 반도체 무어의 법칙은 이제 곧 한계를 드러낼 것이다.

최근 등장한 ChatGPT는 AlphaGo의 등장보다 더 충격적이다. 물론 현재의 ChatGPT가 인간의 지능을 흉내 내는 수준으로 보이고 종종 오류도 발견되지만, AI의 발전 속도는 놀라움과 두려움을 동시에 안겨 준다. 바츨라프 스밀은 AI에 대해서 보수적인 관점을 유지하지만, 우리는 이러한 기술의 발전을 늘 주목할 필요가 있다.

우연한 기회에 바츨라프 스밀의 전작 『대전환』을 감수하면서 처음북스 출판사와 인연을 맺게 되었다. 『대전환』의 감수 과정에서 과학기술 서적의 번역은 기술을 이해하는 사람이 맡는 것이 바람직하다는 의견을 전달했었다. 그 인연이 계기가 되어 이 책의 번역을 덜컥 맡게 되었다.

번역 작업은 괜한 일을 시작했다는 후회와 힘들기는 해도 하길 잘했다는 보람이 계속 교차하던 시간이었다. 바츨라프 스밀의 지식이 방대하다는 것은 이미 알고 있었지만, 원문이 난해하여 필자의 깊은 통찰을 일일이 헤아리기 어려웠다. 원문의 설명이 지나치게 간결해서 이해하기 어려운 문장도 많았다. 이런 부분은 원문을 그대로 살리기보다는 과감하게 의역하였음을 밝힌다. 이 과정에서 원저자의 의도가 잘못 전달된 부분이 있다면 질책은 번역자인 나의 몫이다.

귀중한 기회를 제공해 주신 처음북스 안유석 대표와 편집부 여러분께 감사드린다.

- 조남욱

참고 문헌 및 출처

바츨라프 스밀의 『인벤션』 참고 문헌 및 출처는
QR을 통해 웹페이지에서 확인하실 수 있습니다.